青岛大学学术专著出版基金资助

包容性增长与中国教育公平

贾玮 著

Inclusive Growth and
Educational Equity in China

中国社会科学出版社

图书在版编目（CIP）数据

包容性增长与中国教育公平/贾玮著. —北京：中国社会科学出版社，2022.6
ISBN 978-7-5227-0687-0

Ⅰ.①包⋯　Ⅱ.①贾⋯　Ⅲ.①教育—公平原则—研究—中国　Ⅳ.①G52

中国版本图书馆 CIP 数据核字（2022）第 144562 号

出 版 人	赵剑英
责任编辑	王　衡
责任校对	王　森
责任印制	王　超

出　　版	中国社会科学出版社
社　　址	北京鼓楼西大街甲 158 号
邮　　编	100720
网　　址	http://www.cssp w.cn
发 行 部	010-84083685
门 市 部	010-84029450
经　　销	新华书店及其他书店
印　　刷	北京明恒达印务有限公司
装　　订	廊坊市广阳区广增装订厂
版　　次	2022 年 6 月第 1 版
印　　次	2022 年 6 月第 1 次印刷
开　　本	710×1000　1/16
印　　张	17
插　　页	2
字　　数	238 千字
定　　价	89.00 元

凡购买中国社会科学出版社图书，如有质量问题请与本社营销中心联系调换
电话：010-84083683
版权所有　侵权必究

前　言

党的十九大报告指出，新的历史阶段，中国社会的主要矛盾已经转化为人民日益增长的美好生活需要和不平衡不充分的发展之间的矛盾。包容性增长是解决经济和社会发展不平衡不充分问题的有效方式，中国是包容性增长的倡导者和积极实践者，并从自身的发展实践经验出发，提出实现包容性增长的中国方案。同时，积极参与全球化进程，中国的包容性增长也将促进全球包容性增长。教育是包容性增长关注的重点之一，教育在包容性增长中有着关键地位并起着重要作用，教育公平也是包容性增长的内在要求和重要组成部分。党的十九大报告指出优先发展教育事业，建设教育强国，必须把教育放在优先位置，加快教育现代化和推进教育公平。教育事业发展"十三五"规划将促进教育公平列为教育工作重点，要求着力促进教育公平。《中国教育现代化2035》提出实现教育现代化，要着力提高教育质量，促进教育公平。

教育公平是社会公平的基础，教育是形成人力资本、缩小收入差距和减少贫困的基础与保障。现阶段中国的经济和社会发展出现很多新问题，面临很多新情况，需要包容性增长来应对。中国教育事业快速发展的同时，教育中存在的不平等和不均衡问题也亟待解决。因此，在包容性增长的背景下研究教育公平问题具有重要的理论和现实意义。本书将包容性增长的内涵、基本要求、实现方法和最终目标与教育公平的三个组成部分（起点公平、过程公平和结果公平）相结合，运用微观和宏观数据，对中国教育公平问题进行了全面的研究，并深入研究了入学机会、政府教育经费、教育扶贫等教育公平领域的重点问题。

本书的主要研究内容包括以下几点。第一，教育公平与包容性增长的关系。经济增长和收入差距缩小是包容性增长的内涵。教育对于经济增长具有重要作用，教育是人力资本的重要组成部分，同时教育水平的提高也有利于提高生产的技术水平，直接和间接地对经济增长产生作用。教育公平可以提高人力资本的教育均等化程度，增加教育的正溢出效应，提高经济发展的质量和水平。教育可能导致收入差距，技术进步偏向性的存在，有利于具有更高教育水平和知识技能的劳动者使用新的生产技术和设备，从而提高劳动生产率，提高工资收入，产生教育和技能报酬溢价，进而产生收入差距，而教育公平可以缩小由此引起的收入差距。本书从教育公平对包容性增长的作用出发，从宏观的角度，研究教育公平与经济增长和收入差距的关系，研究教育公平是否可以促进包容性增长。

第二，教育机会公平与包容性增长。教育机会公平是教育的起点公平，也是包容性增长的基本要求。将教育机会公平界定为入学机会公平，使用微观数据，按照入学阶段对影响教育机会的因素进行分解，并计算其贡献程度。着重分析城乡差距对于教育机会不平等的影响，同时引入年代变量，分析影响因素的年代变化，用以反映中国教育公平发展的历史趋势和脉络，衡量各项教育政策在改善教育公平方面的成效。

第三，公共教育资源配置公平与包容性增长。政府教育资源配置是教育过程公平的重要组成也是包容性增长实现的重要途径。从宏观角度，梳理了衡量政府教育支出的绝对性指标和相对性指标，并计算了相关指标的区域差距，分析了政府教育支出地区差距及其变化趋势。对影响政府教育支出的关键要素进行了分析，包括受教育人口和财政结构，建立受教育人口与教育支出的预测模型，分析了中国近年来教育经费支出的动态发展趋势；建立教育经费支出和财政分权的实证模型，研究财政支出结构和教育经费支出的关系。

第四，教育减贫及其效果的地区差异研究。减少贫困是教育结果公平的重要体现，也是包容性增长要实现的重要目标。本书从绝对贫困和农村相对贫困两个方面构建了包含收入贫困在内的多维贫困体系，使用微观数据库，分地区计算家庭多维贫困指数和农村的相对贫困指数，并分析了教育维度对贫困的作用，对教育在减贫中发挥的作用和受到宏观经济的影响进行了分析，研究结果为教育政策和扶贫政策的制定提供了依据。

上述研究的结论可以概括为以下四个方面。第一，教育公平对经济增长和收入差距缩小均具有积极的促进作用。教育公平与经济增长相互影响，教育公平程度对经济增长产生显著影响，教育公平程度越高，经济增长水平越高，同时也存在一定的负效应，教育公平可能影响经济增长效率。经济增长可以促进教育公平的实现，长期来看，经济增长为教育公平的实现提供了物质保障。教育公平在短期和长期都会对收入差距的缩小产生积极的促进作用。综合来看，教育公平可以促进包容性增长。

第二，近年来中国各教育阶段升学机会显著增加。城乡差距显著影响教育机会，城乡升学机会不平等在初等教育阶段表现明显，教育层次越高影响越小。初中升入高中阶段的城乡差距的年代变化显著，"90后"城乡差距有缩小趋势。高中升入大学入学机会的城乡差距在"80后"人口中有扩大趋势，高校扩招政策提高了高等教育阶段的入学机会，城乡差距在"90后"人口中有所改善。

第三，政府教育支出的区域不平衡程度逐渐降低，教育资源向中西部教育薄弱地区倾斜。义务教育的省际差异先缩小，后又呈现扩大趋势，部分地区义务教育经费存在效率损失。财政支出结构和分权程度影响中国教育支出的数量，财政分权程度越高，教育支出占比越低，地方政府的财政分权对于公共教育支出存在挤出效应。

第四，中国多维贫困的地区差距明显。绝对贫困下，教育因素在多维贫困中的贡献率最大，教育对于多维贫困的缓解作用存在地区差异并受到宏观经济因素的影响。经济欠发达地区，教育对于贫困的缓解作用大于经济发达地区，加大落后地区的教育投入能够显著提高减贫的效果。相对贫困下，农村越是贫困的家庭，教育维度受到剥夺的概率也越大，受教育年限对农村家庭贫困产生负向影响，教育的这种减贫效应在不同的贫困深度下均呈现有效性，但教育的减贫效应在不同贫困深度下存在差异，越是贫困的群体，教育的减贫效应越大，农村家庭陷入贫困的概率也越小。

目 录
CONTENTS

第一章 导论 ……………………………………………………… 1
  一 选题背景 …………………………………………………… 1
  二 研究意义 …………………………………………………… 45
  三 相关概念界定 ……………………………………………… 46
  四 研究框架与研究内容 ……………………………………… 50
  五 研究数据和方法 …………………………………………… 55
  六 研究贡献 …………………………………………………… 57

第二章 包容性增长与教育公平的研究进展 …………………… 60
  一 包容性增长和教育公平的相关研究 ……………………… 60
  二 教育公平三个阶段的相关研究 …………………………… 73
  三 教育公平研究热点与前沿追踪分析 ……………………… 83
  四 本章小结 …………………………………………………… 105

第三章 教育公平与包容性增长的内涵
       ——经济增长和收入差距 ………………………………… 106
  一 教育公平与经济增长 ……………………………………… 108
  二 教育公平与收入差距 ……………………………………… 128
  三 本章小结 …………………………………………………… 142

第四章 教育机会均等与包容性增长的要求
       ——城乡居民教育机会不平等研究 …………………… 146
  一 教育机会不平等 …………………………………………… 146

二　研究方法与数据 …………………………………… 149
　　三　实证分析 ………………………………………… 158
　　四　本章小结 ………………………………………… 170

第五章　公共教育资源配置公平与包容性增长的实现
　　　　——政府教育支出及其区域不平衡性 …………… 173
　　一　政府教育支出 …………………………………… 173
　　二　政府教育支出与受教育人口 …………………… 184
　　三　政府教育支出与财政分权 ……………………… 200
　　四　本章小结 ………………………………………… 208

第六章　教育公平与包容性增长的目标
　　　　——教育与绝对贫困 ……………………………… 209
　　一　教育与贫困 ……………………………………… 209
　　二　多维贫困指标 …………………………………… 212
　　三　教育与地区贫困 ………………………………… 213
　　四　教育减贫的实证分析 …………………………… 224
　　五　本章小结 ………………………………………… 233

第七章　教育公平与包容性增长的目标
　　　　——教育与农村相对贫困 ………………………… 235
　　一　相对贫困 ………………………………………… 236
　　二　农村家庭多维相对贫困的测度与分析 ………… 239
　　三　教育对农村家庭多维相对贫困的影响效应分析 … 245
　　四　进一步讨论与机制研究 ………………………… 253
　　五　本章小结 ………………………………………… 258

第八章　研究结论与政策建议 …………………………… 260
　　一　研究结论 ………………………………………… 260
　　二　政策建议 ………………………………………… 263

第一章　导论

公平是人类社会追求的目标之一，它涉及经济、社会、哲学等多个领域，教育在经济和社会发展中处于基础性的地位，追求教育公平是人类的理想和目标。但是，绝对的教育公平不可能完全实现，相对的教育公平的实现不能脱离所处的经济社会环境。现阶段，中国经济社会快速发展，面临许多新问题和新挑战，随着人们收入的增长和生活水平的提升，对教育，特别是教育公平的要求也日渐提升，所以，现阶段在新的发展形势下对中国教育公平的研究具有重要的意义。同时，中国在经济和社会发展过程中也面临收入差距、城乡差距和地区差距等新的问题，包容性增长为中国的发展提供了新的经济增长模式，有利于解决经济快速发展中出现的新情况和新问题。本书将教育公平置于包容性增长的背景中进行研究，将教育公平分析框架与包容性增长的内涵、要求、实现方法和目标相结合，系统分析教育公平对包容性增长的作用和相互间的关系，并就包容性增长中教育领域的关键问题进行研究。本章介绍了全书的选题背景和研究意义，对教育公平和包容性增长的概念界定以及研究框架和内容等进行介绍和梳理，是全书的总纲。

一　选题背景

"保证公民有受教育的权利"是中国教育公平思想的基点和落脚

点。教育公平也是社会公平的基础，教育是人力资本形成、收入差距缩小和减少贫困的重要基础和保障。机会平等是包容性增长的重点要求，能否为所有社会成员提供平等的教育机会是衡量教育公平的重要标准，教育公平要注重教育机会公平，在九年义务教育基本普及的情况下，特别要重视高中及高等教育阶段的教育机会公平。教育公平从宏观层面来看，要求继续维持教育总量的投入，保证教育资源投入地区和城乡间的均衡。教育对于缩小收入差距，改善贫困地区的人力资本劣势，增加贫困地区收入和提高贫困地区的经济增长水平起着关键性作用。

教育公平也是一个国际性的热点问题，欧美等发达国家的教育公平研究更侧重教育结果公平，更关注学生学业成就的平等，侧重于对个体和群体层面种族差距、阶层差距、性别差距的研究。2010年，《国家中长期教育改革和发展规划纲要（2010—2020年）》提出把促进公平作为国家的基本教育政策。中华人民共和国成立后，特别是改革开放后，中国的教育事业经历了一个快速发展期，实现了短时期内教育投入水平的巨大增长，但同时面临着教育投入不均衡和教育质量不高的问题。当前中国提出的一系列巩固义务教育成果和提高高等教育质量的政策措施，都是试图解决教育规模和质量不均衡、不协调的问题，特别是中国在2012年实现财政性教育经费支出占国内生产总值的比例达到4%的总体投入目标后，教育的侧重点转变为教育投入的结构和均衡性，以保证教育公平，实现教育的长期健康发展。

最早提出包容性增长的亚洲开发银行认为社会成员享有公平的权利，得到平等的机会是包容性增长的核心要求。[①] 包容性增长包含两个基本要素，一是经济的持续健康增长；二是全体成员共同参与、成果共享的增长。包容性增长的核心内容主要包括全体成员机会平等，注重教育公平，提高人力资本水平，提高社会保障与健康营养水平；关注贫困

---

① ADB：*Eminent Persons Group*，Asian Development Bank，Manila，2007.

人口，增加对弱势群体的资源倾斜，缩小社会各阶层和成员间的收入差距，降低收入贫困和各维度贫困的发生率。包容性增长不仅包含国家和地区内部的增长，也包含国家间和地区间的和谐发展。从一国扩展到国际层面，通过贸易实现经济全球化和经济发展成果共享，实现各国福利的最大化。教育机会公平也是包容性增长的重要组成部分，教育机会公平主要指入学机会公平和教育回报公平，义务教育基本普及的情况下，提供均等的教育质量是义务教育阶段的关注重点，与此同时，高等教育对个人发展和收入具有重要作用，保证每个居民拥有平等的接受高等教育的机会和取得公平的教育回报是实现包容性增长的重要途径。

政府教育支出是提高教育质量和教育水平的重要保障，保证政府教育支出的区域均衡和城乡均衡，可以平衡教育资源分配，提高落后地区的教育质量。实现教育公平，在宏观层面要加大教育投入，合理配置教育资源，弥补教育落后地区的教育资源不足，实现包容性增长。

教育公平对包容性增长具有重要的作用，本书从包容性增长的内涵——实现经济增长与共享经济成果两方面研究教育公平的作用，从微观层面的教育机会公平和宏观层面的教育资源均衡方面探讨中国教育发展的现状，并从教育公平对于包容性增长的影响结果，教育在改善绝对贫困和相对贫困方面的作用和异质性进行探讨，最后给出实现教育公平和包容性增长的政策建议。

（一）经济社会发展背景

中国改革开放 40 多年来，经济和社会发展取得了巨大的进步，脱贫工作取得突破性进展，2020 年中国全面消除相对贫困，同时也面临着发展不平衡的问题，全面脱贫后中国更加注重全体人民共享发展成果，要求推进"全体人民共同富裕"要有"更为明显"的"实质性"进展。

1. 经济社会快速发展,脱贫工作取得突破性进展

改革开放以来,中国经济迅速发展,并已由高速增长阶段转向高质量发展阶段。改革开放以来,中国国内生产总值(GDP)持续增长,如图1-1所示。《2020年国民经济和社会发展统计公报》的初步核算数据显示,2020年虽然受到新冠肺炎疫情的影响,但全年国内生产总值仍高达1015986亿元,比上年增长2.3%[①],保持正向增长。

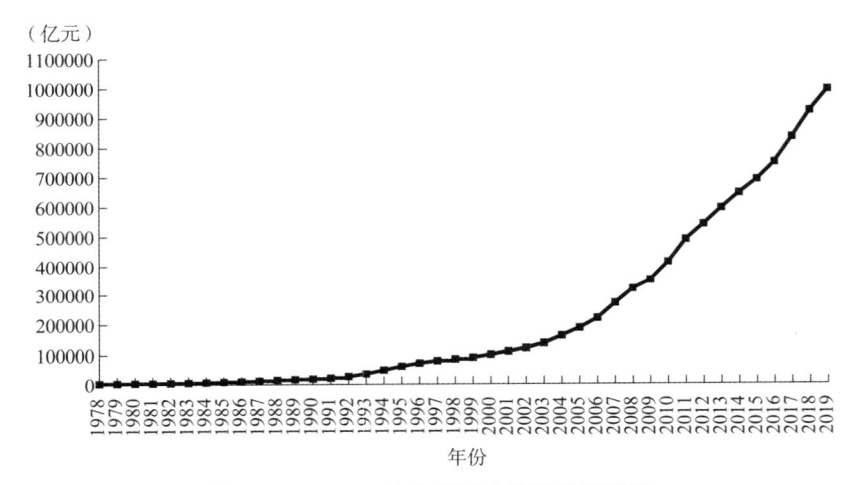

图1-1 1978—2019年国内生产总值增长

资料来源:《中国统计年鉴》。

"十三五"时期,是中国全面建成小康社会的决胜阶段,也是跨越"中等收入陷阱"的关键时期。当前,中国人均国内生产总值即将迈入1万美元大关,按照世界银行的标准已进入中等偏上收入阶段。此阶段是经济增长方式由粗放型向集约型转变、国民收入和财富由中低水平向中高水平迈进、生产和生活方式从传统农业向现代工业转变的关键转型期。迈入"十四五"时期,中国经济和社会发展快速发展,全面建成小康社会取得伟大历史性成就,脱贫攻坚战取得全面胜利。中国国内生产总值突破100万亿元,农村贫困人口实现脱贫5575万人。人民生活

---

① 《中华人民共和国2020年国民经济和社会发展统计公报》。

水平显著提高，高等教育进入普及化阶段。同时，中国发展环境面临深刻复杂变化，还需要坚定不移地扩大内需、推动改革，并强化国内大循环的主导作用，实现经济发展取得新成效、生态文明建设实现新进步、民生福祉达到新水平等主要目标。

脱贫攻坚是全面建成小康社会的底线任务和阶段性目标，实现农村的脱贫和小康社会是全面建成小康的重要组成，全面建成小康社会要求加强脱贫攻坚与乡村振兴统筹衔接，确保如期实现脱贫攻坚目标，使农民生活达到全面小康水平。近年来，中国的脱贫工作取得了决定性的进展。2020年12月，习近平总书记宣布中国如期完成了新时代脱贫攻坚目标任务，现行标准下农村贫困人口全部脱贫，贫困县全部摘帽，消除了绝对贫困和区域性整体贫困，近1亿贫困人口实现脱贫。[①] 党的十九届四中全会明确提出"坚决打赢脱贫攻坚战，巩固脱贫攻坚成果，建立解决相对贫困的长效机制"，为2020年后中国扶贫工作事业指明了方向，也标志着中国扶贫工作重点从解决绝对贫困转向解决相对贫困。2021年中央一号文件《关于全面推进乡村振兴加快农业农村现代化的意见》，提出实现巩固拓展脱贫攻坚成果同乡村振兴有效衔接的指导意见。脱贫是实现乡村振兴的前提，稳步推进脱贫攻坚与乡村振兴政策的衔接，就要从解决农村绝对贫困转向缓解农村相对贫困。

2. 发展差距仍然存在，需要解决发展不平衡不充分问题

经济发展的同时，也面临区域差距、城乡差距和内部收入差距的问题。由于中国幅员辽阔、地理条件和资源禀赋差异、历史和发展基础不同的多重原因，区域发展不平衡，同时，住房保障等公共服务差距较大，人才向东部沿海地区及省会发达城市聚集，造成地区人力资本的不平衡，经济增长潜力差距产生。除了东中西传统的区域差距外，近年来，南北差距也有扩大的趋势，以传统重工业为主的区域受到影响。根据第七次全国人口普查数据显示，在人口的地区分布方面，东部地区人

[①]《历史性的跨越　新奋斗的起点》，《人民日报》2021年2月24日第1版。

口占 39.93%，中部地区人口占 25.83%，西部地区人口占 27.12%，东北地区人口占 6.98%。与 2010 年相比，东部地区人口所占比重上升 2.15 个百分点，中部地区下降 0.79 个百分点，西部地区上升 0.22 个百分点，东北地区下降 1.20 个百分点。人口向东部地区、经济发达区域、长三角、珠三角城市群进一步集聚。基尼系数是衡量收入差距的最重要指标，国家统计局公布的 2003—2019 年中国居民人均收入基尼系数如图 1-2 所示，可以看出中国居民人均收入基尼系数均在 0.4 以上，2018 年抵达高位后有所下降，2015 年后有所回升。按照国际标准，一般认为基尼系数大于 0.4 为收入差距较大，中国收入分配长期存在较大的差距。

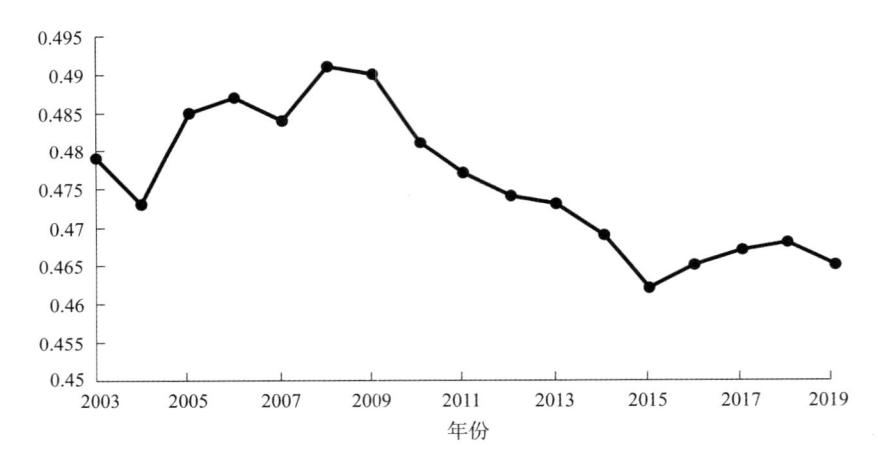

图 1-2　2003—2019 年中国居民人均收入基尼系数

资料来源：《中国统计年鉴》。

中国制定了一系列缩小差距的政策措施。党的十九大把新时代中国社会主要矛盾概括为人民日益增长的美好生活需要和不平衡不充分发展之间的矛盾，并指出了提高人民收入水平的短期和长期目标。党的十九届四中全会提出，细化和完善收入分配政策，健全税收、社保等手段的再分配调节机制，完善直接税制度并提高其比重，充分发挥社会保障等公共政策在调解收入差距中的作用，调节城乡、区域、不同群体间的分配关系。党的十九届五中全会提出 2035 年的远景目标，包括人均国内生产总值达到中等发达国家水平，中等收入群体显著扩大，基本公共服务实现均等化，城乡区域发展差距和居民生活水平差距显著缩小。"十四五"规划提出区域协调发展以及乡村振兴战略，重点解决发展不平衡不充分的问题。

3. 包容性增长已成为发展共识

经济增长和发展是人类进步的永恒议题。增长方式的选择和理念也随着经济的发展不断进步。20世纪中后期亚洲国家快速发展，经济保持高速增长，人民收入水平有了很大的提高。伴随着经济高速增长也出现了收入差距加大、贫困人口增加、环境污染和破坏等问题。为了解决这些发展中的问题，亚洲开发银行（Asian Development Bank，ADB）在2007年首次提出"包容性增长"（Inclusive Growth，也翻译为共享式增长）的概念。2016年9月，中国在G20峰会上将包容性增长列为重要议题，旨在缩小各国发展差距，使各国共享发展红利。2017年1月，世界经济论坛（World Economic Forum，WEF）报告中指出，单纯的经济增长速度的提高不能解决社会发展中的全部问题，各国必须更加注重包容性增长。[1] 2017年6月，国际货币基金组织（International Monetary Fund，IMF）指出，亚洲各国在经济快速增长的同时要注意避免和减小经济增长风险，需要促进包容性增长。[2] 包容性增长是对经济增长和社会发展方式和状态的一种描述，强调增长效率与成果共享。

包容性增长可以在保持增长的同时，增加就业机会，提高教育、医疗、社会保障领域的公平性，实现经济的可持续发展，避免陷入"中等收入陷阱"。党的十九大报告指出，中国特色社会主义进入新时代，中国社会的主要矛盾已经转化为人民日益增长的美好生活需要和不平衡不

---

[1] Richard Samans, Jennifer Blanke, Margareta Drzeniek Hanouz, Gemma Corrigan, "The Inclusive Growth and Development Report 2017", https：//www. weforum. Org/reports/the – inclusive – growth – and – development – report – 2017/articles/，2017.

[2] 国际货币基金组织：《积极运用财政政策，促进经济包容性增长》，http：//www. mof. gov. cn/pub/ytcj/pdlb/wmkzg/201706/t20170606_ 2616219. html，2017.

充分问题的发展之间的矛盾。包容性增长是解决经济和社会发展不平衡不充分问题的有效增长方式，与此同时，中国共享式发展也将促进全球包容性增长。①

改革开放 40 多年来，中国经济和社会发展取得巨大成就，实现了全面消除绝对贫困，实现了"让一部分人先富起来"。随着中国主要矛盾的转变和中国共产党第二个百年目标的开启，"先富带动后富，实现共同富裕"成为接下来发展的重点。党的十九届五中全会首次把"全体人民共同富裕取得更为明显的实质性进展"作为远景目标提出。2021 年 7 月 1 日，庆祝中国共产党成立 100 周年大会上，习近平总书记强调，要"推动人的全面发展、全体人民共同富裕取得更为明显的实质性进展"②。共同富裕让全体人民共享发展成果，缩小地区、城乡等各种差距，共同富裕不仅包括缩小收入差距，在物质上实现共同富裕，还包括精神上的富裕、生活环境宜居、公共服务普惠等全方位的富裕。包容性增长是共同富裕的实现方式，包容性增长的内涵也体现了共同富裕的目标。

包容性增长是益贫式增长。包容性增长要求通过物质增长提高贫困人口的初次收入水平，通过收入再分配向贫困人口倾斜资源，缩小收入差距，降低贫困发生率。随着经济的快速增长，中国的收入分配存在差距并进一步扩大，贫富差距已经成为中国政治经济社会层面的一个亟须解决的问题。③ 党的十九大报告指出，中国现阶段经济和社会发展迅速，取得了一定成效，但仍面临不少问题，例如区域间、城乡间在收入、教育、医疗等各个领域差距仍然较大，群众在就业、教育、医疗、居住、养老等方面的现状与要求差距较大。这就需要政府充分发挥宏观

---

① 王洪川、胡鞍钢：《包容性增长及国际比较：基于经济增长与人类发展的视角》，《国际经济评论》2017 年第 4 期。

② 《在庆祝中国共产党成立 100 周年大会上的讲话》，《人民日报》2021 年 7 月 2 日第 2 版。

③ 万广华、张茵：《收入增长与不平等对中国贫困的影响》，《经济研究》2006 年第 6 期；Wan G., *Inequality and Growth in Modern China*, Oxford University Press, 2008; Wang C, Wan G, Yang D., "Income Inequality in the People's Republic of China: Trends, Determinants, and Proposed Remedies", *Journal of Economic Surveys*, 2014, 28 (4)。

再分配调节职能，推进公共服务均等化，保障人民的各项权利，缩小收入分配差距，要坚持精准扶贫、精准脱贫。从教育改善收入贫困和多维贫困效应的地区差异方面研究教育对贫困发生的作用，有利于制定扶贫政策，实现精准扶贫。

(二) 教育事业发展背景

教育是包容性增长领域关注的重点之一，也是包容性增长的重要组成部分，教育在包容性增长中占据关键地位并起着重要作用。党的十九大报告指出，优先发展教育事业，建设教育强国，必须把教育事业放在优先地位，加快推进教育现代化建设。教育事业发展"十三五"规划将促进教育公平列为工作重点，要求采取各项措施，着力促进教育公平。《中国教育现代化2035》提出实现教育现代化，要着力提高教育质量，促进教育公平。党的十九届四中全会提出，推动城乡义务教育一体化发展，健全学前教育、特殊教育和普及高中阶段教育保障机制。党的十九届五中全会审议通过的《中共中央关于制定国民经济和社会发展第十四个五年规划和二〇三五年远景目标的建议》明确提出，"建设高质量教育体系"。第七次全国人口普查数据显示，中国具有大学文化程度的人口为21836万人。与2010年相比，每10万人中具有大学文化程度的由8930人上升至15467人，15岁及以上人口的平均受教育年限由9.08年提高至9.91年，文盲率由4.08%下降为2.67%。受教育状况的持续改善反映了10年来中国大力发展高等教育以及扫除青壮年文盲等措施取得了积极成效，人口素质不断提高。

1. 中国教育政策概述

中国教育的发展离不开教育政策的保障和推动，改革开放以来，中国以教育的公益性为基本原则制定了一系列促进教育发展和保障教育公平的政策措施，并分阶段、有重点地进行政策调整和完善，使中国走向教育大国，迈向教育强国，充分发挥了教育在民族振兴和社会进步中的基石作用。

(1) 促进教育发展的政策

改革开放以来，在一系列政策的引领下，教育实现了跨越式发展，教育总体发展水平进入世界中上行列，制订颁布了相关教育政策。

第一阶段（1978—1992年）：教育政策起步和基础阶段。改革开放初期，中国教育发展基础较弱，基础教育薄弱，义务教育普及率不高，高等教育受到很大的冲击，学科门类不全，高考制度亟待恢复，师资较弱，国际化程度很低，教育面临重启和改革。改革开放后第一次全国性教育工作会议颁布了《中共中央关于教育体制改革的决定》，以"教育要面向现代化、面向世界、面向未来"为指针，提出了"教育必须为社会主义建设服务，社会主义建设必须依靠教育"的指导思想，确立了早期的教育现代化精神。确立了义务教育由地方负责、分级管理的原则，实行基础教育"分级办学、分级管理"的体制改革，并首次提出了义务教育的年限和普及时间表。为了进一步明确义务教育的管理体制和实施步骤，1986年颁布的《中华人民共和国义务教育法》（以下简称《义务教育法》），从法律上确定了分级办学体制，为义务教育的长期稳定发展提供了法律保障。但由于中国经济和社会发展的不平衡，地方政府的教育投入能力存在较大差距，教育不平衡的问题日益突出。与此同时，职业教育也得到重视与发展，1991年为了贯彻落实大力发展职业技术教育的要求，中国印发《国务院关于大力发展职业技术教育的规定》，采取有利政策支持职业技术教育发展，加强职业技术教育的改革和基本建设。1980通过《中华人民共和国学位条例》，确定了中国设学士、硕士、博士三级学位，并在学位分级、各级学位的学术标准、严格审定学位授予单位等方面做了规定，1983年中国首批自主培养的博士生取得学位。1992年国家对高校建设确立了目标，要面向21世纪，重点办好一批（100所）高等院校（211工程），并于1995年启动，重点建设一批高等学校和一批学科。

第二阶段（1993—1998）：教育规划制定阶段。这个阶段中国逐渐明确了教育发展的目标和方向。1993年《中国教育改革和发展纲要》

首次提出将实现教育现代化作为教育的发展目标,并把教育放在发展的优先位置,确立了各个阶段教育的具体目标:基本普及九年义务教育(包括初中阶段的职业技术教育),高中阶段职业技术学校在校学生人数有较大幅度的增加,高等学校培养的专门人才适应经济、科技和社会发展的需求,集中力量办好一批重点大学和重点学科,全国基本扫除青壮年文盲。在政策的推动下,中国教育事业取得了飞速的发展。这一阶段,教育相关法律继续完善,1994年《中华人民共和国教师法》颁布实施,1995年《中华人民共和国教育法》(以下简称《教育法》)颁布实施,1996年《中华人民共和国职业教育法》颁布实施,从法律上规范和保障了中国教育事业的发展。同时,民办力量也成为教育事业发展的重要组成部分,1997年《社会力量办学条例》出台,支持和鼓励民办教育的发展。这一时期,为了推动教育的发展,效率优先的政策导向也产生了一些问题,影响了教育的公平性,例如部分地区和基层政府的教育财力不足导致个人家庭教育负担加重,教育的城乡差距和地区差距不断扩大,重点学校和非重点学校的差异和高额的择校费用造成了义务教育的不平衡。

第三阶段(1999—2009年):教育现代化水平提高阶段。这一阶段中国教育现代化水平迅速发展,并且更加注重教育的公平和均衡化发展。1999年发布的《关于深化教育改革全面推进素质教育的决定》标志着素质教育改革的推进,对中国教育培养人才的要求和目标进行了明确。这一时期,高等教育快速发展,扩招成为高等教育发展史上的标志性事件。1998年教育部出台《面向21世纪教育振兴行动计划》,强调了教育将始终处于优先发展的战略地位,提出积极稳步发展高等教育,加快高等教育改革步伐,增加高等教育的机会和供给,扩招的目标正式确立。扩大高校办学自主权,根据各地的需求和经费投入及师资条件,采用新机制新模式,实现2000年高等教育本专科在校生总数达到660万人。大力发展地方职业教育,扩大研究生在校生规模。2000年,高等教育入学率提高到11%左右,普通高等学校生师比提高到12∶1,独立设置的普通高校平均在校生规模达到 4000 人左右。1999 年教育部发布《关于进一步深化普通高等学校招生考试制度改革的意见》，提出为了有助于高等学校选拔人才、中学实施素质教育、高等学校扩大办学自主权的原则，对高考科目、高考内容、高考形式和录取方式的改革方案。为了规范和促进民办教育的发展，2002 年颁布了《中华人民共和国民办教育促进法》。2005 年出台《国务院关于大力发展职业教育的决定》，提出了深入职业教育改革的方向。

教育现代化的理念深入贯彻，教育发展更加注重均衡。在城乡教育均衡方面，2001 年《国务院关于基础教育改革与发展的决定》确立了基础教育在社会主义现代化建设中的战略地位，坚持基础教育优先发展的原则，保障农村义务教育经费的投入和发展；2003 年发布《国务院关于进一步加强农村教育工作的决定》，强调了深化农村教育改革，明确了农村教育在全面建成小康社会中的重要地位，把农村教育作为教育工作的重中之重，在教育财政保障上落实农村义务教育"以县为主"的管理体制，加大投入，完善经费保障机制，实施农村中小学现代远程教育工程，促进城乡优质教育资源共享。在地区教育均衡方面，2000 年中国在全国范围内实现了"两基"的目标，2004 年制订了《国家西部地区"两基"攻坚计划（2004—2007 年）》，即进一步推进西部大开发，实现西部地区基本普及九年义务教育、基本扫除青壮年文盲的目标。2006 年修订实施的《中华人民共和国义务教育法》，明确了各地要促进义务教育的均衡发展，提出了义务教育免费的要求。

第四阶段（2010—2017 年）：基本实现教育现代化。这一时期，最具代表性的文件就是《国家中长期教育改革和发展规划纲要（2010—2020 年）》，这是中国进入 21 世纪之后的首个教育规划，也是 21 世纪头十年指导全国教育改革和发展的纲领性文件。对学前教育、义务教育、高中阶段教育、职业教育、高等教育、继续教育、民族教育和特殊教育的发展任务都做了相应规划，包括基本普及学前教育；巩固提高九年义务教育水平；普及高中阶段教育，毛入学率达到

90%；高等教育毛入学率达到40%；扫除青壮年文盲；继续教育参与率大幅提升，从业人员继续教育年参与率达到50%。在学人数和入学率的具体目标为，2020年学前教育在园人数达到4000万，学前一年毛入学率达到95%；2020年九年义务教育在校生达到16500万人，巩固率达到95%；2020年高中阶段教育（含中等职业教育）在校生达到4700万人，毛入学率达到90%；2020年中等职业教育在校生达到2350万人，高等职业教育在校生达到1480万人；2020年高等教育（含高等职业教育）在学总规模达到3550万人，其中研究生达到200万人，毛入学率达到40%。这一时期，2012年首次实现国家财政性教育经费占国内生产总值4%的目标，生均经费拨款制度逐渐确立。高等教育确立了向世界一流大学和一流学科看齐的目标，2015年国务院印发《统筹推进世界一流大学和一流学科建设总体方案》，2017年《统筹推进世界一流大学和一流学科建设实施办法（暂行）》发布，并进行了第四轮学科评估。同时，也更加注重教育公平，特别是基础教育阶段的教育公平，注重教育资源的均衡和入学机会的公平。2013年《中共中央关于全面深化改革若干重大问题的决定》提出，要深化教育改革，统筹城乡义务教育资源均衡配置，大力促进教育公平。2017年《国家教育事业发展"十三五"规划》明确了教育改革发展成果要更公平地惠及全体人民，特别是要完成教育脱贫攻坚任务，建立覆盖城乡、更加均衡的基本公共教育服务体系。

第五个阶段（2018年至今）：新时代教育现代化全面推进阶段。党的十九大报告指出，要加快教育现代化，办好人民满意的教育，并强调了教育现代化的出发点是以人民为中心。2018年，在全国教育大会上，明确了教育建设的目标和方向。2019年，中共中央、国务院印发了《中国教育现代化2035》，明确了未来一段时间中国教育现代化发展的整体思路和目标，强调与中国社会主义现代化发展的一致性和国际发展水平的对比，同时更加注重教育公平与教育的高质量普及，实现基本公共教育服务均等化。

(2) 促进教育公平的政策

教育财政政策。教育财政可以有力地保障教育的发展,教育资源的均衡投入是教育公平的重要组成部分。教育作为准公共服务,经费应由政府和市场共同提供,教育的部分非排他性和公共属性,要求政府承担起教育公共财政保障的职能,特别是要通过公共财政来平衡教育发展水平,促进教育公平。教育财政政策包括教育经费的筹集、教育经费的分配和教育财政的转移支付及相关政策。

2003 年《中共中央关于完善社会主义市场经济体制若干问题的决定》提出,健全公共财政体制,巩固和完善以县级政府管理为主的农村义务教育管理体制。公共教育财政制度的建立是教育发展的基础保障。2004 年发布的《2003—2007 年教育振兴行动计划》指出,明确各级政府保障农村义务教育投入的责任;中央、省和地(市)级政府通过增加转移支付,增强财政困难县义务教育经费的保障能力。建立和完善农村中小学投入保障机制。农村税费改革以来,先后发布了《国务院关于基础教育改革与发展的决定》(2001 年)、《国务院关于进一步加强农村教育工作的决定》(2003 年)等一系列重要文件,2006 年《国务院关于深化农村义务教育经费保障机制改革的通知》确立了"在国务院领导下,由地方政府负责,分级管理,以县为主"的农村义务教育管理体制,确立了对农村义务教育经费改革的内容,逐步将农村义务教育纳入公共财政保障范围,全部免除农村义务教育阶段学生学杂费,提高农村义务教育阶段中小学公用经费保障水平,巩固和完善农村中小学教师工资保障机制。上述政策也对非义务教育的经费作出了统筹,在非义务教育阶段,合理确定政府和受教育者分担办学成本的比例,收费标准要与居民家庭承受能力相适应,完善企业及公民个人向教育捐赠的税收优惠政策,探索企业合理分担职业教育经费的办法。2019 年《教育领域中央与地方财政事权和支出责任划分改革方案》对教育领域中央与地方财政事权和支出责任进行了划分,义务教育生均公用经费制定全国统一的基准定额,将贫困地区农村义务教育阶段学生膳食补助标准调整为制定国家基础标准，学前教育、普通高中教育、职业教育、高等教育等其他教育，实行以政府投入为主、受教育者合理分担、其他多种渠道筹措经费的投入机制。为了推动义务教育公平发展，从数量均衡向质量均衡发展，中国教育财政始终把义务教育作为投入重点，建立长期投入保障机制，全面推进和实现城乡义务教育免费。从2016年起，建立健全城乡统一、重在农村的义务教育经费保障机制，逐步提高中西部地区义务教育生均公用经费，2020年实现生均教育经费小学650元/生，初中850元/生，与东部地区持平。从2010年起，启动农村义务教育营养改善计划，对农村学生实施补助。提高义务教育教师工资水平，2020年实现全国所有地区"义务教育教师平均工资收入水平不低于当地公务员"的目标。

财政转移支付是促进发展不平衡地区实现均衡与公平的重要财政手段，主要包括三方面内容：第一，纵向转移，主要指上级政府对下级政府的财政帮助；第二，横向转移，主要是富裕地区对较不发达地区提供财政资金帮助；第三，纵向转移和横向转移混合。在教育领域主要为中央对地方的转移，包含一般转移支付和专项转移支付。财政转移支付的基础是明晰中央和地方的事权，财政分权为中央与地方共同财政事权，所需财政补助经费主要按照隶属关系等由中央与地方财政分别承担，中央财政通过转移支付对地方统筹给予支持。根据《国务院关于推进中央与地方财政事权和支出责任划分改革的指导意见》（国发〔2016〕49号），教育领域财政事权和支出责任划分为义务教育、学生资助、其他教育（含学前教育、普通高中教育、职业教育、高等教育等）三个方面。2019年《教育领域中央与地方财政事权和支出责任划分改革方案》对教育领域中央与地方财政事权和支出责任划分进行了完善和改革，义务教育阶段的经常性事项，按照中央与地方财政分档负担比例，中央财政承担的部分通过共同财政事权转移支付安排；阶段性任务和专项性工作，中央财政通过转移支付统筹支持地方财政；确保按时足额发放城乡义务教育教师工资，中央通过一般性转移支付支持地方义务教育教师工资经费；学前教育、普通高中教育、职业教育、高等教育等其他教育，实施以政府投入为主，受教育者合理分担，其他多种渠道筹措经费的投入机制。中央对地方的教育转移支付专项主要包括学前教育发展资金、农村义务教育薄弱学校改造补助资金、中小学及幼儿园教师国家级培训计划补助资金、改善普通高中学校办学条件补助资金、现代职业教育质量提升计划专项补助资金、高中阶段学生资助专项补助资金等。

促进受教育权公平政策。保证每个人的受教育权力是教育公平的重要组成部分，中国历来重视教育公平，坚持教育公益性的原则，把教育公平作为国家基本教育政策，制定和实施了一系列政策措施，使受教育权保障水平显著提升。

优先发展教育事业，促进教育公平。自改革开放后，中国以恢复高等学校招生考试制度为突破口，努力发展教育，扫除文盲，发展各个阶段的教育，普及全民教育。1992年党的十四大第一次明指出要把教育摆在优先发展的战略地位，将科教兴国作为国家的基本国策。2002年党的十六大再次强调了教育的优先地位，"教育是发展科学技术和培养人才的基础，在现代化建设中具有先导性、全局性作用，必须摆在优先发展的战略地位"。大力发展教育信息化，创建了一系列教育信息化的平台，促进了优质教育资源共享，例如"宽带网络校校通""优质资源班班通""网络学习空间人人通""教育资源公共服务平台""教育管理公平服务平台"等。2018年政府工作报告指出，要发展"公平而有质量的教育"，办好人民满意的教育，教育公平不仅体现为教育数量的公平，也体现为教育质量的公平。

通过教育资源倾斜，保障教育公平。教育机会公平是教育公平的起点，但由于先天条件和后天环境等，部分人群无法享受到平等的受教育权利，因此必须通过政府采取一系列措施保障这部分人的受教育权。在城乡教育公平方面，推动教育资源向农村倾斜，缩小城乡教育差距，推动教育的城乡一体化发展，实施了"燎原计划""国家贫困地区义务教育工程""乡村教师支持计划""农村义务教育学生营养改善计划"等。在地区教育公平方面，为了缩小区域教育差距，2004年，启动西部地区"两基"攻坚计划，实施西部地区农村寄宿制学校建设工程；2016年，颁布《关于加快中西部教育发展的指导意见》，对中西部教育改革发展进行顶层设计，大力促进中西部地区教育的公平发展，并在此基础上开展振兴西部地区高等教育工作。在缩小校际差距方面，2002年，发布《教育部关于加强基础教育办学管理若干问题的通知》，积极推进义务教育阶段学校均衡发展，建立校长、教师定期流动机制。实施义务教育公办学校标准化建设，逐步取消"重点校、重点班"，加大薄弱学校的改造力度，通过"划片入学"和"对口升学"等措施，实现招生规范。缩小学校间办学条件的差距，2013年中国启动实施全面改善贫困地区义务教育薄弱学校基本办学条件工作（也称"全面改薄"），并予以推进和督导，出台《全面改善贫困地区义务教育薄弱学校基本办学条件工作专项督导办法》，并引入第三方评价，科学合理地对全面改薄的效果进行评价，全面改薄工作取得了显著的成效，改善了薄弱地区薄弱学校的基础设施，提高了义务教育学校标准化建设水平。

从法律层面保障中国公民的基本受教育权力。《中华人民共和国宪法》规定，"中华人民共和国公民在法律面前一律平等"。《教育法》规定，"教育活动必须符合国家和社会公共利益"，明确了教育的公益性；"国家建立以财政拨款为主、其他多种渠道筹措教育经费为辅的体制"等，从法律上确认了国家发展教育事业的责任，明确了政府是教育经费的主要承担者。《义务教育法》规定，"凡具有中华人民共和国国籍的适龄儿童、少年，不分性别、民族、种族、家庭财产状况、宗教信仰等，依法享有平等接受义务教育的权利"，体现了中国人人享有受教育权利，教育平等的基本性质。

中国在保障受教育权公平方面取得了巨大的成绩。2021年中国发表《全面建成小康社会：中国人权事业发展的光辉篇章》白皮书，对中国全面建成小康社会的公民受教育权利的保障和提升进行了总结。2020年，全国学前三年毛入园率为85.2%，实现了学前教育基本普及；全国九年义务教育巩固率为95.2%，达到世界高收入国家平均水平；残疾儿童义务教育入学率超过95%；建立覆盖从学前教育到研究生教育的全学段学生资助政策体系；大力发展农村地区和中西部地区教育，全国96.8%的县实现义务教育基本均衡发展；全国高中阶段教育毛入学率达到91.2%，超过中等偏上收入国家平均水平；高等教育毛入学率提高到54.4%，在学总规模超过4000万人，建成世界上最大规模的高等教育体系。民族地区教育事业快速发展，全面普及九年义务教育；西藏自治区和新疆维吾尔自治区的南疆阿克苏地区、克孜勒苏柯尔克孜自治州、喀什地区、和田地区四地州实现了从学前到高中阶段十五年免费教育。保障残疾人享有平等受教育权，保障特殊教育发展，2020年，全国共有特殊教育学校2244所，专任教师6.62万人，在校学生88.08万人，残疾学生在普通学校就读的比例均接近或超过50%。

教育扶贫政策。贫困地区的义务教育得到了重视与保障，充分发挥了教育在阻碍贫困代际传递中的重要作用。脱贫攻坚时期，2016年中国印发了《教育脱贫攻坚"十三五"规划》，保障各教育阶段从入学到毕业的全程资助，不让一个学生因家庭困难而失学，聚焦学前教育和义务教育，围绕中等职业教育和职业培训两个教育脱贫抓手，积极发展普通高中教育，继续实施高校招生倾斜和贫困家庭子女就学就业资助。2016年教育部、国务院扶贫办联合印发《职业教育东西协作行动计划（2016—2020年）》，以职业教育和培训为重点，启动实施了东部地区相关院校对西部地区的结对帮扶全覆盖，东部地区招收西部地区贫困家庭子女接受中等职业教育并实现就业脱贫，为贫困人口提供公益性职业培训。对于深度贫困地区，2018年印发的《深度贫困地区教育脱贫攻坚实施方案（2018—2020年）》，着力推进"三区三州"教育脱贫，针对贫困的民族地区，加大少数民族优秀人才培养力度，继续实施内地西藏班、新疆班、少数民族预科班、少数民族高层次骨干人才培养计划，招生计划向这些地区倾斜。

国务院及教育部等职能部门先后颁布与实施了"学前教育三年行动计划""全面改善贫困地区义务教育薄弱学校基本办学条件"、《乡村教师支持计划（2015—2020年）》、"农村义务教育学生营养改善计划""义务教育'两免一补'政策"、《国家贫困地区儿童发展规划（2014—2020年）》等，对准教育最薄弱领域和最贫困群体，有针对性地采取倾斜政策、精准帮扶、分类施策、全面保障，努力实现"幼有所育、学有所教"，带动中国贫困地区教育事业取得长足进步。2021年发布《教育部等四部门关于实现巩固拓展教育脱贫攻坚成果同乡村振兴有效衔接的意见》，对实现全面小康后巩固拓展教育脱贫攻坚成果，全面推进乡村振兴提出了意见，要大力支持脱贫地区职业教育，提高普惠制学前教育质量，继续实施重点高校招收农村和脱贫地区学生专项计划，继续实施民族专项招生计划，等等。

中国教育在脱贫中取得巨大成就。众多研究表明，对于儿童早期教育的投入，收益较高，学前教育有助于贫困家庭缓解育儿压力，促进就业，增加家庭收入。中国在脱贫攻坚中大力发展农村学前教育，从2010年到2018年，农村地区幼儿园总数增加了61.6%，在园规模增加了26.6%。在新增资源总量中，农村幼儿园占69.8%，在园幼儿占49.2%。[1] 义务教育阶段，辍学学生基本实现了应返尽返，基本实现了资助的全覆盖；顺利实施"两免一补"，对全国义务教育阶段学生免除学杂费、书本费，实施营养餐改善计划，覆盖4000万农村儿童；在校舍建设、班额和师资方面基本达到了相应的配备要求。职业教育是实现稳定脱贫的重要手段，2021年党的十八大以来，累计有八百多万贫困家庭学生接受中高等职业教育，其中通过实施"职业教育东西

---

[1] 杨三喜：《发展基层学前教育，让贫困儿童享受教育红利》，https://guancha.gmw.cn/2020-11/18/content_34379630.htm，2020年。

协作行动计划",招收西部地区贫困家庭学生一百多万人。① 高等教育阶段是提高贫困家庭未来收入的重要途径,也是教育公平的重要组成部分。中国在高等教育领域实施面向农村和贫困地区定向招生、一村一名大学生、建档立卡家庭贫困生专升本专项计划等。党的十八大以来,累计有514.05万名建档立卡贫困学生接受高等教育。

2. 中国教育事业发展现状

(1) 基础教育发展迅速,逐渐均衡

第一,学前教育阶段。1990年《幼儿园管理条例》的颁布和实施,中国学前教育逐步走上了规范化、科学化的良性发展轨道。2018年中国发布《中共中央国务院关于学前教育深化改革规范发展的若干意见》,对学前教育的发展意义重大。学前教育毛入园率逐年提升,取得跨越式发展。农村幼儿教育事业快速发展,基本构建起覆盖县、乡、村三级的农村学前教育公共服务体系。

中国学前教育在园幼儿和毛入园率持续上升并逐步稳定,如图1-3所示。新中国成立初期,中国在园幼儿仅为14万人,毛入园率仅为0.4%,学前教育基本处于空白状态;自改革开放后,小学净入学率稳步上升,1978年在园幼儿为788万人,毛入园率为10.6%。2020年,全国共有幼儿园29.17万所,入园儿童1791.40万人,在园幼儿4818.26万人。其中,普惠性幼儿园在园幼儿4082.83万人,普惠性幼儿园覆盖率达到84.74%。幼儿园共有专任教师291.34万人。学前教育毛入学率85.2%。2021年,中国颁布了《中共中央国务院关于优化生育政策促进人口长期均衡发展的决定》,积极发展适应新形势下生育政策的托幼政策,将0—3岁婴幼儿照护服务纳入经济社会发展规划,强化政策引导,通过完善土地、住房、财政、金融、人才等支持政策,引导社会力量积极参与。

---

① 梁丹、董鲁皖龙:《快看!教育脱贫攻坚的这些成就,哪些与你息息相关》,《中国教育报》2021年2月27日第1版。

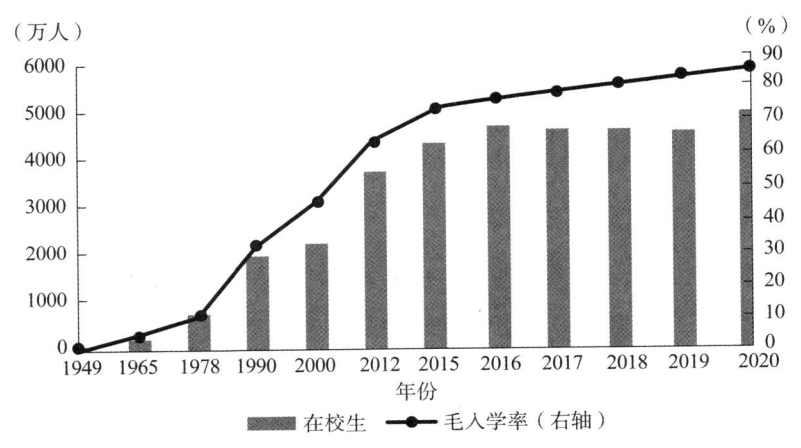

图 1-3 学前教育在园幼儿和毛入园率

数据来源：《2019年全国教育事业发展统计公报》《2020年全国教育事业发展统计公报》。

第二，义务教育阶段。义务教育是教育发展的基础和提升国民素质的重要教育阶段，现阶段中国的义务教育主要包括小学教育和初中教育。新中国成立和改革开放以来，中国大力发展和全面普及义务教育，取得了举世瞩目的成就。截至2019年年底，中国九年义务教育巩固率达到94.8%，比2015年提高了1.8个百分点。九年义务教育巩固率，是指初中毕业班学生数占该年级小学一年级时学生数的百分比，是中国"十二五"规划新增的一项指标。截至2020年11月30日，全国义务教育阶段辍学学生由台账建立之初的约60万人降至831人，其中20万建档立卡辍学学生实现动态清零，为实现2020年九年义务教育巩固率达到95%的目标奠定了坚实基础。[①]

中国小学在校生规模和净入学率持续上升并逐步稳定，如图1-4所示。新中国成立初期，中国小学在校生仅为2439万人，净入学率仅为

---

① 教育部:《确保圆满收官 推进全面提质——"十三五"中国基础教育改革发展成就介绍》，http://www.moe.gov.cn/fbh/live/2020/52763/sfcl/202012/t20201210_504515.html，2020年。

20%，有大量文盲和辍学人口；改革开放后，小学净入学率稳步上升。1978年小学在校生为14624万人，净入学率为94%、小学净入学率在2000年超过99%，其后一直稳定在99%以上并且稳定上升，2020年小学净入学率达到99.96%。

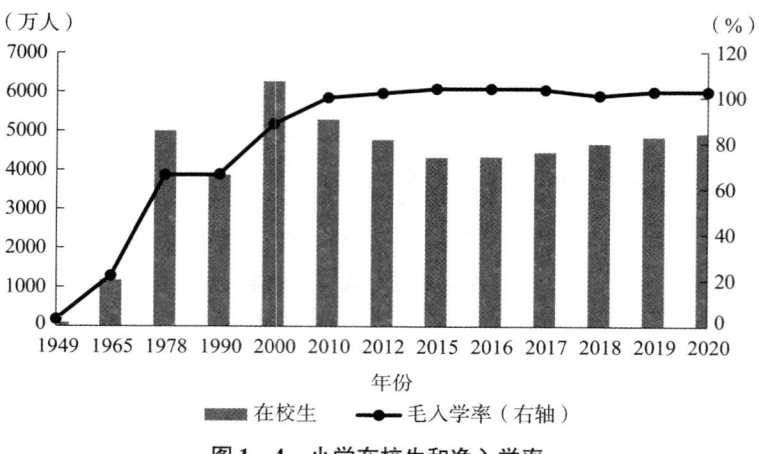

图1-4 小学在校生和净入学率

注：小学学龄儿童净入学率：小学教育在校学龄人口数占小学教育国家规定年龄组人口总数的百分比，是按各地不同入学年龄和学制分别计算的。

数据来源：《2019年全国教育事业发展统计公报》《2020年全国教育事业发展统计公报》。

义务教育的初中教育阶段也取得了巨大发展，如图1-5所示。新中国成立初期，中国初中在校生仅为95万人，初中生毛入学率为3.1%；改革开放后，1978年初中生毛入学率为66.4%，1990年为66.7%，在2010年毛入学率超过100%，并稳定维持在100%以上。

改革开放以来，中国义务教育在规模总量上趋近饱和，义务教育普及更加深入。1986年《义务教育法》颁布实施，历经七次修改，从法律上保障了义务教育的实施和普及。义务教育均衡也取得巨大成就。截至2020年年底，县域义务教育均衡发展如期实现了国务院提出的"到2020年全国和中西部地区实现基本均衡的县（市、区）比例均达到95%"目标。具体来看，截至2020年年底，全国累计已有26个省的2809个县实现县域义务教育基本均衡发展，县数占比96.8%，其中，

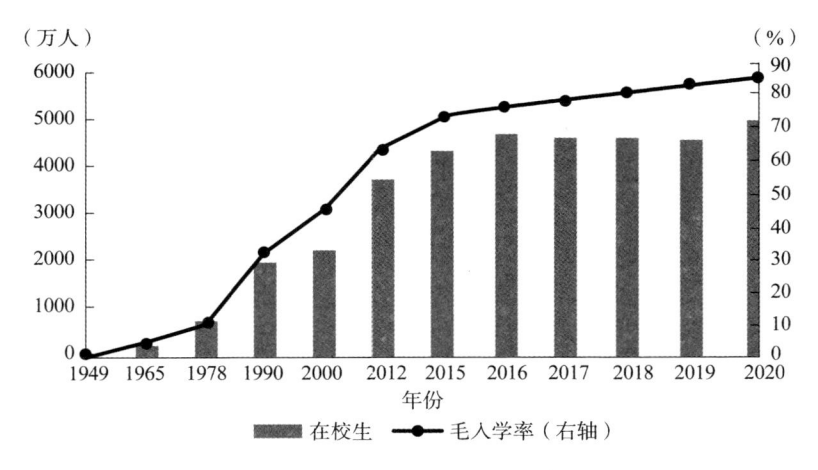

图 1-5 初中在校生和毛入学率

注：毛入学率：某一级教育不分年龄的在校学生总数占该教育国家规定年龄组人口数的百分比。由于包含非正规年龄组（低龄或超龄）学生，毛入学率可能超过100%。

数据来源：《2019年全国教育事业发展统计公报》《2020年全国教育事业发展统计公报》。

中西部县数占比95.3%；有22个省份制定了省级优质均衡发展推进规划，有20个省份确定了试点县[①]。《关于深入推进义务教育薄弱环节改善与能力提升工作的意见》提出"十四五"期间义务教育均衡发展的目标，主要包括城镇学校学位满足入学需求，降低大班额比例；教学条件持续改善；教育信息化应用水平明显提升；体育、美育、劳动教育条件得到有效保障。

第三，高中阶段教育。高中阶段教育主要包括普通高中、成人高中和中等职业学校，其中，中等职业教育包括普通中等专业学校、职业高中、技工学校和成人中等专业学校。高中阶段教育是义务教育阶段之后的教育。2010年颁布的《国家中长期教育改革和发展规划纲要（2010—2020年）》提出了到2015年基本普及高中阶段教育，毛入学率达到85%，并规定普通高中和职业高中的在校生和招生规模保持大

---

① 教育部：《"数"读义务教育基本均衡发展》，http://www.moe.gov.cn/jyb_xwfb/s7600/202104/t20210427_528814.html，2021年。

体相当（1∶1）。2017年中国发布《关于印发〈高中阶段教育普及攻坚计划（2017—2020年）〉的通知》，提出"到2020年，全国普及高中阶段教育，全国、各省（区、市）毛入学率均达到90%以上，普通高中与中等职业教育结构更加合理，招生规模大体相当；经费投入机制更加健全，生均拨款制度全面建立"。中国高中阶段教育从中华人民共和国成立后到2000年波动发展，在2000年毛入学率仅为42.8%，2010年后高中阶段教育稳步发展。2015年，高中阶段毛入学率为87%，超过85%的目标。2020年，全国高中阶段共有学校2.44万所，招生1504.00万人，在校生4127.80万人，高中阶段毛入学率91.2%，完成高中阶段普及攻坚的既定目标。如图1-6所示。

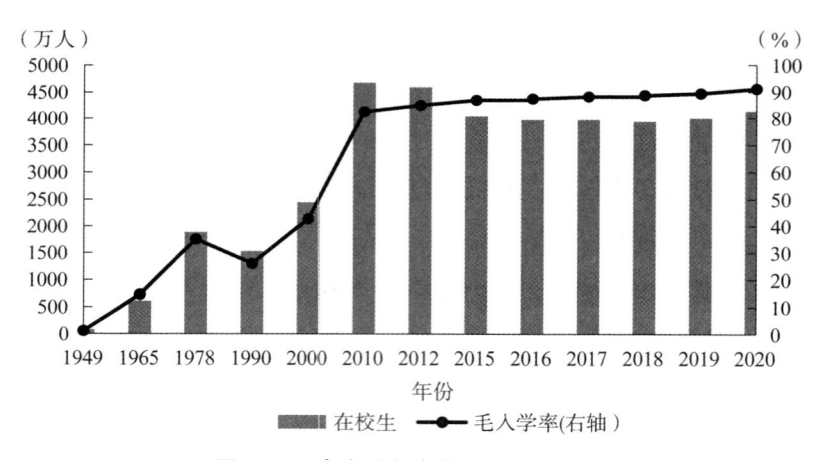

图1-6 高中阶段在校生和毛入学率

数据来源：《2019年全国教育事业发展统计公报》《2020年全国教育事业发展统计公报》。

(2) 高等教育快速发展，稳步推进

中国高等教育发展受到政策的显著影响，阶段性明显。中华人民共和国成立后到"文化大革命"前，配合"一五"计划，1952年进行了高等学校院系调整，重点发展工业建设人才和师资，发展专门学院。改革开放后，高考恢复。1980年《中华人民共和国学位条例》颁布，确定了中国高等教育学位的相关标准，独立培养专门人才，特别是培养改革开放所需的高层次人才。作为人力资本积累和深化的重要阶段，中国高等教育在 1998 年前规模较小，属于精英化教育，不能满足人民日益增长的对高等教育的需求和国家经济社会发展对人才的需求。1998 年中国高校的招生人数为 108 万；1999 年招生人数上升了 47.4%，增加了 51 万人，高等教育进入快速普及化阶段。2020 年，全国各类高等教育在学总规模（包括研究生、普通本专科、成人本专科、网络本专科、高等教育自学考试本专科等各种形式的高等教育在学人数）4002 万人，高等教育毛入学率 51.6%。全国共有普通高等学校 2688 所（含独立学院 257 所），比上年增加 25 所，增长 0.94%，如图 1-7 所示。

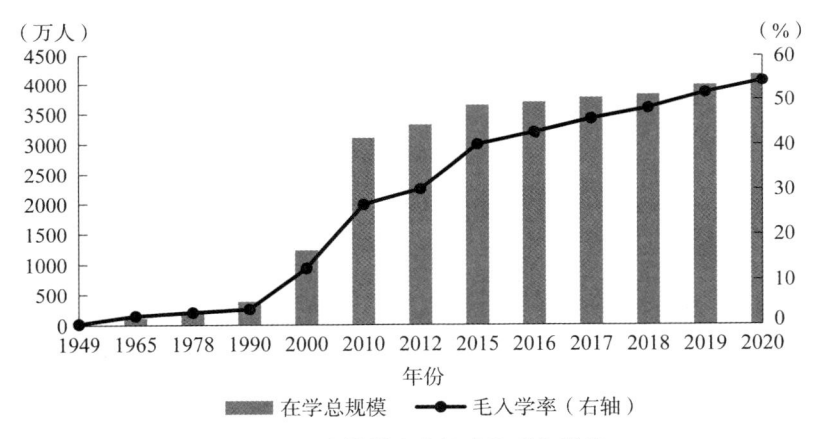

图 1-7 高等教育在校生和毛入学率

数据来源：《2019 年全国教育事业发展统计公报》《2020 年全国教育事业发展统计公报》。

改革开放后，中国的高校数量和专任教师数量明显增加，如图 1-8 所示，特别是教育部出台《面向 21 世纪教育振兴行动计划》，标志着中国高等教育扩招的开始，也是高等教育发展历程中的关键性政策，普通高等学校数量从 1978 年的 598 所，到 2000 年增至 1041 所，2019 年增加到 2688 所，是扩招前的 2 倍以上，是改革开放初期的 4 倍以上。专任教师数从 1978 年的 20.6 万人，到 2000 年增至 46.3 万人，2019 年增加到 174 万人。大学扩招后，专任教师数量实现了快速增长。

包容性增长与中国教育公平

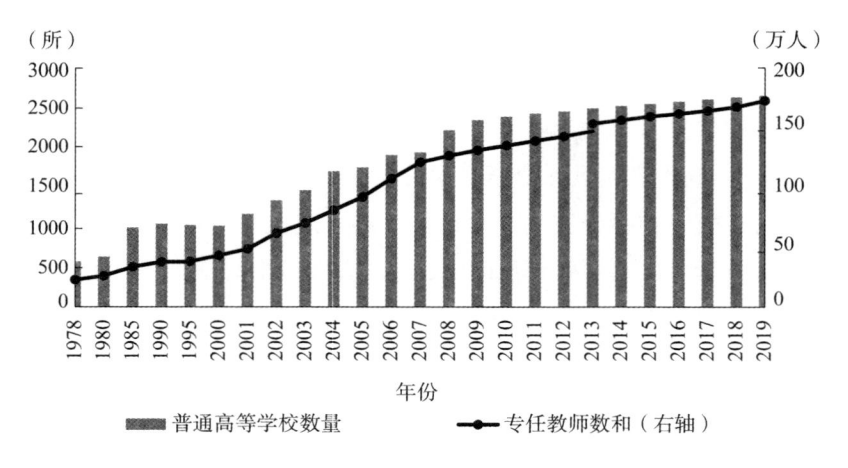

图 1-8　高等教育学校数量和专任教师数

数据来源：《中国统计年鉴》。

高等教育为人民群众提供了继续深造的机会，提高了个人、家庭的学历和就业机会，也为更高水平的学历教育和人力资本积累提供了保障。2018 年教育部等三部门印发《关于高等学校加快"双一流"建设的指导意见》，提出"适度扩大博士研究生规模，加快发展博士专业学位研究生教育"，2020 年国务院学位委员会、教育部印发《专业学位研究生教育发展方案（2020—2025 年)》提出了专业学位研究生教育发展目标，"到 2025 年，以国家重大战略、关键领域和社会重大需求为重点，增设一批硕士、博士专业学位类别，将硕士专业学位研究生招生规模扩大到硕士研究生招生总规模的 2/3 左右，大幅增加博士专业学位研究生招生数量"。图 1-9 显示，全国研究生招生总数由 1978 年的 10708 人到 2019 年的 916503 人，增长了 85 倍以上，特别是在本科扩招后的几年出现显著增长。出国留学生人数从 1978 年的近 860 人，增加到 2018 年的 662100 人，实现了快速增长。

高等教育的公平主要在于保证高等教育入学机会公平。1977 年恢复高考后，中国持续完善高校招生政策，《2000 年普通高等学校招生工作规定》对年龄、婚姻状况进行了放宽，并明确"未经教育部批

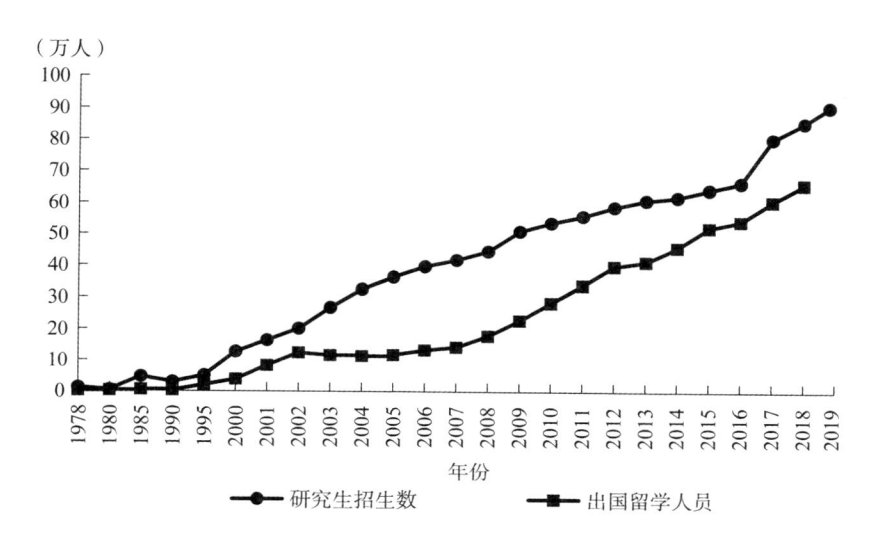

图 1-9 研究生招生数和出国留学人员

数据来源：《中国统计年鉴》。

准，高等学校不得规定男女生比例"，"对符合体检标准、高考成绩达到要求的残疾考生，高等学校不能仅因其残疾而不予录取"，完善了高考的非歧视和公平政策。在考试内容上，从文理分科到"3＋X"，在遵循基本的选拔功能基础上，更加重视学生的个体特点和选择的多样性。在招生计划上，高考招生计划分配受到多种因素的制约。改革开放后恢复高考，中国普通高校招生分配仍按照国家计划，面向全国的院校和专业实行全国范围的招生，地区院校和专业在地区范围内招生，毕业后统一分配。从 2002 年起，给予高校一定的预留名额，用于调节生源不平衡的问题。[①] 2014 年《国务院关于深化考试招生制度改革的实施意见》提出，继续实施国家专项计划、地方专项计划、高校专项计划等补偿政策，增加农村学生上重点高校的人数；进一步落实和完善进城务工人员随迁子女就学和升学考试的政策措施，促进城

---

① 王新凤：《新中国成立以来中国高考政策公地平性的价值变迁》，《教育学报》2021 年第 1 期。

乡公平。

（3）职业教育发展日渐规范，逐步完善

职业教育是教育体系的重要组成部分，为国家提供了大量的技能型专业人才，是推动经济发展、促进就业、促进全面脱贫和乡村振兴的重要途径。改革开放以来，中国职业教育迅速发展，并不断进行结构调整和完善。职业教育的发展需要适应经济的发展，为社会输送合格的人才。1995年国家教委出台的《关于推动职业大学改革与建设的几点意见》，明确了职业大学高等教育的性质，推动职业大学转型为高等职业学院，培养"应用型人才"。1996年《中华人民共和国职业教育法》的颁布，在职业教育史上具有里程碑式的意义，为职业教育发展提供了法律保障，营造了职业教育的良好政策环境。《国家中长期教育改革和发展规划纲要（2010—2020年）》提出"构建中国特色的职业教育体系，把职业教育纳入经济社会发展和产业发展规划，促使职业教育规模、专业设置与经济社会发展需求相适应"，说明职业教育的目标向体系化、完善化发展。2019年颁布的《国家职业教育改革实施方案》（职教20条），为中国职业教育提质培优提供了全方位的支持。职业教育培养了众多支撑经济社会发展的技能型人才，在服务国家战略、服务区域发展、服务脱贫攻坚、促进教育公平等方面发挥了重要作用。截至2020年，中国职业学校开设1300余个专业和十余万个专业点，基本覆盖了国民经济各领域，为《中国制造2035》目标的顺利完成提供了人才保障。

职业教育不仅在城市，在农村也有了巨大发展，推动了城乡教育公平。2002年《国务院关于大力推进职业教育改革与发展的决定》指出，农村职业学校应积极培育一批具有科技精神且能够自主致富的示范农民，农村职业教育与农业发展紧密结合，培养掌握职业技术的农民。2011年《关于加快发展面向农村的职业教育的意见》提出，应改善农村职业学校的基础办学条件，充分挖掘农村人力资本潜能，提升县域经济劳动力贡献度。中国农村职业教育的进一步巩固发展，为接下来的创新发展奠定了坚实的基础。农村职业教育与农村脱贫攻坚、乡村振兴等一系列农村重大战略紧密相关，能够充分发挥教育扶贫的作用。《深度贫困地区教育脱贫攻坚实施方案（2018—2020年）》提出将农村职业教育与精准脱贫相结合，精准对接脱贫所需的职业技能。2018年《中共中央国务院关于实施乡村振兴战略的意见》要求，面向农民进行大规模的职业技能培训，加强职业教育，逐步分类推进中等职业教育免除学杂费，为农村居民接受职业教育提供物质保障。2021年中央一号文件《中共中央、国务院关于全面推进乡村振兴加快农业农村现代化的意见》提出，面向农民就业创业需求，发展职业技术教育与技能培训，建设一批产教融合基地，为乡村产业振兴提供人力资源保障。

（4）教育财政总量充足，结构不断优化

教育财政是教育事业发展的基本保证，政府教育财政投入可以增加教育供给，平衡教育资源分配，降低家庭和个体承担的教育成本，促进教育公平。

第一，中国教育经费投入充足，持续增长。教育投入是发展教育事业的重要物质基础，中国始终坚持优先发展教育，重视增加教育投入。近年来，中国教育经费总投入和国家财政性教育经费持续增长，见表1-1。2019年，全国教育经费总投入为50178.12亿元，比2018年增长8.74%。其中，国家财政性教育经费（主要包括一般公共预算安排的教育经费、政府性基金预算安排的教育经费、国有及国有控股企业办学中的企业拨款、校办产业和社会服务收入用于教育的经费等）为40046.55亿元，比上年增长8.25%，占教育经费总投入的79.81%。教育经费投入快速增长，如图1-1所示。在2012年实现国家财政性教育经费在国内生产总值中占比超过4%以后，继续稳定增长，是中国教育发展的坚实物质保障。

表 1-1　　　　　　　　　教育经费投入情况　　　　　　　　单位：亿元

年份	教育经费总投入	国家财政性教育经费	年份	教育经费总投入	国家财政性教育经费
1991	731.50	617.83	2006	9815.31	6348.36
1992	867.05	728.75	2007	12148.07	8280.21
1993	1059.94	867.76	2008	14500.74	10449.63
1994	1488.78	1174.74	2009	16502.71	12231.09
1995	1877.95	1411.52	2010	19561.85	14670.07
1996	2262.34	1671.70	2011	23869.29	18586.70
1997	2531.73	1862.54	2012	28655.31	23147.57
1998	2949.06	2032.45	2013	30364.72	24488.22
1999	3349.04	2287.18	2014	32806.46	26420.58
2000	3849.08	2562.61	2015	36129.19	29221.45
2001	4637.66	3057.01	2016	38888.39	31396.25
2002	5480.03	3491.40	2017	42562.01	34207.75
2003	6208.27	3850.62	2018	46143.00	36995.77
2004	7242.60	4465.86	2019	50178.12	40046.55
2005	8418.84	5161.08			

数据来源：历年《中国教育经费统计年鉴》。

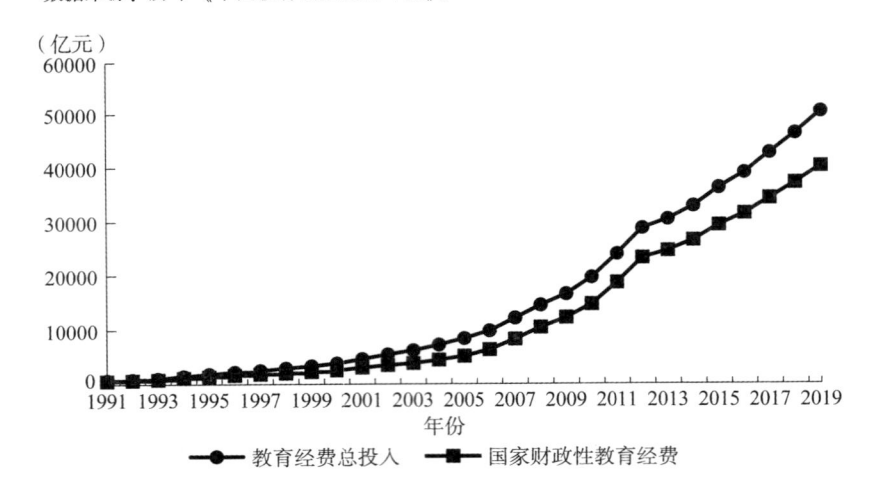

图 1-10　教育经费总投入和国家财政性教育经费

数据来源：《中国教育经费统计年鉴 2020》。

第二，教育经费结构不断优化，推动教育公平。国家在财政性教育经费总量增长的基础上，针对不同发展阶段的重点问题，通过对教育经费结构的不断调整，促进教育发展，推动教育均衡和教育公平。2018年出台《国务院办公厅关于进一步调整优化结构提高教育经费使用效益的意见》，意见指出，要调整优化财政支出结构，保证国家财政性教育经费支出占国内生产总值比例一般不低于4%，确保一般公共预算教育支出逐年递增，确保按在校学生人数平均的一般公共预算教育支出逐年递增；重点保障义务教育均衡发展，落实对农村不足100人的小规模学校按100人拨付公用经费和对寄宿制学校按寄宿生年生均200元标准增加公用经费补助政策；健全中小学教师工资长效联动机制，实现与当地公务员工资收入同步调整，确保中小学教师平均工资收入水平不低于当地公务员平均工资收入水平；落实中西部地区高等教育振兴计划，支持中西部地区高等教育的发展。

选取代表性年份各级各类教育机构教育经费支出明细进行比较。2010年各级各类学校教育经费支出情况如下。学前教育阶段教育经费支出为718亿元，占教育经费总支出的3.82%。普通小学教育经费支出为48858亿元，占教育经费总支出的25.85%。其中农村小学教育经费支出为3102亿元，占普通小学教育经费总支出的63.86%。普通初中教育经费支出为3429亿元，占教育经费总支出的18.25%。其中农村初中教育经费1897亿元，占普通初中教育经费总支出的55.31%。普通高中教育经费支出为1924亿元，占教育经费总支出的10.24%。其中农村高中教育经费支出为263亿元，占普通高中教育经费总支出的13.7%。中等职业学校教育经费总支出1332亿元，占教育经费总支出的7.1%。高等学校教育经费支出为5338亿元，占教育经费总支出的28.40%。[①]

2014年各级各类学校教育经费支出情况如下。学前教育阶段教育

---

① 历年《中国教育经费统计年鉴》。

经费支出为 3234 亿元，占教育经费总支出的 7.85%；普通小学教育经费支出为 11840 亿元，占教育经费总支出的 28.73%；其中农村小学教育经费支出为 7308 亿元，占普通小学教育经费总支出的 61.72%。普通初中教育经费支出为 7301 亿元，占教育经费总支出的 59.54%；其中农村初中教育经费支出为 1623 亿元，占普通初中教育经费总支出的 42.19%。普通高中教育经费支出为 4246 亿元，占教育经费总支出的 10.31%；其中农村高中教育经费支出为 1623 亿元，占普通高中教育经费总支出的 42.19%。中等职业学校教育经费支出 2307 亿元，占教育经费总支出的 5.6%。高等学校教育经费支出为 10464 亿元，占教育经费总支出的 25.10%。

2018 年各级各类学校教育经费支出情况如下。学前教育阶段教育经费支出为 3653 亿元，占教育经费总支出的 8.11%。普通小学教育经费支出为 12687.87 亿元，占教育经费总支出的 28.17%；其中农村小学教育经费支出为 7576 亿元，占普通小学教育经费总支出的 59.71%。普通初中教育经费支出为 7960 亿元，占教育经费总支出的 17.67%；其中农村初中教育经费支出为 4467 亿元，占普通初中教育经费总支出的 56.11%。普通高中教育经费支出为 4668 亿元，占教育经费总支出的 10.36%；其中农村高中教育经费支出为 1877 亿元，占教育经费总支出的 40.21%。中等职业学校教育经费支出为 2448 亿元，占教育经费总支出的 5.43%。高等学校教育经费支出为 11656 亿元，占教育经费总支出的 25.88%。

从代表性教育经费支出的分布来看，中国教育经费总量快速增长，其中义务教育阶段的小学和初中教育经费占教育经费总支出比重最大，其次是高等教育；义务教育阶段教育经费投入保持高位稳定，高中阶段教育经费支出逐渐增加，适应中国综合教育学历提升的要求和高中教育普及攻坚的要求，幼儿园教育经费投入增长明显。在城乡分布上，小学和初中阶段，农村教育经费占比均超过 50%，体现了中国对农村义务教育的财政支持。

生均一般公共预算教育经费可以反映对学生个体的平均投入，也是衡量教育支出的重要指标之一。由于统计口径的变化，选取2017年、2018年数据进行比较。

2018年，全国幼儿园为7671.84元，比上年增长10.36%，增长最快的是贵州省（29.71%）；全国普通小学为11328.05元，比上年增长3.82%，其中，农村为10548.62元，比上年增长3.47%，普通小学增长最快的是河南省（10.81%）；全国普通初中为16494.37元，比上年增长4.79%，其中，农村为14634.76元，比上年增长4.05%，普通初中增长最快的是安徽省（11.19%）；全国普通高中为16446.71元，比上年增长8.64%，增长最快的是贵州省（19.89%）；全国中等职业学校为16305.94元，比上年增长7.90%，增长最快的是江西省（24.78%）；全国普通高等学校为22245.81元，比上年的21471.03元增长3.61%，增长最快的是海南省（29.78%）。

2019年，全国幼儿园为8615.38元，比上年增长12.30%，增长最快的是广东省（31.28%）；全国普通小学为11949.08元，比上年增长5.48%，其中，农村为11126.64元，比上年增长5.48%，普通小学增长最快的是广东省（9.80%）；全国普通初中为17319.04元，比上年增长5.00%，其中，农村为15196.86元，比上年增长3.84%，普通初中增长最快的是陕西省（14.50%）；全国普通高中为17821.21元，比上年增长8.36%，增长最快的是西藏自治区（23.51%）；全国中等职业学校为17282.42元，比上年增长5.99%，增长最快的是青海省（36.46%）；全国普通高等学校为23453.39元，比上年增长5.43%，增长最快的是新疆维吾尔自治区（28.11%）。[①]

从各级生均一般公共预算教育经费支出情况可以看出，生均教育经费支出最高的是高等学校，最低的是幼儿园；幼儿园的生均教育经费增长最快，其次是高中，体现了中国发展普惠制幼儿园和高中教育普及攻

---

① 《全国教育经费执行情况统计公告》。

坚的经费投入；义务教育阶段生均教育经费总量和增长率都较为稳定，体现了国家对于义务教育的重视和持续投入；生均教育经费增长较快的集中于中西部地区，主要是因为中西部地区的生均教育经费较低，同时，也体现了教育经费对这些地区的倾斜和侧重；义务教育阶段农村生均教育经费与总体仍存在一定差距，且增长速度低于总体，说明教育的城乡差距仍然存在，需要进一步缩小城乡教育水平差距。

3. 中国教育公平发展现状

在包容性的发展理念下，中国重视和推进教育公平，但由于中国经济和社会发展不平衡导致的城乡差距、地区差距、校际差距等教育不公平仍然存在。

（1）城乡教育公平

中国长期存在城乡二元结构，城市和乡村在经济、社会、教育等方面存在一定的差距，城乡教育差距存在于校园基础设施、教师水平、教育经费、家庭教育支持等方面。中国也在各个阶段对于促进城乡教育公平制定了一系列的政策措施。

表1-2列出了城乡基础教育资源的差异，数据根据《中国教育统计年鉴2019》的小学、初中、高中阶段的办学条件和在校生人数计算得出。生均图书册数、每百名学生教学计算机台数、生均教学仪器设备资产值和生均实验设备资产值都可以反映出教育资源的状况，这些教育资源的投入有助于学生学习成绩和综合素质的提升，也是教育资源投入的重要体现。首先在，生均图书方面，小学和初中的义务教育阶段农村均高于城市，一方面是由于近年来加大了对乡村物质的投入，另一方面是由于人口流动等因素影响，农村在校生数量远低于城市，高中阶段的生均图书数量城乡差距不大。其次，在每百名学生教学计算机台数方面，2003年，全国农村教育工作会议召开，《国务院关于进一步加强农村教育工作的决定》提出，实施农村中小学现代远程教育工程，促进城乡优质教育资源共享，提高农村教育质量和效益，使农村初中基本具备计算机教室。随着教育数字化和网络化的发展，计算机教学深入学

校、深入课堂,促进了优质教育资源的共享。2019年义务教育阶段,农村的该项数据均高于城市,说明农村的硬件办学条件近年来得到了显著提升;高中阶段,农村的该项数据低于城市,可能的原因是农村高中以升学率为导向,较城市数字化程度较弱。最后,在生均教学仪器设备资产值和生均实验设备资产值方面,城市的数据基本高于农村(除初中阶段生均实验设备),教学硬件的水平仍存在城乡差距,仍需要教育投入。

表1-2　　　　　　基础教育资源城乡差异（2019年）

基础教育类别	设备资产	城市	农村
小学	生均图书(册)	22.51	27.26
	每百名学生教学计算机数量(台)	11.37	13.71
	生均教学仪器设备资产值(万元)	0.19	0.17
	生均实验设备资产值(万元)	0.04	0.04
初中	生均图书(册)	34.09	43.34
	每百名学生教学计算机数量(台)	16.76	17.59
	生均教学仪器设备资产值(万元)	0.31	0.28
	生均实验设备资产值(万元)	0.07	0.09
高中	生均图书(册)	45.78	44.79
	每百名学生教学计算机数量(台)	24.13	21.84
	生均教学仪器设备资产值(万元)	0.57	0.55
	生均实验设备资产值(万元)	0.16	0.15

数据来源:《中国教育统计年鉴2019》。

表1-3列出了专任教师学历的城乡差异。学历是教师素质的重要影响因素,也是教师招聘的门槛之一。乡村教师是农村整体教育质量提升的重要保障,也是推进乡村振兴的重要组成部分。从整体来看,教育阶段越高,专任教师学历越高;教育阶段越高,城乡专任教师学历差距越小。幼儿园阶段,专任教师学历多为大专,超过一半,城市中有近

30%的教师教师拥有本科学历，农村仍有近30%的没有大专学历。众多研究表明，早期儿童教育对于人的成长和发展起着至关重要的作用，高质量的教育体系离不开学前教育水平的提高，幼儿园教师的专业水平对幼儿教育质量影响较大。小学阶段，城市专任教师的学历大部分在本科级以上，而农村专任教师的学历仍有一半以上为本科以下。初中阶段，城乡专任教师学历差距较小学有所下降，城乡专任教师学历大部分在本科及以上，农村高学历专任教师较少，仅有1.26%教师为研究生学历。高中阶段，城乡专任教师学历差距最小，城乡教师学历基本在本科以上，城市专任教师拥有研究生学历的超过10%，高于农村。

表 1-3　　专任教师学历占比城乡差异（2019 年）　　单位：%

教育类别	学历	城市占比	农村占比
幼儿园	研究生毕业	0.48	0.07
	本科毕业	29.86	17.55
	大专毕业	58.82	55.27
	高中阶段毕业	10.2	23.66
	高中阶段以下毕业	0.63	3.45
小学	研究生毕业	3.02	0.37
	本科毕业	73.63	49.28
	大专毕业	22.46	45.14
	高中阶段毕业	0.88	5.15
	高中阶段以下毕业	0.01	0.07
初中	研究生毕业	7.07	1.26
	本科毕业	86.01	80.32
	大专毕业	6.85	18.22
	高中阶段毕业	0.07	0.20
	高中阶段以下毕业	0	0

续 表

教育类别	学历	城市占比	农村占比
高中	研究生毕业	13.90	9.78
	本科毕业	85.19	88.43
	大专毕业	0.90	1.77
	高中阶段毕业	0.01	0.02
	高中阶段以下毕业	0	0

注：以上数值保留两位小数。
数据来源：《中国教育统计年鉴2019》。

基础教育职称是教师专业技能和教学水平的重要体现，也是激励教师工作积极性的重要举措。中国多次进行中小学教师职称制度改革，中高级岗位设置向乡村学校倾斜。表1-4列出了幼儿园、小学、初中、高中阶段城乡专任教师职称占专任教师的比例，整体来看城乡专任教师职称差距较小，教育层次越高，差距越大，主要体现在副高级职称以上的差距。具体来看，幼儿园阶段，城乡拥有中级以上职称的专任教师占比差距不明显；小学阶段，乡村拥有副高级及以上职称的专任教师占比高于城市，中级职称城市略高于农村；初中阶段，城市专任教师拥有副高级及以上职称的比重高于农村，中级职称比重差距较小；高中阶段，城市拥有副高级及以上职称的专任教师占比高于农村，其中农村未定级专任教师比重仍有近20%。

表1-4　　　　　　专任教师职称城乡差异（2019年）　　　　　　单位：%

教育类别	职称	城市占比	农村占比
幼儿园	高级	0.02	0
	副高级	1.38	1.39
	中级	8.61	7.08
	助理级	11.77	10.22
	员级	3.84	4.43
	未定级	74.38	76.87

续 表

教育类别	职称	城市占比	农村占比
小学	高级	0.03	0
	副高级	6.25	7.46
	中级	44.31	42.86
	助理级	29.26	29.84
	员级	2.20	4.17
	未定级	17.95	15.66
初中	高级	0.09	0.02
	副高级	21.60	18.00
	中级	40.16	38.11
	助理级	24.47	28.07
	员级	1.14	2.14
	未定级	12.54	13.65
高中	高级	0.34	0.21
	副高级	30.11	19.98
	中级	37.56	31.55
	助理级	21.88	26.85
	员级	0.81	1.67
	未定级	9.30	19.75

注：以上数值保留两位小数。
数据来源：《中国教育统计年鉴2019》。

中国历来重视缩小城乡教育差距，并出台了一系列的政策措施。为实施乡村教师支持计划，吸引优秀人才到乡村学校任教，稳定乡村教师队伍，带动和促进教师队伍整体水平提高，促进教育公平，2015年国务院印发《乡村教师支持计划（2015—2020年）》，主要通过选拔和定向培养乡村教师，实行差别化补助标准提高乡村教师生活待遇，统一城乡教职工编制标准，职称向乡村学校倾斜，推进义务教育阶段教师队伍"县管校聘"管理体制改革，加强乡村教师培训，提升乡村教师素质。组织开展一系列乡村教师专项计划，例如《银龄讲学计划实施方案》，公开招募优秀退休校长、教研员、特级教师、高级教师等到农村义务教育学校讲学，发挥优秀退休教师引领示范作用，促进城乡义务教育均衡发展。2016年国务院印发了《关于统筹推进县域内城乡义务教育一体化改革发展的若干意见》，文件要求各地加快统筹城乡教育资源配置，加快缩小县域内城乡教育差距，推进县域内城乡义务教育学校建设标准统一、教师编制标准统一、生均公用经费基准定额统一、基本装备配置标准统一和"两免一补"政策城乡全覆盖，促进城乡义务教育资源均衡配置。为对贫困地区和教育落后地区进行政策倾斜，2021年教育部、国家发展改革委、财政部发布《关于深入推进义务教育薄弱环节改善与能力提升工作的意见》，要求持续改善农村基本办学条件，以农村义务教育学校薄弱环节为重点，结合乡村振兴战略，持续改善影响正常教育教学和生活的基本办学条件。

（2）区域教育公平

区域教育公平是教育公平的重要组成部分。中国幅员辽阔，不同地区的生态环境和地理条件不同，经济和社会发展水平不同，教育发展水平存在一定差异。区域教育均衡不仅要考察东中西部各区域之间的教育情况，各个区域及省、市、自治区内部的教育均衡也是教育公平的重要组成部分。

表1-5列出了基础教育资源的差异，数据根据《中国教育统计年鉴2018》中各区域小学、初中、高中阶段的办学条件和在校生人数计算得出。整体来看，基础教育资源省际差异明显，东部地区水平普遍高于中西部地区。首先，每百名学生教学计算机数量可以反映学校的硬件和信息化建设水平，从小学到高中，数量逐渐增加，小学阶段，数量最高的北京（23.11）和数量最低的江西（5.75）相差近四倍，排名前三的分别为北京（23.11）、上海（19.10）、浙江

（18.68），排名后三的分别是河南（7.84）、湖南（6.94）和江西（5.75）；初中阶段，数量最高的北京（32.72）和数量最低的江西（8.52）相差近四倍；高中阶段差距更大，数量最高的北京（134.29）和数量最低的河南（8.89）相差10倍以上。其次，生均仪器设备资产值可以反映学校的基础设施建设水平和硬件水平，从小学到高中，逐渐增加。省份差异较不明显，除北京、上海等优势较为明显，东中西部地区差异较不明显。

表1-5　　　　　基础教育资源区域差异（2019年）

地区	小学 每百名学生教学计算机数量(台)	小学 生均教学仪器设备资产值(万元)	初中 每百名学生教学计算机数量(台)	初中 生均教学仪器设备资产值(万元)	高中 每百名学生教学计算机数量(台)	高中 生均教学仪器设备资产值(万元)
全国	11.35	0.17	15.50	0.26	19.85	0.44
北京	23.11	0.86	32.72	1.16	134.29	5.50
天津	15.51	0.24	16.86	0.28	40.77	0.88
河北	12.99	0.11	13.10	0.15	17.17	0.25
山西	12.71	0.14	15.31	0.19	19.46	0.41
内蒙古	12.36	0.25	15.82	0.35	19.80	0.57
辽宁	14.82	0.21	23.80	0.40	15.73	0.36
吉林	10.16	0.21	14.85	0.32	12.00	0.28
黑龙江	11.03	0.19	15.44	0.32	12.00	0.30
上海	19.10	0.51	36.00	0.96	67.02	2.31
江苏	12.90	0.20	21.81	0.36	27.56	0.59
浙江	18.68	0.30	29.50	0.51	31.69	0.79
安徽	12.19	0.15	15.20	0.21	20.06	0.34
福建	10.93	0.20	9.97	0.20	28.47	0.73

续　表

地区	小学 每百名学生教学计算机数量(台)	小学 生均教学仪器设备资产值(万元)	初中 每百名学生教学计算机数量(台)	初中 生均教学仪器设备资产值(万元)	高中 每百名学生教学计算机数量(台)	高中 生均教学仪器设备资产值(万元)
江西	5.75	0.13	8.52	0.18	14.88	0.31
山东	13.50	0.15	19.58	0.27	18.68	0.34
河南	7.84	0.08	10.37	0.13	8.89	0.16
湖北	9.88	0.14	13.43	0.23	12.93	0.33
湖南	6.94	0.12	11.01	0.25	13.24	0.34
广东	13.31	0.16	21.88	0.35	33.15	0.61
广西	8.63	0.17	8.56	0.18	10.35	0.24
海南	9.56	0.16	11.86	0.26	26.06	0.81
重庆	11.69	0.16	9.23	0.16	17.96	0.34
四川	8.95	0.18	13.65	0.30	20.68	0.52
贵州	9.02	0.12	13.92	0.20	13.54	0.39
云南	10.92	0.16	12.14	0.17	17.75	0.31
西藏	11.93	0.17	9.99	0.18	9.59	0.22
陕西	15.51	0.19	19.40	0.28	24.60	0.51
甘肃	12.15	0.18	16.96	0.26	17.35	0.32
青海	11.96	0.13	17.99	0.25	20.22	0.42
宁夏	15.37	0.30	18.49	0.39	22.23	0.45
新疆	9.41	0.17	15.69	0.33	17.81	0.41

注：以上数值保留两位小数。

数据来源：《中国教育统计年鉴2019》。

表1-6列出了专任教师本科以上学历占比地区差异，从整体来看，教育阶段越高，专任教师学历越高，区域差异越不明显。小学阶

段，大部分省份本科以上学历教师占比大于 50%，北京、天津、上海、浙江均超过 80%，而广西、海南超过 50%。初中阶段，大部分省份本科以上学历专任教师占比大于 80%，北京则接近 100%，江西、湖北未超过 80%，山西、黑龙江、安徽、江西、河南、湖南、广西、海南、四川、贵州、甘肃、青海、新疆未超过全国平均水平。高中阶段，所有的省份本科以上专任教师占比均超过 90%，江西、青海、新疆略低。

表 1-6　专任教师本科以上学历占比地区差异（2019 年）　　单位：%

地区	小学	初中	高中
全国	62.51	87.35	98.62
北京	93.96	99.24	99.85
天津	83.21	97.19	99.60
河北	58.27	88.49	98.68
山西	61.94	84.40	98.59
内蒙古	71.62	91.02	98.51
辽宁	63.83	90.56	98.95
吉林	69.02	90.97	99.31
黑龙江	56.73	87.25	99.07
上海	85.60	99.20	99.96
江苏	86.17	97.22	99.78
浙江	83.58	96.92	99.68
安徽	58.72	85.90	98.54
福建	58.84	89.68	98.66
江西	52.91	77.58	95.21
山东	71.06	90.28	99.00

续 表

地区	小学	初中	高中
河南	56.28	81.14	98.18
湖北	55.54	79.22	98.60
湖南	56.11	81.92	98.10
广东	68.84	90.56	99.35
广西	47.70	83.06	98.04
海南	38.14	84.18	97.86
重庆	61.10	92.58	98.65
四川	51.07	81.61	98.88
贵州	54.91	84.65	98.26
云南	53.39	88.31	98.53
西藏	53.37	91.21	98.68
陕西	73.18	92.58	99.08
甘肃	65.49	86.02	96.77
青海	62.92	85.47	96.78
宁夏	63.85	93.26	98.27
新疆	50.50	83.46	97.95

注：以上数值保留两位小数。

数据来源：《中国教育统计年鉴2019》。

2002年《教育部关于加强基础教育办学管理若干问题的通知》首次提出义务教育均衡发展的任务要求，2005年《关于进一步推进义务教育均衡发展的若干意见》要求把工作的重心放在县（市、区）域内义务教育均衡发展方面，同时要求有条件的地区推进学前教育和高中阶段教育的均衡发展。2007年"两基"攻坚计划顺利完成，缩小了东西部地区义务教育差距，从根本上改变了西部地区教育相对落后的状况。2012年《国务院关于深入推进义务教育均衡发展的意见》提出，推进义务教育均衡发展的基本目标是，每一所学校符合国家办学标准，办学经费得到保障；教育资源满足学校教育教学需要，开齐国家规定课程；教师配置更加合理，提高教师整体素质。2013年起，教育部每年对义务教育均衡进行督导和评估；到2020年年底，全国96.8%的县通过了国检验收；2021年，全国义务教育基本均衡已经全国实现。

(3) 校际教育公平

除了宏观角度的城乡教育公平和区域教育公平，微观角度的校际教育公平也引起了国家和人们的重视。缩小校际教育差距，是教育均衡和教育公平的重要组成部分，《国家中长期教育改革和发展纲要（2010—2020）年》颁布实施后，中国在全国和地方开展了一系列缩小校际教育差异的行动。2014年教育部印发《关于进一步做好小学升入初中免试就近入学工作的实施意见》，明确实施小升初就近入学的方法和流程，实行校长教师交流轮岗，促进教育公平。2021年中国印发《关于进一步减轻义务教育阶段学生作业负担和校外培训负担的意见》（以下简称"双减"），着力于推动教育资源均衡发展，扩大优质教育资源，缩小学校间教育水平差距，促进教育公平。各地方政府也出台措施促进校际教育资源的均衡配置，北京2019年出台"多校划片"政策，2020年多地推行"公办民办校同步招生"政策。2021年配合"双减"政策的落地，各地有计划地推行教师轮岗制度，促进生源、师资等教育资源的均衡。

除了义务教育阶段，高等教育由于资源、经费、区域的不同，也存在较大差异，且在建设世界一流大学和一流学科的背景下，这种差距有逐渐扩大的趋势。以生均教育经费为例，如图1-11所示，不同隶属高校生均教育经费支出存在较大差异，2019年中央属高等学校是地方高等学校的两倍多，地方高等学校教育经费仅为全国高等学校教育经费平均水平的83%。

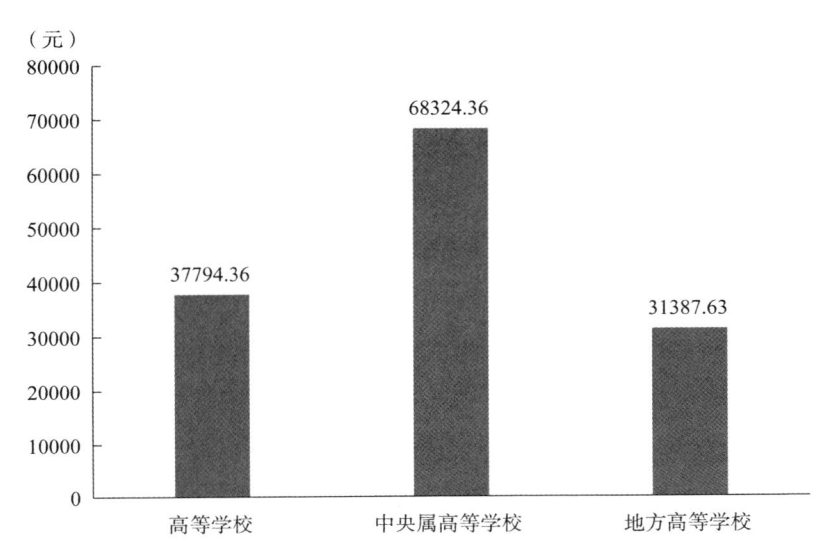

```
（元）
80000
                    68324.36
70000
60000
50000
40000    37794.36
                                        31387.63
30000
20000
10000
    0
       高等学校      中央属高等学校       地方高等学校
```

图 1-11　不同隶属高校生均教育经费支出（2019 年）

数据来源：《中国教育经费统计年鉴2020》。

总体而言，改革开放 40 多年来，中国各级各类基础教育得到了快速发展，教育公平逐步推进。中国制定了一系列促进教育发展的政策，极大地促进了教育规模和教育质量的提高；同时，为了教育资源的均衡配置和教育公平，制定了一系列促进教育公平的政策，教育结构不断优化，在教育发展和教育公平方面取得了巨大的成就。但教育仍存在不均衡、不公平的现象，城乡差距、地区差距和校际差距等仍然需要进一步解决。教育公平要配合解决相对贫困问题、促进乡村振兴和推动共同富裕取得实质性进展等国家的战略决策。

二　研究意义

本书的重点是在包容性增长背景下研究教育公平，探讨包容性增长与教育公平的内在一致性和联系，研究教育公平对于包容性增长的重要作用，具有理论意义和现实意义。

第一，在理论框架上，有关包容性增长的定义、内涵和促进包容性增长的策略方面研究众多,本书从教育公平角度进行研究,扩充了包容性增长研究的范围,同时,建立了包容性增长背景下教育公平分析的框架,遵循教育公平包含的起点公平、过程公平和结果公平的研究内容,对教育公平进行了全面分析,为教育政策的制定提供了理论依据。

第二,对教育公平进行了梳理,覆盖了教育公平的各个阶段,并对起点公平、过程公平和结果公平的内涵和外延进行了整理,虽然没有涵盖教育公平的所有研究议题,但研究的内容基本包含教育公平中的关键问题。

第三,采用宏观和微观数据相结合的方法,对中国教育公平的历史发展和现状进行全面测度和梳理,对教育公平在现阶段对经济增长、收入差距缩小及社会公平是否发挥了应有的作用进行了深入研究和分析,并对阻碍其作用发挥的原因和关键要素进行了分析。

第四,在中国基本实现教育投入总量达到目标和经济"新常态"的形势下,保证经济社会更加公平地发展和实现共同富裕成为现阶段的重要目标,是中国发展中避免落入"中等收入陷阱"的重要保障。教育公平是社会公平的基础,对解决中国当今社会的主要矛盾和促进经济社会的可持续发展具有重要意义。

第五,对一些重要指标进行了计算,完善了相关数据。包括宏观上教育资源差异、省级收入基尼系数、区域多维贫困指数和农村相对贫困指数等;在微观上对教育机会均等及其中关键要素的贡献度、教育维度对贫困的影响等进行了计算,为教育和经济领域的研究及相关教育政策的制定提供了数据支持。

三 相关概念界定

本书主要研究包容性增长背景下的中国教育公平问题,包容性增长和教育公平的内涵和外延十分广泛,特别是教育公平涉及教育学、社会学的研究范围，所以需要对概念进行界定，本书主要从经济学的角度进行研究。

（一）教育公平

公平是一个价值判断，不是实物，与客观条件和人们的主观感受密切相关。教育公平是公平研究的重要组成部分，教育公平是一个抽象概念，不能脱离一定的社会和经济环境，教育公平只能在一定的历史条件下进行评估和实现。不公平和不平衡的现象广泛地存在于社会中，决定了教育不可能做到完全公平；同时，个人的感受和天赋努力不同，也无法要求教育成果的完全公平。在一定的社会环境中，只能做到相对的教育公平。在教育的概念方面，教育的涵盖范围较广，接受教育的方式多种多样，不仅包括正规的学校教育，而且包括家庭教育、社会教育等，所以研究教育公平问题，既要划定教育的范围，又要规范教育公平的范围。

本书中的教育范围仅包含正规的学校教育，教育阶段包括小学、初中、高中及高等教育阶段，教育资源被认为是具有准公共物品职能的产品和服务，教育资源的主要提供者为政府等公共服务的提供者，家庭教育、培训等不在研究范围内。

教育公平主要是指可量化的客观的公平程度，个人对教育公平的感受、教育歧视问题、教育的完全均等回报这些无法准确量化的教育公平问题不在研究范围内。关于教育公平的范围，教育公平与教育平等并不完全一致，教育公平不仅仅包含教育平等，也包括对弱势群体的倾斜，在一定程度上需要教育的不平等才能实现教育公平。教育公平包括平等、差异和补偿三个合理性原则[1]，本书将在这三个原则的指导下研究教育公平问题。

第一，教育平等包括受教育权利的平等和教育机会均等，不仅包括

---

[1] 褚宏启、杨海燕：《教育公平的原则及其政策含义》，《教育研究》2008年第1期。

相同的受教育权利，也包括接受相同质量教育的机会，不能一味地为了保证教育机会而忽视教育质量的提高，不能为了做到入学机会均等，而忽视教育质量方面的公平。

第二，教育资源配置要注重差异，注重受教育个体的差异和受教育地区的差异。提供均等化的单一的教育资源并不能满足所有人的教育需求，例如发展高等教育，增加大学入学人数虽然是保证教育资源均等的做法，但在一定程度上，对于无法达到高等教育要求的居民来说是不公平的体现。中国现阶段大力发展职业教育，就是尊重受教育个体的差别，满足不同居民需求，实现教育公平的措施。有教无类要与因材施教相结合，为所有的社会成员提供多样化的满足其需求的教育资源是教育公平实现的要义。

第三，教育公平的补偿性原则是社会公平的重要组成部分，特别是中国现阶段经济和社会发展不平衡，教育存在城乡差异和地区差异的情况下制定教育政策的重要依据。对于弱势群体的补偿和对于最小获益人的资源倾斜虽然是狭义上教育不平等的体现，却是保证教育公平的重要手段。针对西部地区和少数民族的教育倾斜，以及教育扶贫等一系列政策措施就是为了通过教育资源的重点倾斜，补偿教育落后地区和人群，实现整个社会的教育公平。

根据教育公平的实现过程可将教育公平分为教育起点公平、教育过程公平和教育结果公平。[1] 起点公平指受教育权利和受教育机会的公平，过程公平是指公共教育资源配置的公平，结果公平是指教育质量的公平。起点公平是教育公平的前提，过程公平是教育公平的条件和保证，结果公平是教育公平的目标。在本书中，起点公平主要研究教育机会公平，即升入初中、高中和大学阶段的机会的公平程度；过程公平主要指宏观层面教育资源的分配，教育资源的投入包括教育经费

---

[1] 王善迈、杜育红、刘远新：《我国教育发展不平衡的实证分析》，《教育研究》1998年第6期。

投入、教师人员投入和教学设施投入等方面，为了简化分析，同时由于教育和教学设施的投入都离不开教育经费的支持，所以从教育经费的角度，对教育资源投入的差异和影响因素进行研究；结果公平主要是指教育公平的目标，结合包容性增长的目标，本书将结果公平的研究放在教育减贫方面，研究教育对于绝对贫困和相对贫困的缓解作用、异质性和机制。

（二）包容性增长

包容性增长是一种经济增长方式，是一种共享式、益贫式的，成果由全体社会成员共享的增长方式。包容性增长的重点和核心是既做到包容又实现增长，是全面式的增长；只注重经济增长，或只注重经济和社会的公平而忽视经济增长都是片面的。本书的重点不是研究包容性增长，而是在包容性增长的背景下研究教育公平问题。

包容性增长包括非收入领域的增长，其中包括教育、医疗等方面的增长和发展。[①] 教育公平和发展是包容性增长的重要组成部分，所以本书研究的教育公平是包容性增长的重要组成部分，对包容性增长的实现具有重要作用。

包容性增长最核心的概念是增长和公平，收入公平是经济领域公平研究的核心，也是衡量包容性增长的重要维度之一。[②] 本书分析中国教育公平与经济增长的关系及其与收入差距的关系，研究教育公平能否促进包容性增长，能否实现教育公平与包容性增长的良性发展。

包容性增长能促进社会机会的增加且实现社会成员机会均等[③]，使

[①] Ali I., Son H. H., "Measuring Inclusive Growth", *Asian Development Review*, 2007, 24 (1): 11-31.

[②] 王洪川、胡鞍钢：《包容性增长及国际比较：基于经济增长与人类发展的视角》，《国际经济评论》2017年第4期。

[③] Ali I., Zhuang J., "Inclusive Growth toward a Prosperous Asia: Policy Implications", Asian Development Bank, 2007.

得社会成员参与社会发展，不因个人的家庭背景阶层等得不到相应的机会，个人成就的取得不受所处环境的影响。教育公平的起点是指教育机会公平，保证每个社会成员享有公平的无差别的入学机会，不因所处的地区、家庭收入差距等受到影响，与包容性增长的内涵和目的相一致。

包容性增长的实现不是由经济社会自发形成的，社会公平和收入差距缩小需要政府发挥作用，需要政府平衡社会资源的配置，向弱势群体倾斜，实现社会成员共同参与经济增长，享受社会发展的成果。提高经济和社会的包容性，需要对教育领域进行资源的分配和调整。教育过程公平的实现也需要政府承担主要责任，根据各地的实际情况，均衡教育资源，促进教育公平和包容性增长的实现。

包容性增长最早被界定为益贫式增长，其主要目的和发展目标是消除贫困，在缩小收入差距的基础上实现经济增长。多维贫困的含义更能契合包容性增长的理念，除了收入贫困的减少，健康、教育等维度贫困的减少也是包容性增长的目的。教育对于消除贫困具有基础性和长期性的作用，教育扶贫能够提高贫困地区的人力资本水平和贫困人口的知识技能，防止返贫现象的发生，也是教育结果公平的目的。教育资源的合理分配也可以推动阶层流动并消除贫困的代际传递，促进公共资源的均衡分配，缓解相对贫困，促进共同富裕。

四　研究框架与研究内容

（一）研究框架

本书基于包容性增长的内涵，同时结合教育公平的维度进行分析。首先对研究背景进行介绍，并对核心概念进行界定和边界规范。通过相关的文献述评得到现有研究的情况和补充，并结合已有文献确定本书的研究内容。

第一，从宏观的角度在总体上对教育公平与包容性增长的关系进行研究，将包容性增长分解为经济增长与收入公平两个维度，运用宏观层面数据研究中国教育公平与经济增长和收入差距的关系，经济增长主要使用实际人均国内生产总值表示，教育公平和收入差距使用教育基尼系数和收入基尼系数表示。运用省级面板数据进行实证分析，并分地区讨论，研究中国教育公平与包容性增长的关系。

第二，从教育起点公平和包容性增长的基本要求——机会公平的角度对教育公平进行研究，将研究的重点放在入学机会上，并对城乡差距进行重点分析，同时对年代变化趋势进行研究。从微观层面，研究城乡教育机会不平等，并将研究扩展到家庭阶层和文化资本对于入学机会的影响。

第三，从教育过程公平和包容性增长的实现方面研究公共教育资源的配置。研究政府教育支出的数量、差距及其影响因素，从宏观层面研究教育资源在地区间的公平配置和变化趋势，并就影响政府教育支出的人口因素和财政结构因素进行分析。

第四，从教育结果公平和包容性增长的目标方面研究教育对减贫的影响。结合包容性增长的理念，计算了包括收入贫困在内的多维贫困和收入导向型多维相对贫困，并对教育发挥的减贫作用进行分解和计算，对教育减贫效果的宏观经济因素加入模型进行分析，探讨教育对农村相对贫困影响的异质性和机制，为制定教育政策和减贫政策提供理论依据和建议，实现减少贫困的目标。

（二）研究内容

根据以上的研究框架，本书的研究内容总计为八个部分。第一章"导论"。介绍选题的背景和研究的意义。从经济社会发展和教育事业发展全面探析了本书研究的背景，根据研究内容对教育公平和包容性增长的内涵和外延进行了界定，确立了本书的研究框架和研究脉络，并总结了本书的研究贡献与可以改进的地方。

第二章"包容性增长与教育公平的研究进展"。整理和回顾了包容性增长和教育公平的有关文献,为全书的分析奠定了理论基础。本章系统地介绍了不同学者对于包容性增长的解释和定义,并梳理教育在其中的作用以及教育公平与包容性增长的关系;对教育公平的研究框架和核心内容进行梳理,根据教育公平的理论,建立本书教育公平的主体分析框架;对包容性增长背景下的教育公平的问题研究进行文献梳理和总结,结合中国的实际情况,对研究进行补充和加深,包括教育公平和经济增长关系的研究、教育公平和收入公平关系的研究、教育机会公平的研究、政府教育支出均衡的研究和教育减贫的相关研究;对教育公平的研究热点和前沿进行了分析。

第三章"教育公平与包容性增长的内涵"。从宏观的角度切入,运用1997—2016年的省级面板数据,计算出使用教育年限衡量的教育公平的教育基尼系数,建立面板向量自回归模型分区域分析教育公平对经济增长的影响,教育公平是否可以促进经济增长及其分区域的表现;计算出衡量收入差距的收入基尼系数,引入教育基尼系数和收入基尼系数,分析教育公平与收入差距之间的相互作用,研究教育公平与收入差距之间的关系,进而得出教育公平对包容性增长的作用。

第四章"教育机会均等与包容性增长"的要求。将教育机会均等界定为入学机会均等,使用微观数据,分别研究小学升入初中、初中升入高中和高中进入大学阶段的入学机会,并对影响教育机会的因素进行分解,对贡献程度进行计算,着重分析城乡差距对于教育机会不平等的影响;同时引入年代变量,从纵向时间的角度分析这些教育机会公平的影响因素的年代变化,反映中国教育公平发展的历史趋势和脉络,衡量各项教育政策在改善教育公平方面的成效。

第五章"公共教育资源配置公平与包容性增长的实现",研究政府教育支出及其区域不平衡性。从宏观角度,介绍了衡量政府教育支出的绝对性指标和相对性指标,并对常用指标的基尼系数和泰尔指数进行了计算,衡量了政府教育支出的地区差距。对影响政府教育支出的关键要素进行了分析，包括受教育人口和财政结构，建立受教育人口与教育支出的预测模型，分析了中国近年来教育经费支出的动态发展趋势；建立教育经费支出和财政分权的实证模型，研究了财政支出结构和教育经费支出的关系。

第六章"教育公平与包容性增长的目标"，研究了教育对绝对贫困的影响。减少贫困是教育结果公平的重要体现，也是包容性增长要实现的重要目标。构建了包含收入贫困在内的多维贫困体系，使用微观数据库，对不同地区家庭多维贫困进行了测度和计算，并分解了教育维度对贫困的作用，对教育在减贫中的作用和其作用的发挥受到的宏观经济因素影响进行了实证分析，并对教育政策和扶贫政策的制定提供了依据。

第七章"教育公平与包容性增长的目标"，研究了教育对农村相对贫困的影响。自全面脱贫后，中国扶贫工作的重点由绝对贫困转为相对贫困。使用收入导向型多维相对贫困测度方法识别农村家庭的贫困状况，研究教育对农村家庭多维相对贫困的影响及影响机制，研究教育对于农村相对贫困的影响，为制定教育政策缓解相对贫困提供理论依据。

第八章"研究结论与政策建议"对全篇内容进行了总结，并结合研究结果对当前中国教育公平的程度和教育政策的制定与实施提出了相应的政策建议。

（三）拟解决的关键问题

公平的研究涉及教育学、哲学和主观感受等不便观测的内容，本书主要从经济学的角度对教育公平进行研究，将教育公平的研究范围界定于包容性增长的背景下，同时也结合教育公平的评价指标进行规范化分析。本书的重点不在于对教育公平进行测度和解读，主要解决的关键问题包括以下几项。

第一，如何将教育公平置于包容性增长背景下进行分析，包容性增长与教育公平有哪些内在的联系，它们之间的共同点是什么？

第二，教育公平是否能够促进包容性增长，中国教育公平对包容性增长有何作用？教育公平与经济增长之间是否是简单的线性关系？教育公平是否会带来收入差距的缩小？包容性增长对教育公平有何作用？

第三，中国教育机会公平的现状及其发展趋势，教育机会不平等的现象在近年来的发展趋势和教育政策对入学机会的影响，经济增长和社会发展使得教育机会更加公平还是更加不公平，教育公平状况在不同的教育阶段有哪些具体的表现，教育机会公平的影响因素及其年代变化。微观层面的家庭阶层和文化资本对教育机会有何影响，阶层是否固化，教育是否还是改变命运的重要途径？宏观层面的城乡因素对教育机会的影响与其他因素相比哪个更加重要，教育机会不平等是否能够通过宏观教育政策改善？

第四，衡量政府教育支出的主要指标是什么，均衡发展的趋势如何，中国在实现了教育投入数量达标（4%）后平衡教育资源的重点方向是什么，教育资源是否存在过度投入和效率损失，地区政府制定教育政策和确定教育支出受哪些因素的影响，事权与财权的下放是否增加了地方政府教育支出的动力？

第五，包含收入贫困的多维贫困如何准确测度，教育减贫效应的大小及其是否存在地区差异，教育在减贫中是否发挥基础性作用，教育减贫作用的发挥是否受到宏观经济条件的影响，平衡教育资源和制定教育政策要怎样与当地的实际情况相结合？

第六，教育对相对贫困的影响如何；教育对相对贫困的影响机制是什么；教育缓解相对贫困的作用受到什么因素的影响，有哪些异质性？

本书建立了一个完整的教育公平分析框架，系统地分析了中国教育公平的现状和发挥的作用。促进教育公平不仅是政策和伦理要求，更是实现包容性增长和实现社会公平的要求。

五 研究数据和方法

(一) 研究数据

本书使用的数据包括宏观层面的政府统计数据和微观数据库。根据不同的研究内容使用不同数据。宏观数据方面，主要使用的数据来源于《中国统计年鉴》各省级统计年鉴，教育方面的数据主要来源于《教育统计年鉴》和《教育经费统计年鉴》。

微观数据主要使用中国综合社会调查（Chinese General Social Survey，CGSS），CGSS 始于 2003 年，是全国性、综合性和连续性学术调查项目，对中国大陆各省、市、自治区家庭进行连续性横截面调查，系统地收集中国人口数据，包括工作、行为方式和态度的基本信息，总结社会发展的变迁和趋势。调查问卷包括核心模块、主题模块和附加模块三部分，其中核心调查模块调查全部样本，年度调查，固定不变；不同的附加模块包含不同的主题，例如 2008 年的教育与工作史，2012 年的文化消费等模块。

北京大学中国社会科学调查中心（Institute of Social Science Survey，ISSS）中国家庭追踪调查（China Family Panel Studies，CFPS）项目于 2010 年正式开展全国性访问。CFPS 调查了中国 25 个省（直辖市、自治区）的家庭户和家庭成员，覆盖全国总人口数的 95% 左右，样本规模为 16000 户，调查对象为样本家庭户中的所有家庭成员，并根据 2010 年的基线调查确定核心基因成员，进行追访，具有较好的代表性。调查数据能够反映中国社会、经济、人口、教育和健康的变迁，包括诸多研究主题，可以对不同问题进行结合研究，开展多角度的人口迁移和增长、教育水平和教育成果、主要经济活动和收入等主题研究。CFPS 调查问卷共有四种主体问卷类型，包括社区问卷、家庭问卷、成人问卷和少儿问卷。进行分析时，通常需要将不同的问卷按照家庭进行匹配。

在宏观统计数据和调查数据方面，不少研究侧重于调查数据的使用，认为其更加接近一手资料，更为准确，对宏观数据的准确性存在怀疑。但在宏观层面的分析中仍然需要宏观统计数据的支持，在宏观数据的使用上要注意数据口径的一致和数据与研究问题的匹配。

（二）研究方法

1. 统计分析方法

在统计指标的选择和分解上遵循统计学的研究方法，对于各种差距和不平等的衡量使用基尼系数、泰尔指数等统计学常用指标进行计算，对于教育机会不平等的影响因素进行分类和 Shapley 分解，计算贡献率的大小，建立加入收入要素的多维贫困的测量指标体系，并对其进行地区分解，合理准确地选择指标和统计方法有利于科学严谨地分析问题并保证研究的准确和合理。

2. 比较分析方法

研究不平等的问题，主要涉及不同因素和特征之间的比较分析。在截面层面的比较分析上，主要涉及个体因素、家庭因素、城乡因素、地区因素；在时间序列层面的比较分析上，主要涉及年代变化，选择的时间跨度为近 30 年，对其进行年代的分解和比较；在横纵向的比较分析上，使用面板数据进行分析，计算地区之间不平等程度并分析其时间变化趋势。涉及各个层面和方向的比较，有利于深入分析教育公平的程度和发展趋势，理解内部结构和变化，为政策制定和效果评价提供依据。

3. 计量分析法

研究中通过建立面板向量自回归模型、面板固定效应模型、分层线形模型、Logit 模型、中介效应模型等，分析事物之间的联系和变化。模型的建立主要根据经济理论和实际数据情况，在控制变量的选择方面，主要参考研究领域已有文献和相关经济理论。

六 研究贡献

本书在包容性增长的背景下，从经济学角度对教育公平进行了系统分析，依据衡量教育公平的平等性原则、差异性原则和事后补偿原则，从教育的起点公平、过程公平、结果公平方面研究了中国教育公平的现状、发展趋势及目标结果。与现有研究相比，本书的贡献主要集中在以下几个方面。

第一，将教育公平纳入包容性增长背景下，构建了教育公平的经济学分析框架。现有对于教育公平的研究常常从理论角度或者微观的教育角度出发，从经济学角度进行的研究往往侧重于教育和收入，以及教育回报率等方面。本书尝试建立了遵循教育公平和包容性增长核心内涵的分析框架，对教育公平问题进行了系统全面的经济学分析。

第二，检验教育公平与经济增长和收入差距的关系，研究表明教育公平能够显著地促进包容性增长，在东部地区教育公平和经济增长的关系上验证了教育差距与经济增长的库兹涅茨倒 U 形理论，为中国推进教育公平的相关政策提供了理论支持。

第三，在对教育资源分配的分析上，不仅运用传统的计量模型对各影响因素进行研究，尝试使用系统灰色预测模型分析教育资源在各地区分配的情况，对教育经费和教育人口两者之间的关系进行分析，还对不同年份的结果进行比较，分析教育资源分配的变动趋势，得出教育资源与人口之间的匹配度，为今后规划教育资源的投入数量和规模提供依据。

第四，将收入贫困纳入多维贫困进行综合分析，计算地区多维贫困并研究教育减贫的具体作用。现有研究多从单一的收入贫困或多维贫困方面进行研究，两种贫困的独立研究不利于比较，为了更好地说明教育扶贫的作用，将两种贫困的衡量方法进行结合，使得结果更具有综合性。同时，在研究中将宏观因素和微观因素相结合，分析了教育扶贫效果的影响因素，为制定精准扶贫和教育扶贫的政策提供理论支持。

第五，建立了带有收入门槛的收入导向型多维相对贫困测度和识别方法，探究教育在不同贫困程度的农村家庭中影响的差异性，研究教育与农村家庭多维相对贫困之间的线性与非线性关系，利用多重中介模型探究了教育影响农村家庭多维相对贫困的作用机制，检验了不同生计资本在教育减贫中所起到的作用，同时对农村家庭划分不同的年龄层次和区域，多角度挖掘教育对贫困影响的异质性，丰富了教育减贫的研究。

根据以上的研究工作，主要结论包括以下几点。第一，教育公平的提升有利于包容性增长。教育公平与经济增长具有相互影响的关系，总体来看，教育公平程度越高，经济增长水平越高；同时也存在一定的负效应，教育公平可能影响经济增长效率。经济增长可以促进教育公平的实现。东部地区教育公平程度的提高在短期内可能对经济增长产生一定的负面影响，但从长期来看，教育公平有利于经济增长，经济增长可以显著缩小教育差距，促进教育公平的实现。中部地区教育公平短期可以显著促进经济增长，而经济增长对于教育公平的影响效果不显著。西部地区教育公平对经济增长的影响不显著，教育水平整体较低，未发挥出教育公平对于经济增长的积极作用，经济增长在短期内会对教育公平产生积极影响。教育公平在短期和长期都会对收入差距的缩小产生积极作用，收入差距的提高能够缩小教育差距，促进教育公平。

第二，中国各教育阶段升学机会随时间的变化显著增加。城乡差距对入学机会产生显著影响，城乡升学机会不平等在初等教育阶段表现明显，教育层次越高影响越小。初中升入高中阶段的城乡差距的年代变化显著，在"90后"人口中城乡差距有缩小趋势。高中升入大学入学机会的城乡差距在"80后"人口中有扩大趋势，高校扩招政策的实施增加了高等教育的入学机会，城乡差距在"90后"人口中有所改善，家庭文化资本和家庭阶层对入学机会也会产生较大影响，并会随着年代的变化发生变化。

第三，中国教育经费支出的省（直辖市、自治区）间差异逐渐缩小，近几年通过加大对于经济和教育落后地区的经费倾斜，有效地降低了中国教育发展的不平衡程度。义务教育的省际差异先缩小，后又有扩大趋势；义务教育经费的投入，部分地区存在效率损失，因此政府需要根据各地区的教育发展情况，制定有针对性的教育政策，既要满足教育需求又要防止效率损失。政府在平衡教育资源分配时要注意扩大地方政府的财政权力后对教育投入的减少，需要在整体上协调转移支付与财政分权，促进教育的发展和均衡。

第四，家庭人均受教育年限对于缓解贫困具有显著影响，提高教育水平对于缓解贫困具有积极作用。教育在减贫中起到基础性和长期性的作用，教育对于多维贫困的缓解作用受到宏观经济水平的影响。在经济欠发达地区教育对于贫困的改善作用相比于经济发达地区更大，教育是缓解家庭贫困和地区贫困的有效手段，对经济不发达地区的教育资源倾斜是有效和合理的。

第五，农村越是贫困的家庭，教育维度受到剥夺的概率也越大，受教育年限对农村家庭贫困产生负向影响，教育的这种减贫效应在不同的贫困深度下均呈现有效性，但教育的减贫效应在不同贫困深度下存在差异，越是贫困的群体，教育的减贫效应越大，农村家庭陷入贫困的概率也越小；受教育层次对农村家庭贫困也产生负向影响，不管是基础教育，还是高等教育，均能显著降低农村家庭的贫困发生概率，但是不同层次的受教育水平产生的减贫效应也不同，受教育层次越高，其带来的减贫效应越大。

第二章　包容性增长与教育公平的研究进展

本章对包容性增长和教育公平中的教育起点公平、教育过程公平及教育结果公平三个方面的相关研究进行了文献综述，使用 CiteSpace 对 2000—2020 年中国教育公平的研究热点与前沿问题进行追踪分析，全方位了解了教育公平的研究现状和研究发展。

一　包容性增长和教育公平的相关研究

国内外对于教育公平的研究较早，对教育公平的内涵、原则和测量及其经济影响都进行了深入全面的研究；包容性增长的理念提出较晚，但是包容性增长的内涵与公平——特别是教育公平的内涵是一致的。本章将分别就包容性增长和教育公平以及全书研究的相关内容进行文献的梳理和述评，主要包括包容性增长提出的背景、内涵和实现的方法；教育的属性、教育公平的含义及其测量、教育公平的实现。

（一）包容性增长文献述评

1. 包容性增长提出的背景

包容性增长是发展经济学领域的重要概念，它的产生和发展与人类经济社会的发展密切相关。第二次世界大战后，世界发达资本主义国家经过了一段时间的高速发展，在20世纪后期进入了缓慢发展的阶段。与此同时，20世纪八九十年代，世界发展中国家，特别是亚洲的新兴经济体发展迅速，一直保持较高的经济增长率。但并不是所有人都从经济增长中获益。收入差距扩大，环境问题愈发严重，成为影响经济健康发展和社会稳定的重要隐患。[①]

为了研究亚洲经济增长的不平衡问题，实现地区发展，达到2020年消灭贫困、减小收入和非收入差距、消灭剥削和实现机会平等的目标[②]，亚洲开发银行（Asian Development Bank，ADB）成立专门研究相关问题的小组，首次提出"包容性增长"的理念。亚洲开发银行认为包容性增长能够创造经济机会，并且社会成员可以均等地获得这些机会，最终共享经济增长的成果。[③]

2. 包容性增长的内涵

自从亚洲发开银行提出包容性增长的概念后，迅速得到了国际组织和各国的认可，不同的机构和学者对包容性增长进行了诠释和解读，虽然没有完全统一的概念表述，但是其内涵是一致的，主要包括以下几个方面。

第一，包容性增长是一种在社会机会上的益贫式增长，强调收入与非收入增长，特别是非收入领域例如教育和医疗领域的增长。[④] 包容性增长的主要目标是缓解贫困，造福贫困人口，使得贫困人口享受同样的权利，调节由于经济发展造成的收入差距和贫困。[⑤] 包容性增长不仅仅是短期的政策措施，在长期来看，有利于持续减少贫困，使得贫困人口

[①] Manila，ADB：*Eminent Persons Group*，Asian Development Bank，2007.

[②] Ali I.，*Pro-poor to Inclusive Growth：Asian Prescriptions*，ERD Policy Brief Series，2007.

[③] Fernando N.，*Rural Development Outcomes and Drivers*，Asian Development Bank，2008.

[④] Ali I.，H. H. Son，"Measuring Inclusive Growth"，*Asian Development Review*，2007，24（1）：11-31.

[⑤] Klasen S.，"Measuring and Monitoring Inclusive Growth：Multiple Definitions，Open Questions，and Some Constructive Proposals"，ADB Sustainable Development Working Paper Series，2010.

从增长中持续获益。[1] 包容性增长常常被称作益贫式增长,是由于其改善贫困的目的和特征,但是包容性增长比益贫式增长的含义更广,不仅包括缩小收入差距和降低贫困发生,更加强调平等的理念,强调每个社会成员的平等。[2] 包容性增长不仅强调公平,提高弱势群体、贫困人口的权利和能力,同时也注重效率。公平不是在牺牲效率的基础上实现的,包容性增长是在平等基础上的增长,它的内涵要比益贫式增长更丰富。[3] 包容性增长是人们对贫困和改善贫困的认识和理解不断深化的结果。人们对增长的理解也在不断深化,从单纯的经济增长到"对穷人友善的增长",再到现阶段的包容性增长。[4]

第二,包容性增长的核心是机会平等。包容性增长的最主要目的是机会平等,促进机会增加,具体来说,就是社会成员所取得的成就只与个人努力有关,与个人禀赋有关,而与个人出生背景及所处环境无关。[5] 社会应为每个人享有相同的取得成就的机会创造条件。包容性增长强调社会成员有平等的机会参与经济增长,消除与自身努力无关的环境因素导致的不平等,获得公平的机会并共享发展的成果。[6] 同时,包容性增长不仅能够为每个社会成员提供平等的机会,促使社会成员的个人发展,使社会成员从经济发展中获益;也会创造机会,为社会创造更多发展的可能性,为个人的发展提供更有利的环境。[7] 机会平等不是绝对

---

[1] Abhijit M., "Inclusive Growth for Sustainable Development in India", *European Journal of Social Science*, 2011 (24): 144.

[2] Rauniyar, G. P., Kanbur R., "Inclusive Development: Two Papers on Conceptualization, Application, and the ADB Perspective", *Working Papers*, 2010, 72 (72): 523 - 530.

[3] 周文、孙懿:《包容性增长与中国农村改革的现实逻辑》,《经济学动态》2011 年第 6 期。

[4] 蔡荣鑫:《"包容性增长"理念的形成及其政策》,《经济学家》2009 年第 1 期。

[5] Ali I., Zhuang J., *Inclusive Growth Toward a Prosperous Asia: Policy Implications*, Asian Development Bank, 2007.

[6] Zhuang J. Z., "Inclusive Growth Toward a Harmonious Society in the People's Republic of China: Policy Implications", *Asian Development Review*, 2008, 25 (1/2): 22 - 33.

[7] Zhuang J., Ali I., *Poverty, Inequality, and Inclusive Growth in Developing Asia*, ADB and Arthur Press, 2010.

的平等，机会平等不排除差别和不平等的结果，尊重差别和个人努力。包容性增长不能导致绝对的结果公平，但是能使人们有公平获得成果的机会。包容性增长提倡机会平等的多维性，包括平等地获得公共物品和公共服务、经济和政治权利的机会，获得社会安全保障，不受到社会歧视等方面。①所以，在包容性增长理念下的扶贫，不仅扶持经济方面的贫困，还对影响机会平等的环境进行改善，创造更为平等的机会并提供平等的社会公共服务。②

第三，经济增长和收入差距的缩小。包容性增长注重经济增长的绩效和收入分配的结果，要求经济可持续增长和收入提高，贫富差距缩小。③包容性增长使得穷人获得平等收入的机会，减少收入差距，包含收入和消费维度的综合考察，并且需要动态地进行包容程度的衡量。④包容性增长的测度包含以下指标。增长，包括生产性就业和经济基础设施；收入贫困和公平，包括贫困发生率；对个人能力的充分包容，为每个个体提供包容性的生活和发展环境；社会层面的包容，稳定安全的社会环境，其中，收入差距指标占有很大的权重，是决定包容性的主要指标。⑤张勋和万广华⑥将收入增长效应和收入分配效应纳入包容性增长的分析框架，如果某项措施既促进了收入增长，也改善了收入差距，则认为其有利于包容性增长；反之，则对包容性没有作用。城镇化能够缩小城乡的收入差距，同时，教育上的平衡有助于减小城乡公共品供给的

---

① 邓慧慧、桑百川：《中国开放型经济发展路径选择：包容性增长》，《国际贸易》2010年第12期。
② 张琦：《包容性增长视域下的精准扶贫开发》，《云南民族大学学报》（哲学社会科学版）2018年第3期。
③ Anand R., Mishra S., Peiris S., *Inclusive Growth: Measurement and Determinants*, Social Science Electronic Publishing, 2013.
④ Klasen S., "Measuring and Monitoring Inclusive Growth: Multiple Definitions, Open Questions, and Some Constructive Proposals", *ADB Sustainable Development Working Paper Series*, 2010.
⑤ Mckinley T., "Inclusive Growth Criteria and Indicators", *ADB Sustainable Development Working Paper Series*, 2010.
⑥ 张勋、万广华：《中国的农村基础设施促进了包容性增长吗？》，《经济研究》2016年第10期。

差距，两方面同时发挥作用，可以促进包容性增长的实现。① 非货币福利在低收入群体中的快速增长却缩小了阶层间的福利差距，实现了中国经济的包容性增长。②

第四，包容性增长强调非收入领域的增长和平等。随着经济的发展，收入之外的不平等也在增加，教育、就业、卫生、医疗和住房等方面薄弱，对弱势群体的利益保障也较为薄弱，成为影响包容性增长的重要因素。包容性增长不仅关注收入领域，对于其他领域的发展和平等也尤为重视，其中包括教育、医疗、基础设施等方面，包括经济和非经济方面的多重维度。③ 将公共投资用于教育、医疗和住房对包容性增长有促进作用，Habito 研究认为减贫是包容性增长的关键因素，这些投资可以促进减贫的实现，这种减贫不仅应考虑收入方面，还应该从教育等维度综合考虑。④ Fernando 研究认为，要提供财政服务，保障基本的公共卫生、教育、健康服务来促进农村地区的包容性增长水平，在农村实现包容性增长中，政府必须发挥应有的作用，因为仅靠经济的增长不足以对抗农村贫困，政府还要保证不会对私人部门产生挤出效应。⑤ 范建双等⑥将城乡的非收入差距纳入包容性全要素生产率的分析框架，分析了非收入差距对于包容性增长的作用。

总体上说，包容性增长较之增长、益贫式增长的要求都更高，不仅

---

① 陈义国、陈甬军：《中国的城市化与城乡包容性增长》，《暨南学报》（哲学社会科学版）2014 年第 10 期。

② 黎蔺娴、边恕：《经济增长、收入分配与贫困：包容性增长的识别与分解》，《经济研究》2021 年第 2 期。

③ Suryanara M. H., "Inclusive Growth: a Sustainable Perspective", United Nations Development Programme, 2013.

④ Habito C. F., "Patterns of Inclusive Growth in Developing Asia: Insights from an Enhanced Growth-poverty Elasticity Analysis", *ADBI Working Paper Series*, 2009, 8 (145): 1 - 55.

⑤ Fernando N. A., "Rural Development Outcomes and Drivers", Asian Development Bank, 2008.

⑥ 范建双、虞晓芬、周琳：《城镇化、城乡差距与中国经济的包容性增长》，《数量经济技术经济研究》2018 年第 4 期。

要求利益共享，更是一种和谐式的，具有复杂系统性的增长方式。①

3. 包容性增长的实现

学者对如何实现包容性增长提出了很多意见和建议，具体包括以下几点。

第一，政府在推动包容性增长中发挥积极作用。缓解不公平是国家制定经济和发展政策时需要重点考虑的。② 政府对于包容性增长非常重要，Dev 分析了印度政府在包容性增长中的一系列政策措施，认为还有很多需要改进的地方。③ 政府可以通过调节资源配置，来协调各地区发展，缩小差距，提供平等的机会，实现包容性增长。政府的财政政策对包容性增长具有重要作用，多级财政机构可以促进包容性增长。④ 杨玉珍提出社会普遍服务体系构建是包容性增长实现的制度保障，教育社会公平、均等、可持续和全覆盖的社会服务也正是包容性增长的内在要求和追求目标。⑤

第二，缩小城乡差距，统筹城乡发展。农村和城市的协调发展是包容性增长中协调性增长的重要方面，政府需要优先考虑农业和农村领域的发展，发展农业是实现包容性增长的重要战略，可以更好地实现动态增长和公平收入分配。⑥ 因为农业发展是包容性增长的重要方面，印度的研究表明，基础设施和农业是包容性增长的关键领域，农业的重要作用不仅在于它是国民生产总值的重要组成部分，更在于为贫困人口提供

---

① 黄秋菊、景维民：《经济转型与包容性增长的关联度》，《改革》2011 年第 9 期。
② Ali I., Son H. H., "Measuring Inclusive Growth", *Asian Development Review*, 2007, 24 (1): 11 – 31.
③ Dev S. M., "Inclusive Growth in Andhra Pradesh: Challenges in Agriculture, Poverty, Social Sector and Regional Disparities", *Centre For Economic and Social Studies*, 2007, 3 (71): 1 – 47.
④ Ahmad E., "Governance and Institutions: the Role of Multilevel Fiscal Institutions in Generating Sustainable and Inclusive Growth", Asia Research Centre, The London School of Economics & Political Science, 2013.
⑤ 杨玉珍：《包容性增长模式下的社会普遍服务体系构建》，《求实》2012 年第 3 期。
⑥ Lin J. L., "Development Strategies for Inclusive Growth in Developing Asia", *Asian Development Review*, 2004.

了基本的生存条件。① 城乡差距扩大，会使得市场需求减少，降低社会消费，同时也会降低人力资本的水平，从而不利于包容性增长。②

第三，提高教育水平，重视人力资本。教育是减少贫困，提高人力资本水平的重要途径，有利于个人获得平等的机会，促进包容性经济发展。③ 教育不平等与收入差距和经济增长相互影响，对包容性增长具有重要作用。④ 人力资源是经济和社会发展的根本动力，教育和人力资本是包容性增长的第一动力，建构尊重个人的社会体系，促进机会均等和成果共享是包容性增长的要义。⑤ 余靖雯和龚天堂通过构建包含教育投入的内生增长模型，研究表明加大公共教育投入可以降低不平等程度，从激励个人努力、基础物质资本和私人教育投入三个方面促进包容性增长。⑥

此外，包容性增长不仅限于一国之内，也包含国家与国家之间的包容性，还需要注意国际交流，加强国家间的协调发展。⑦ 包容性增长有利于就业，世界银行将生产性就业视为包容性增长的关键要素，认为增加就业岗位和工资对于一国的贫困减除和经济持续稳定增长具有重要意义⑧，提出应注重经济结构改革，注重与生态和自然环境等方面的协调发展等。

---

① Viswanathan M., Purushothaman K., Navaneethakumar V.,"A Strategy to Exploit Marketing and Human Resources Potential Through Inclusive Growth in Rural India", *European Journal of Social Sciences*, 2012, 29 (4): 512 – 520.

② 高帆、汪亚楠：《城乡收入差距是如何影响全要素生产率的?》，《数量经济技术经济研究》2016 年第 1 期。

③ OECD, *Education at a Glance 2017*: *OECD Indicators*, OECD Publishing, 2017.

④ 杨晓峰、赵宏中：《教育不平等、收入差距与经济增长后劲——包容性增长理论视角》，《经济社会体制比较》2013 年第 6 期。

⑤ 张国献、李玉华、张淑梅：《论民生视域下包容性增长的实践取向》，《当代经济科学》2011 年第 4 期。

⑥ 余靖雯、龚六堂：《公共教育、经济增长和不平等》，《世界经济文汇》2013 年第 3 期。

⑦ 王洪川、胡鞍钢：《包容性增长及国际比较：基于经济增长与人类发展的视角》，《国际经济评论》2017 年第 4 期。

⑧ 世界银行增长与发展委员会：《增长报告可持续增长和包容性发展的战略》，中国金融出版社 2008 年版，第 80—90 页。

包容性增长的核心是"增长"与"公平",如何使得经济在最大限度公平的前提下保持增长是包容性增长的重要议题。中国也强调经济包容性增长,2009 年,中国在亚太经合组织第十七次会议上,强调了"统筹兼顾,倡导包容性增长"的理念,2013 年、2014 年举行的金砖国家领导人会晤中,习近平总书记多次强调坚持"包容性增长",促进社会健康发展。包容性增长首先是经济增长,没有增长就没有增长成果的包容性共享。[1]

综上,人们对于包容性增长的内涵基本上形成了统一的思想,主要集中于经济发展与成果共享方面,主要包括经济发展,机会平等,环境、社会保障等协调发展。包容性增长的内涵和实现方法为本书包容性增长背景的构建奠定了基础。

(二) 教育公平文献述评

1. 教育的属性

研究教育公平问题,首先,要对教育的属性进行分析。公共经济学家对公共物品进行了深入的研究,萨缪尔森(Samuelson)将公共物品定义为纯粹的公共产品或服务,每个人消费这种物品或服务不会影响其他人对这种物品和服务的消费和使用。公共物品具有非竞争性、非排他性和不可分割性。非竞争性包含两个含义。首先,生产此类产品和服务的边际成本为零,即新增加一个消费者,不会增加供给者的成本,生产成本不发生变化;其次,使用这类产品或服务的边际拥挤成本为零,即每个消费者的消费和使用都不影响其他消费者消费和使用这类物品和服务的数量和质量。[2] 非排他性是指个人或群体在消费这类物品或服务时,无法排除其他人也同时消费这类产品,不能完全占有公共物品或占

---

[1] 刘雅南、邵宜航:《供给侧结构性改革视角下的社会结构与经济增长》,《东南学术》2016 年第 4 期。
[2] 转引自张学敏、潘燕:《从管理到经营——构建学校经营理论的探索》,《教育与经济》2004 年第 4 期。

有成本极高以及不可实现。效用的不可分割性是指公共物品是面向全社会消费者提供的，该效用为所有消费者共同享有、共同使用，不可分割成只供给部分消费者使用。

关于教育属于公共物品还是私人物品，学者们的观点有所不同，公共物品派代表人詹姆斯·布坎南（James M. Buchanan）认为基础教育是准公共物品，不是完全的公共物品，即只具有部分排他性。① 英国经济学家安东尼·阿特金森（Anthony Barnes Atkinson）和美国经济学家约瑟夫·斯蒂格利茨（Joseph Eugene Stiglitz）认为教育不是公共物品而是私人物品，多为一个受教育者提供教育的边际成本约等于所有受教育者的平均成本，特别体现在大学教育中。② 同时，在教育物品属性的认定上，要区分教育的类别，厉以宁认为义务教育具有纯公共物品的特征，因为义务教育是由政府提供的，受教育者不需要对义务教育的提供者直接付费，而是通过纳税等途径间接补充其成本。③ 王善迈认为义务教育是一种公共物品，义务教育用法律规定了受教育群体和教育提供者政府之间的权利和义务。④ 义务教育是免费提供的强制性教育，应当由政府承担教育成本。袁连生认为教育是准公共品，只具有部分非竞争性和部分非排他性。⑤ 在竞争性上，增加一个学生，会降低原有学生得到的教育服务水平；在排他性上，学校在技术上（如设置择校费）有能力将教育的消费者排除在教育外。从教育的个人收益来看，高水平的教育使得个人获得的收益（特别是收入）与他人不可分享；但从教育的社会经济利益来看，社会整体教育水平和质量的提高，不仅受教育个人，甚

---

① [美] 詹姆斯·M. 布坎南：《公共物品的需求与供给》，马珺译，上海人民出版社2009年版，第134—136页。
② [英] 安东尼·B. 阿特金森、[美] 约瑟夫·E. 斯蒂格列茨：《公共经济学》，蔡江南等译，上海三联出版社1992年版，第33页。
③ 厉以宁：《关于教育产品的性质和对教育经营的若干思考》，《教育科学研究》1999年第6期。
④ 王善迈：《中国基础教育发展的不平衡和资源配置》，《中小学管理》2000年第3期。
⑤ 袁连生：《论教育的产品属性、学校的市场化运作及教育市场化》，《教育与经济》2004年第1期。

至全社会成员都可以受益，对社会而言增加受教育者的边际成本为零，所以教育具有准公共物品的性质。

本书认为教育是一种混合产品，不同阶段和性质的教育具有不同的性质，而不能单纯界定为私人物品或公共物品。义务教育更接近公共物品，职业教育、大学及更高一级的教育更接近私人产品。在竞争性上，基础教育的竞争性较弱，高等教育的竞争性较强。并且义务教育具有强制性，在同等的教育背景下，增加一个学生不会对其他学生产生明显影响；高等教育和职业教育由于录取人数和学费的不同，不能保证所有有意愿接受此类教育的人都可以得到教育机会。在排他性上，基础教育的排他性较弱，而高等教育的排他性较强。义务教育的强制性决定了教育供给方必须提供教育，教育需求方必须接受教育，无法主观排斥；高等教育和职业教育可以在技术手段上进行排他，也是符合法律和道德的，同样个人也有权利选择不接受此类教育。

2. 教育公平的含义

教育公平是人类的美好理想，教育能够给人提供公平竞争的机会、促进代际阶层流动，有利于实现社会平等。教育公平已成为世界各国教育发展和改革的基本出发点和归宿。中国自古就是教育大国，孔子提出了"有教无类"（每个人都可以享受教育）和"因材施教"（根据受教育者的实际情况提供有针对性的教育），这是中国早期对教育公平的诠释。西方的亚里士多德提出通过法律保证自由民的受教育权利，柏拉图提出实施初等义务教育观点，被认为是最早关于教育公平的阐述。第二次世界大战后，国际组织在全球推动教育公平的理念，教育平等观开始具化为教育机会均等的概念。1946年，国际教育局会议中提出了"中等教育入学机会均等"的理念。1948年联合国大会通过了《世界人权宣言》，标志着教育公平成为国际性的教育主题。1959年第14届联合国大会通过了《儿童权利宣言》，确认了儿童的受教育权利，这标志着教育权利平等在全世界范围的普及和推动。1960年，联合国教科文组织阐述了教育机会均等的概念，主要包括教育平等和消除教育歧视。

　　科尔曼（Coleman）认为教育公平包括四层含义，一是提供一定程度的免费教育；二是向所有不管何种背景的居民提供相同的教育课程；三是为所有儿童提供相同学校的入学机会；四是在同一地区相同范围内提供相同的入学机会。[①] 托尔斯顿·胡森（Torsten Husen）认为教育机会均等有三个不同的含义，即起点均等论，指入学机会均等，都有受教育的权利；过程均等伦，教育条件的均等，每个人有机会接受同样的教育；结果均等论，强调学业成功机会均等。[②] 克里斯托夫·詹克斯（Christopher Jencks）认为造成教育公平的要素有三个。一是获得的教育资源均等，即为社会成员之间与不同群体之间提供均等的教育资源；二是学生入学机会公平，即获得教育的机会均等；三是拥有相同的获得学校资源的机会，例如相同的课程选择和教育内容。[③]

　　国内的学者也从教育学、经济学、社会学和其他学科角度对于教育公平进行了研究。教育公平体现在两个方面，即人类受教育的权利的平等以及受教育的非基本权利的不平等。[④] 袁振国认为教育公平包括四个方面，一是以人为目的，尊重个体的教育权利是基础；二是平等的受教育权利，与其他权利相同的教育权利的平等；三是教育机会平等原则，提供均等的入学权利和取得均等教育成就机会的教育机制；四是尊重差别，向弱势群体提供教育倾斜，以保证其获得最大利益。[⑤] 郑淮认为教育公平要与社会公平相联系，教育公平是指受教育的个体，在入学机会、教育过程及教育结果上都应该是平等的，受到区别对待或者存在不均等的条件都被视为教育的不公平，要根据不同的社会分层和差距制定

---

① Coleman J. S., "The Evaluation of Equality of Educational Opportunity", U. S. Dept. of Health, Education, and Welfare, Office of Education, 1966, 即《科尔曼报告》。
② [瑞] 托尔斯顿·胡森、张人杰:《平等——学校和社会政策的目标》,《全球教育展望》1987 年第 2 期。
③ [美] 克里斯托夫·詹克斯:《不平等：对美国家庭和学校教育的影响再评估》,人民教育出版社 1972 年版。
④ 李立国:《教育公平辨析》,《江西教育科研》1997 年第 2 期。
⑤ 袁振国:《当代教育学》,教育科学出版社 1998 年版。

不同的教育政策。[1] 在社会学方面,教育公平是社会公平在教育学方面的延伸,是社会公平的重要组成部分和基本准则;教育公平是在保障人的权利基础上的教育资源的分配;教育公平有利于社会阶层流动,化解社会矛盾。[2] 教育公平包括教育机会公平、教育过程公平和教育质量公平,是一个不断发展和逐步实现的过程。[3]

人们对教育公平的希望是对每一个社会成员提供相同量与质的教育,然而个体的禀赋差异和社会阶层的差别也是不可回避的事实,所以难以实现完全意义上的教育结构的相同。教育公平包括受教育权利的保证,事前机会平等的原则和事后按照能力进行分配的原则以及补偿原则。根据受教育者的能力和才能对教育资源进行有差别的分配,是教育公平的重要体现。[4] 教育公平的核心内涵是相适应而不是一致,要在个体已有水平、潜力和能力的基础上,为其创造差异化的符合需求的条件,促进个体在原有基础上充分发展。[5] 教育公平是整个社会进步过程中社会相对公平的一部分,过分强调绝对的公平是不现实的,只能追求相对的公平。[6] 同时,随着社会的发展和进步,对教育公平也提出了新的要求,要求有质量的教育公平。[7]

综合来看,教育公平不是一种静止的绝对的概念,它是一种关系,是一种相对的动态概念。它是人类追求的社会公平理想的一部分,也是权利平等的重要组成部分。教育公平的理念与包容性增长的理念在内核上是一致的,强调机会平等,强调个体权利的保障和对弱

---

[1] 郑淮:《略论中国的社会分层变化及其对教育公平的影响》,《华南师范大学学报》(社会科学版) 1999 年第 2 期。
[2] 孙兴:《教育公平的社会学分析》,《教育探索》2006 年第 1 期。
[3] 王善迈:《教育公平的分析框架和评价指标》,《北京师范大学学报》(社会科学版) 2008 年第 3 期。
[4] 田正平、李江源:《教育公平新论》,《清华大学教育研究》2002 年第 1 期。
[5] 曾继耘:《论差异发展教学与教育公平的关系》,《中国教育学刊》2005 年第 6 期。
[6] 瞿葆奎、郑金洲、程亮:《中国教育学科的百年求索》,《教育学报》2006 年第 3 期。
[7] 褚宏启:《新时代需要什么样的教育公平:研究问题域与政策工具箱》,《教育研究》2020 年第 2 期。

势群体的资源倾斜，所以将教育公平置于包容性增长的背景下分析是可行的。

3. 教育公平的实现

研究教育公平的内在要求、含义，测量教育不公平的落脚点，都是为了缓解教育不平等，逐渐实现教育公平。

美国学者杜威在20世纪中期提出美国社会要抵制教育阶级化和不公平，创造条件维护学校公平。[①] 美国通过有差别的录取政策，提高少数裔学生的入学机会。[②] 胡森提出将教育公平延伸到学前教育，来补偿儿童家庭出身的不足，提高教育成就，缩小由于家庭环境带来的教育不公平。[③] 教育资源的公平分配是实现教育公平的重要保障，政府教育支出是实现教育资源分配的重要手段。政府在教育支出的选择过程中，要考虑如何将有限的教育资源进行公平合理分配。

杨东平和周金燕通过辨析教育的公平和效率问题，认为可从以下方面实现教育公平。对教育公平应该立足于具体问题，教育问题不适用于"效率优先、兼顾公平"的原则；在教育资源有限的前提下，通过缩小学校间的差距，提高投资效率；优先发展义务教育，保证义务教育阶段的公平是整个教育公平的前提和基础；强化政府的责任，平衡教育资源。[④] 邹薇和马占利通过对代际和教育不平等的研究，提出实现教育公平要促进人群的流动，加强对农村女性的教育。[⑤] 魏晓宇和苏娜实证分析了学校教育质量维度与公平维度之间的关系，结论显示学校教育可以

---

① 资中筠：《20世纪的美国》，生活·读书·新知三联书店2009年版，第247—249页。
② Laycock D., "The Broader Case for Affirmative Action: Desegregation, Academic Excellence, and Future Leadership", *Tulane Law Review*, 2003, 78 (6): 1767 – 1842.
③ [瑞] 托尔斯顿·胡森：《平等——学校和社会的目标》，张人杰译，华东师范大学出版社1989年版，第209—211页。
④ 杨东平、周金燕：《中国教育公平评价指标初探》，《教育研究》2003年第11期。
⑤ 邹薇、马占利：《家庭背景、代际传递与教育不平等》，《中国工业经济》2019年第2期。

兼顾公平与质量。①

综上，对于促进教育公平的措施，从理论和实践效果方面进行了分析，主要包括从教育机会均等、教育过程均等和教育质量均等方面，采取一系列措施提高弱势群体的受教育权利，对教育资源进行倾斜，促进教育公平。

二　教育公平三个阶段的相关研究

OECD 发布的《2014 教育概览》，主题为"为了包容性增长的教育与技能"。报告强调改善总体人口的受教育程度和技能水平是经济增长和社会进步所必需的。包容性社会需要以公平的方式促进技能的学习，对恢复长期经济增长、降低失业率至关重要。② 教育是包容性增长的重要方面，教育不平等是包容性增长着重关注的问题。教育在一个国家的经济发展和民生改善方面占据基础性地位并起着关键作用。包容性增长着力缓解和解决经济发展和社会发展中的不平等问题，收入不平等只是其中的一个方面，不平等还体现在公共服务，例如学校教育、健康设备、环境卫生等方面。③ 相较于收入增长，在教育或医疗这两个非收入维度上的相对益贫式增长可以很容易实现，主要依赖于公共政策，而非经济增长。④ 只有机会平等的增长才能缩小享受教育机会的差距。⑤ 当市场失灵时，通过教育、医疗、就业和社会保障支出可以调节过高收入，提供大量就业岗位和扶贫项目，缩小收入差

---

① 魏晓宇、苏娜：《学校教育可以兼顾公平与质量吗？》，《华东师范大学学报》（教育科学版）2021 年第 8 期。
② OECD, Education at a Glance 2014: OECD Indicators, OECD Publishing, 2014.
③ Coughlan S., Lehmann F., Jean-pierre L., "Inclusive growth: the road for global prosperity and stability", Economic Order in the Global Era, 2009, 12 (4): 1-17.
④ 刘嫦娥、李允尧、易华：《包容性增长研究述评》，《经济学动态》2011 年第 2 期。
⑤ 汝绪华：《包容性增长：内涵、结构及功能》，《学术界》2011 年第 1 期。

距,实现包容性增长。①

本节将对本书研究的包容性增长背景下的教育公平具体问题的文献进行整理和述评,涉及起点公平、过程公平和结果公平三个方面,具体包括教育机会公平、政府教育经费均衡、教育与贫困——绝对贫困与相对贫困。

(一) 教育机会公平研究述评

教育机会公平与包容性增长创造公平的机会要求相一致。最早的教育公平研究和阐述是从教育机会公平开始的,教育机会公平既包括宏观层面国家、地区、城乡间的研究,也包括微观层面的择校问题、招生政策等。

有学者从宏观的教育政策制定方面研究了教育机会公平。Haushek 和 Kain 认为公共教育政策的制定应以保证每个人的受教育权利的公平作为指导,通过教育政策的实施,教育资源的分配,实现教育机会的公平。② 石中英认为政府在政策制定中要注意以下几个问题:第一,教育机会均等的立足点是在尊重教育差别的前提下保证教育资源的平等;第二,由于优质教育机会的稀缺,所以更需要强制的政治或法律手段执行来保证教育机会平等;第三,可以使用不平等的方法,给予弱势群体更多的教育资源,增加结果的平等性;第四,实质平等,按照平等的原则可能导致部分人心理感受的不公平,但不影响教育机会公平的本质。③ 新时代,教育公平发展为有质量的公平,公平优质受教育权将"公平"与"优质"结合。④

---

① 刘长庚、田龙鹏、陈彬:《经济制度变迁、包容性增长与收入分配》,《财经科学》2016 年第 1 期。

② Hanushek E. A., Kain J. F., *On the Value of Equality of Educational Opportunity as a Guide to Public Policy*, Random House, 1972.

③ 石中英:《教育机会均等的内涵及其政策含义》,《北京大学教育评论》2007 年第 4 期。

④ 龚向和:《论新时代公平优质受教育权》,《教育研究》2021 年第 8 期。

有学者从学校、班级、组织等微观层面研究了教育机会公平。教育机会公平在实践中要从学校、班级和组织、课堂教学、教育成果等方面来保证，给予受教育群体高质量的均等教育。① Geoffrey 和 Dowling 利用科尔曼统计模型分析了学校对于学生教育机会平等的重要作用，要在学校层面保证教育机会公平，减少学生家庭背景对教育机会的影响。② Jacobs 重新对《科尔曼报告》中关于教育机会公平的理论进行了解释评估，并就如何平衡学校的竞争性和教育机会公平给出了建议。③

世界银行在研究中国的教育和收入差距的报告中指出，中国的收入分配差距归因于机会不平等，尤其是城乡受教育机会的差距。受教育程度与人口的收入和社会地位相关，教育机会对社会的分层和社会不平等具有决定性影响。④ 教育机会不平等的影响因素包括性别、家庭子女数量、城乡差距、户籍等自身因素、家庭因素和社会环境因素等。性别间教育不平等广泛存在，会受到国家有关教育政策和社会政策，如就业市场反对性别歧视的政策等影响⑤；还受到国家计划生育政策的影响，计划生育影响了家庭的子女数量，还会对男女比例造成影响，兄弟姐妹越多，女性的受教育年限相对男性越低。⑥ 在考察家庭资源对基础教育机会不平等的影响方面，家庭内生环境的影响具有持续性和稳定性，不易

---

① Hallinan M. T., "Equality of Educational Opportunity", *Annual Review of Sociology*, 1988, 14 (1): 249–268.

② Geoffrey D. Borman, Dowling M., "Schools and Inequality: A Multilevel Analysis of Coleman's Equality of Educational Opportunity Data", *Teachers College Record*, 2010, 112 (5): 1201–1246.

③ Jacobs, Lesley A., "Dealing Fairly with Winners and Losers in School: Reframing How to Think about Equality of Educational Opportunity 50 Years after the Coleman Report", *Theory and Research in Education*, 2016, 14 (3): 313–332.

④ 李春玲:《高等教育扩张与教育机会不平等——高校扩招的平等化效应考查》,《社会学研究》2010 年第 3 期。

⑤ Lu Y. D., Treiman L., "The Effect of Sib Ship Size on Educational Attainment in China: Period Variations", *American Sociological Review*, 2008, 73.

⑥ 叶华、吴晓刚:《生育率下降与中国男女教育的平等化趋势》,《社会学研究》2011 年第 5 期。

受到教育政策和社会环境变化的影响；外在环境对机会不平等的影响可能因教育扩展或者社会政策的变化增加或减小。① 在家庭背景对教育机会不平等的影响方面，父母受教育年限与子女获得教育机会呈显著下相关性，父母受教育年限代表了家庭的文化资本，家庭文化资本越高，对教育的重视程度越高，同时子女在学习中也可以得到更多来自家庭的帮助和指导，利于教育水平的提高。②

综上，教育机会公平与包容性增长的机会公平理念和要求相一致，在宏观和微观层面的诸多因素会影响教育机会公平。研究整体教育的机会平等，从入学机会平等方面进行研究，特别是基础教育方面的机会平等对于整个教育的机会平等至关重要，也是保证实现机会均等和包容性增长的基础。外在社会环境和政策因素，内在家庭环境和父母文化程度等都会对子女的最终受教育水平产生影响，进而影响升入高一级教育阶段的机会。

（二）政府教育支出均衡研究述评

政府教育支出，是均衡教育资源的重要途径，已有研究从政府教育支出的来源、变化情况及政策方面进行了探讨，分析政府教育支出对于平衡区域教育资源、缩小地区差距有重要作用。随着政府教育支出均衡水平的提高，教育不公平程度逐渐缩小，对包容性增长产生正向作用。同时，包容性增长也要求政府采取政策措施，保障弱势群体的权利并对落后人群予以补偿。

政府教育支出是保证教育资源特别是基础教育供给的重要来源，对于发展基础教育，提高教育质量和缩小教育差距意义重大。衡量教育资源分配公平与否的重要标准可分为两个部分，一是公共教育资源的不同

---

① 刘精明：《中国基础教育领域中的机会不平等及其变化》，《中国社会科学》2008 年第 5 期。
② 吴愈晓、黄超、黄苏雯：《家庭、学校与文化的双重再生产：文化资本效应的异质性分析》，《社会发展研究》2017 年第 3 期。

层级和区域间的合理分配,二是教育资源从富裕地区向贫困地区转移流动,基础教育是其主要组成部分。① 由于政府提供公共品的有限性,对于教育经费的分配,取决于所在地居民偏好的异质性和对公共支出外溢的权衡。② 虽然政府对基础教育负有主要责任,但当基础教育的供给不足时,可以使用其他来源的教育经费进行补充。③ Ndiku 等研究了肯尼亚的中等教育,认为政府的经费支持、推行免费教育有力地提高了该国家的中等学校入学率,缩小了教育差距。④ Orodho 研究了非洲肯尼亚免费教育对教育入学率和教育公平趋势的影响,研究表明政府稳定充足的教育投资对于这些教育落后地区的基础教育均衡和持续发展具有重要作用。⑤

义务教育阶段是政府教育经费的主要支出方向,同时义务教育阶段主要经费来源也是政府,义务教育阶段的支付支出均衡程度对于保证国民的基本教育权利和缩小整体教育水平差距具有重要意义。由于义务教育的强制性,义务教育阶段经费绝大部分来源于财政性教育经费。梁文艳和杜育红研究了中国 2003—2006 年省际义务教育阶段生均经费的各项指标,发现中国省际义务教育仍然存在很大差距,提出中央应该加大转移支付力度,促进落后地区的教育经济支出水平。⑥ 黄国平使用双变

---

① Penrose P., "Affording the Unaffordable: Planning and Financing Education Systems in Sub - Saharan Africa, Occasional Papers on Education", *Overseas Development Administration*, 1993, (7): 32.

② Besley T., Stephen C., "Centralized Versus Decentralized Provision of Local Public Goods: a Political Economy Approach", *Journal of Public Economics*, 2003, 87 (12): 2611 - 2637.

③ Rose P., "Collaborating in Education for All? Experiences of Government Support for Non-state Provision of Basic Services in South Asia and Sub - Saharan Africa", *Public Administration and Development*, 2006, 26 (3): 219 - 229.

④ Ndiku, J. Mualuko, Muhavi, S. Lucy, "Government Funding on Access to Secondary Education in Kenya: Challenges and Prospects", *Educational Research & Reviews*, 2013 (8): 1650 - 1655.

⑤ Orodho J. A., "Financing Basic Education: What Are the Equity and Quality Implications of Free Primary Education (FPE) and Free Aay Secondary Education (FDSE) Policies in Kenya?", *International Journal of Development Research*, 2014.

⑥ 梁文艳、杜育红:《省际间义务教育不均衡问题的实证研究——基于生均经费的分析指标》,《教育科学》2008 年第 4 期。

量泰尔指数对义务教育财政支出均等化进行了实证分析，发现 2005 年以来中国义务教育财政支出的地区与城乡差距明显缩小，中央出台的一系列义务教育经费保障机制改革措施提高了义务教育均衡发展水平。[1] 相对于城乡之间和地区之间的问题，今后解决义务教育发展差距的重点应放在城乡内部和地区内部。近年来，随着高等教育的招生比例不断提高，高等教育阶段的投入大幅度增加，与此同时，中国教育经费不足的问题在义务教育领域表现尤为突出，而且各区域间的教育投入存在不平衡。在保持高等教育投入适当规模的前提下，财政性教育经费应更多地支持基础教育和高中教育的发展。[2]

Bary 研究指出，如何确定中央政府和地方政府在教育资源中的权责问题是造成教育资源分配差距的重要影响因素。[3] Fernández 和 Rogerson 研究了美国义务教育财政体系的改革，指出可以通过减少富裕地区的支出而增加贫困地区的支出来实现财政合理分配，也就是在国家层面进行财政转移。[4] Manasan 等认为虽然基本的教育经费支持来源于中央政府，但是地方政府为公共基础教育提供资金支持，两者是合作伙伴的关系，需要协调和配合，促进教育资源的均衡。[5]

中国财政性教育经费投入呈现地区差异，义务教育阶段的生均教育经费差异更多地表现为省内差异，预算外经费的省际间差异较大，如何将公平的衡量单位具体到县级，关注底层和弱势群体，是基础教育阶段教育经费平衡分配的努力方向。[6] 县级数据的省际对比方面，

---

[1] 黄国平：《义务教育财政支出均等化水平的实证考察——基于双变量泰尔指数的综合分析》，《统计与信息论坛》2012 年第 11 期。

[2] 卜振兴、王延培、陈欣：《高等教育与收入差距：基于非结构化模型的分析》，《教育学术月刊》2015 年第 2 期。

[3] Bray M., "Counting the Full Cost: Parental and Community Financing of Education in East Asia", *International Journal of Educational Development*, 1997, 17 (4): 148 – 149.

[4] Fernández R., Rogerson R., "Sorting and Long-run Inequality", *Quarterly Journal of Economics*, 2001, 116 (4): 1305 – 1341.

[5] Manasan R. G., Celestino A. B., Cuenca J. S., "Mobilizing LGU Support for Basic Education: Focus on the Special Education Fund", *Discussion Papers*, 2011.

[6] 王蓉：《中国义务教育财政问题研究：回顾与展望》，《教育与经济》2004 年第 4 期。

从 1997 年到 2000 年，生均教育经费支出的不平等程度有所提高，城乡之间以及沿海地区与内地之间的差距有扩大的趋势，中部地区相对于西部地区失去了优势地位，东部地区与全国其他地区的差距在扩大。① 针对义务教育发展非均衡的特征，要分区域、分项目落实各级政府教育支出责任，健全保障财政教育投入持续稳定增长的长效机制。②

转移支付的水平不能一概而论，要按照不同地区的经济社会发展水平来确定各自的支付比例，建立合理的支付分担机制，促进各地区教育均衡的实现。③ 转移支付只能为义务教育提供基本的保障，对实现城乡义务教育均衡发展作用有限且不能实现平衡城乡义务教育的作用，转移支付在实际操作中应遵循边际效用最大化原理。④ 转移支付在某种程度上对城市教育经费投入会产生替代效应，但影响不是很大，政府可能将转移支付用于其他方面，所以这也是在转移支付中需要注意的问题，义务教育的投入也更依靠地方政府的财政投入。⑤ 在促进义务教育均衡发展的不同阶段，财政专项转移资金投入的重点应有所不同，在义务教育入学机会、办学条件和教学质量方面，应赋予不同的权重，构建包含资金预期目标、满意度和社会效益的绩效评价体系。⑥ 教育投入需考虑薄弱学校的补偿性需求，省级统筹应根据学生流动以及学校实际情况，区分普惠式和特惠式经费投入，以确保

---

① 曾满超、丁延庆：《中国义务教育财政面临的挑战与教育转移支付》，《北京大学教育评论》2003 年第 1 期。
② 胡咏梅、元静：《"十四五"期间完善义务教育经费保障机制研究》，《教育与经济》2021 年第 1 期。
③ 钟晓敏、赵海利：《基本公共服务均等化下的中国义务教育转移支付模型》，《财政研究》2009 年第 3 期。
④ 梁秀清：《对中国城乡义务教育均衡发展中财政转移支付作用的思考》，《广西教育学院学报》2009 年第 1 期。
⑤ 曾明、李武龙：《财政转移支付与义务教育投入：以中部城市为例》，《南昌大学学报》（人文社会科学版）2010 年第 2 期。
⑥ 李红燕：《义务教育财政专项资金的绩效评价指标体系构建及其实施》，《西北民族大学学报》（哲学社会科学版）2011 年第 5 期。

特惠式投入精准到位，提升薄弱学校的办学条件和教育质量，保障贫困家庭的受教育权利。[1] 财税制改革后，地方政府可能更倾向于基础设施建设，基础设施建设投入对公共教育的财政支出会产生过多挤占。[2]

综上，已有研究通过计算不同口径和不同阶段的政府教育经费支出的差距，具体分析了中国城乡差距、地区差距和不同教育阶段的差距及其变化趋势，特别是义务教育阶段的教育经费支出均衡尤为重要，并给出了调整教育经费、实现均衡的意见和建议。

（三）教育与贫困研究述评

受教育程度与劳动者的人力资本和收入水平存在正向关系。Lucas 认为教育是人力资本形成的重要因素。教育是增加收入和改善贫困的重要渠道。[3] Glom 和 Koganorich 认为增加教育投入可以提高收入，减少贫困，但是增加公共教育支出可能导致更高的不平等水平，不利于收入差距的缩小。[4] 教育与减贫并不是简单的正向关系，由于贫困也会对教育产生影响，所以会影响两者之间的关系。[5] Rehme 使用基尼系数研究了教育与收入分配不均等和经济增长之间的关系，教育增长与经济增长和收入不平等的关系随时间增加发生变化，首先是增加然后减少经济增长和收入不平等，教育通过增加收入影响贫困的

---

[1] 赵力涛、李玲：《省级教育经费统筹改革的分配效果》，《中国社会科学》2015年第11期。

[2] 虞浩、罗贵明、吕卫华：《地方政府公共教育财政性支出影响因素的实证分析》，《经济问题》2021年第10期。

[3] Lucas Robert E., "On the Mechanics of Economic Development", *Journal of Monetary Economics*, 1999, 22 (1): 3–42.

[4] Gloom G., Kaganorich M., "Distribution effects of public education in an economy with public pensions", *International Economic Review*, 2003, 3: 917–937.

[5] Bonal X., "On Global Absences: Reflections on the Failings in the Education and Poverty Relationship in Latin American Countries", *International Journal of Educational Development*, 2007, 27 (1): 86–100.

发生率。[①]

  杨俊和黄潇使用微宏观数据研究教育不平等对贫困的影响，结果显示教育差距缩小促进了人力资本形成，但教育扩展和教育差距的短期变化会对贫困造成一定的冲击，教育差距缩小会减少贫困，但教育扩展对减贫的作用需要长期进行才能发挥出作用。[②] 单德朋构建教育模型，分析了教育投入、教育效率和教育结构与缩小贫困的关系，认为教育质量对城市减贫的作用比教育支出对减贫的作用更显著。[③] 周波和苏佳研究了教育经费支出与收入的关系，表明教育经费支出的增加有利于增加代际收入，减小贫困的代际传递。[④] 章元等将贫困分为暂时性贫困和慢性贫困，对农户的贫困研究表明，人力资本可以显著降低慢性贫困，但是教育水平较低的劳动力无法降低暂时性贫困。[⑤] Gustafsson 和 Li 分析得出近年来中国农村居民教育绝对支出占全部收入的比例不断增加，农村贫困逐渐消除，考虑到教育和医疗等因素，贫困更加集中于西部地区。[⑥] 杨娟等通过构建世代交叠模型，总结出义务教育是影响收入差距和降低代际流动性的最主要原因。[⑦] 教育在精准脱贫方面具有先导性和持续性的作用，要提高贫困人口的流动渠道，须扩大教育扶贫的覆盖面[⑧]。从个体层面来看，教育水平的提高可

---

  ① Gunther Rehme, "Education, Economic Growth and Measured Income Inequality", *Economica*, 2007, 74: 493–514.
  ② 杨俊、黄潇：《基于教育差距引致农村贫困的背景观察》，《改革》2010 年第 3 期。
  ③ 单德朋：《教育效能和结构对西部地区贫困减缓的影响研究》，《中国人口科学》2012年第 5 期。
  ④ 周波、苏佳：《财政教育支出与代际收入流动性》，《世界经济》2012 年第 12 期。
  ⑤ 章元、万广华、史清华：《暂时性贫困与慢性贫困的度量、分解和决定因素分析》，《经济研究》2013 年第 4 期。
  ⑥ Bjorn Gustafsson, Li Shi, "Expenditures on education and health care and poverty in rural China", *China Economic Review*, 1995, 15: 292–301.
  ⑦ 杨娟、赖德胜、邱牧远：《如何通过教育缓解收入不平等?》，《经济研究》2015 年第 9 期。
  ⑧ 王嘉毅、封清云、张金：《教育与精准扶贫精准脱贫》，《教育研究》2016 年第 7 期。

以增强个体和家庭的决策能力①，有利于代际收入分配公平，防止阶层固化，促进阶层的向上流动。

教育作为基本公共服务的重要组成部分，也是平衡资源配置和促进公平的重要途径。通过公平配置教育资源，使教育资源向贫困人口倾斜，能够改善贫困者的就业、收入及健康状况，提高贫困者的内化能力，降低返贫概率，促进社会公平，降低相对贫困水平。② 教育程度的提高能够显著地降低多维贫困程度，义务教育的减贫作用最为明显，高中教育成为消除多维贫困的关键阶段。③ 所以要提升贫困人口的教育水平，引导其向更高教育阶段发展，同时也要注意教育成本和机会成本增加导致"教育返贫"现象的发生，导致教育差距，进而加剧相对贫困。"扶贫先扶智"已经成为扶贫工作的共识，贫困人口对于教育的需求也不断增强，反贫困的目标也从缓解单一的物质贫困发展为缓解包含精神、社会认同等多方面的贫困。④

综上，教育对缓解贫困有着重要作用，在宏观层面可以通过提高人力资本实现经济增长，实现减贫；在微观层面，可以增加个人收入水平，缓解贫困。在贫困的衡量标准方面，近年来，从单一的收入贫困逐渐转向多维贫困，同时，将教育贫困作为重要的指标纳入多维贫困衡量体系。研究结果显示，教育对贫困的缓解作用可能受到传导机制、教育差距等因素的影响，教育对于缓解贫困的作用程度需要进一步探讨。

---

① 谭颖、李小瑛：《教育水平异质性与创业决策——基于 CLDS 的实证分析》，《学习与实践》2018 年第 8 期。

② 吴晓蓉、范小梅：《教育回报的反贫困作用模型及其实现机制》，《教育研究》2018 年第 9 期。

③ 沈华、刘梅：《基于多维贫困测量的教育脱贫效应研究》，《教育经济评论》2019 年第 2 期。

④ 李迎生、乜琪：《社会政策与反贫困：国际经验与中国实践》，《教学与研究》2009 年第 6 期。

三 教育公平研究热点与前沿追踪分析

改革开放 40 多年来，中国经济和社会快速发展，中国经济已由高速增长阶段转向高质量发展阶段，均衡和公平成为发展的重点。在教育内卷化和排位赛愈演愈烈的当下，教育公平的诉求者及其诉求内涵的种类也随社会和经济的发展不断增加。[①] 教育承载着中华民族复兴和发展中华文化的使命，是推动国家现代化建设、实现人民美好生活诉求的不竭动力，要不断促进教育发展成果更多更公平地惠及全体人民，以教育公平促进社会公平，实现共同富裕。

2010 年《国家中长期教育改革和规划发展纲要（2010—2020 年）》指出，要把促进公平作为国家基本教育政策，强调教育公平是社会公平的重要基础。2017 年中共中央国务院印发《中长期青年发展规划（2016—2025 年）》提出，要逐步推进基本公共教育服务均等化，实现教育公平程度明显提升。同年，党的十九大报告指出，未来教育公平的推进要实现"有质量的教育公平"的目标，"十四五"时期的中国教育公平的新内涵体现为"有质量的教育公平"，要完成视角转化，从关注入学率、课时安排、义务教育完成水平等量上的平等，转向关注在教与学实践中获得的教育质量，对于在家庭条件层面处于不利水平的学生给予帮助和适当补偿，以追求更平等的教育机会和享有更平等的教育结果。[②] 2021 年《关于进一步减轻义务教育阶段学生作业负担和校外培训负担的意见》从教育中资本治理的角度尽可能减少不同类别的资本投入差异对教育公平的影响。中国对于教育公平研究主题有不同的表述，包括"教育机会均等化""教育平等""教育均等""教育民主"等，不同表述各有侧重，但实现教育公平

[①] 陈栋：《新时代教育公平的挑战与想象》，《教育研究与实验》2020 年第 6 期。
[②] 李政涛：《中国教育公平的新阶段：公平与质量的互释互构》，《中国教育学刊》2020 年第 10 期。

的目标一致。

通过文献梳理,教育公平的内涵一是受教育权利的平等,即教育权利和机会平等;二是持续发展、动态变化的教育过程平等,包括教育起点、教育过程、教育结果平等;三是教育资源和质量的平等,即教育资源的合理化、均衡化分配;四是教育补偿的平等,包括对贫困学生发放助学金,为弱势群体制定差异化入学标准等救济措施。

为了促进教育公平在中国的持续推动,发挥其在教育现代化中的作用,实现区域、城乡、阶层、学校之间的均衡发展,对教育公平的发展脉络进行全方位的客观性展示和分析,通过文献计量学方法和CiteSpace知识图谱软件分析中国教育公平的研究热点、研究脉络和研究前沿,对中国教育发展的现实状况进行系统梳理与分析,为相关理论、政策和应用研究提供参考,展示总结国内教育公平研究的整体格局。

(一)研究工具和数据来源

1. 研究工具

基于 Java 研发的信息可视化软件 CiteSpace 是目前常用的知识图谱绘制工具。科学知识图谱是以知识域(Knowledge Domain)为对象,显示科学知识的发展进程与结构关系的一种图像。它能够展示知识单元或知识群之间网络、结构、互动、交叉、演化或衍生等诸多隐含的复杂关系。[1] 使用 CiteSpace 软件可以对教育公平的相关文献进行数据处理,生成相应的知识图谱。通过关键词词频和聚类信息分析来梳理教育公平领域的研究热点,最后根据关键词突现情况来追踪教育公平的研究前沿,以期全方位了解教育公平的研究现状

---

[1] 陈悦、陈超美、刘则渊等:《CiteSpace 知识图谱的方法论功能》,《科学学研究》2015年第2期。

和发展趋势。

2. 数据来源

追求普惠性、补偿性的教育公平政策是教育公平发展的方向，教育公平政策的发展经历了扫盲教育、普及教育、全民教育与优质教育四个阶段，2000年后国家大力推进的普及教育是教育公平发展的基本要求。[①] 义务教育阶段的教育公平是教育公平的最重要组成部分，也是中国教育公平推进的重点教育阶段。基于此，以中国知网数据库（CNKI）为检索源，在高级检索模式下，以教育公平作为关键词在数据库中进行检索。将采集样本文献的时间设定为2000—2020年，时间跨度为20年，经检索得到3976篇文献。为提高文献质量的精确性和权威性，手工剔除会议、主持人语、期刊目录、会议综述等非学术研究性文章，共得到3209篇有效文献作为研究的样本文献。

（二）计量结果与知识图谱分析

1. 发文量和主要研究内容分析

第一，发文量分析。研究领域内论文发表数量的变化可以反映出该领域研究的热点变化和整体发展情况，基于文献的数据统计绘制2000—2020年中国教育公平研究文献的数量分布情况，如图2-1所示，可以探析教育公平研究领域二十年来的研究热度趋势和发展情况。通过中国知网数据库检索发现，2000—2005年是教育公平研究的探索阶段，前期研究文献数量较少，对于教育公平的内涵界定在研究中的使用还未统一，表述具有多样化特点。2006年《中华人民共和国义务教育法》修订，对义务教育的均衡发展提出了要求，教育均衡和教育公平成为学术界和社会关注的热点，教育公平研究明显增多，研究文献数量大幅提升，发文量急剧上升并维持在高位。随着中国教育公平事业的持续推

---

① 薛二勇、刘淼、李健：《中国教育公平发展政策变迁的历程、特征与趋势》，《教育研究》2019年第5期。

进，陆续出台了一系列促进教育发展和推进教育公平的政策，教育公平的相关发文量相对稳定。

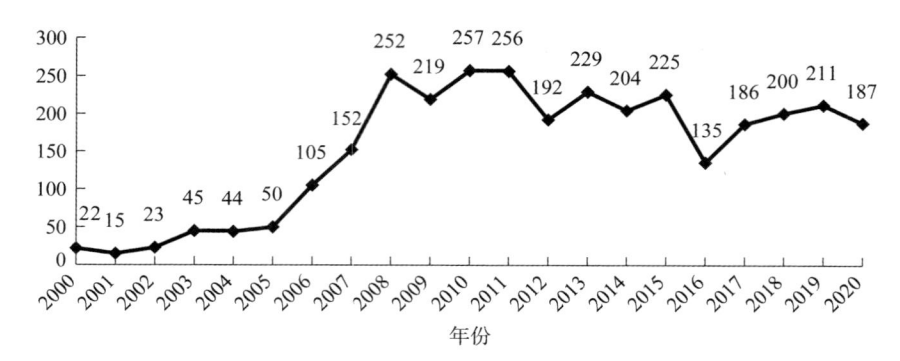

图 2-1 2000—2020 年教育公平研究样本文献发文量

数据来源：中国知网。

党的十九大报告指出，中国社会主要矛盾已经转化为人民日益增长的美好生活需要和不平衡不充分的发展之间的矛盾，不平衡不充分的发展成为中国面临的主要问题。2020 年中国全面建成小康社会取得伟大历史性成就，决战脱贫攻坚取得决定性胜利，教育各项事业得到长足发展，取得了历史性成就，实现了义务教育的普及化和高等教育的大众化，高中阶段教育普及攻坚取得积极成效，学前教育实现了跨越式发展。与此同时，教育发展不均衡不充分的弊病尚未完全解决，教育的不均衡与不公平问题仍然突出，同时，影响教育公平的因素仍然存在，教育资源的分配仍然存在不均衡，教育质量的差距仍然存在。

进入新时期，教育领域出现了很多新的研究热点，例如新冠肺炎疫情常态化管理下快速发展的在线教育、混合教育模式及对教育公平的影响，乡村教育振兴战略，教育缓解相对贫困的作用，新时代职业教育发展的定位和具体规划，人民追求规则公平和优质均衡的"有质量的教育公平"的价值导向，以及在这种价值观念驱动下与之相适应的教育政策等。在追求教育实质公平的背景下，预测未来教育公平的研究将会产生更多学术热点和研究议题。

第二，主要研究内容。研究者所关注的问题主要包括教育公平问题研究、教育公平理论研究、教育公平影响因素研究等。总结当前中国的教育公平问题及其影响因素，可以从宏观和微观两方面进行分析。从宏观来看，一是由于区域经济发展不均衡导致的地区之间教育资源配置不平衡；二是由于城乡二元结构导致的城乡之间教育发展水平失衡；三是不同社会阶层间教育资源分配不均；四是不同民族间教育发展水平不均；五是性别不平等造成的教育权利不平等现象；六是同一层次校际以及不同类别校际教育发展水平失衡。从微观来看，年龄歧视、课堂机会不平等、优等生与后进生的情感偏好、教师素质差异等诸多因素都会对教育公平产生不利影响，可能将教育不公平的内部影响外部化，不利于社会和经济发展。

多学科视角下的教育公平理论研究，包括哲学、伦理学、经济学、法学、政治学等。教育公平在哲学视野下涵盖自由、平等和正义，教育公平不仅是教育资源在供给上的公平，更是个人背景及其所拥有的各类资本上的公平。教育正义公平和教育本体公平是教育公平的内涵，保证尊重受教育者的积极发展，保证受教育者的权利、机会平等和尊严，培育教育者的责任感和因材施教的能力是基于哲学视角延伸的实践方略。[①] 从伦理学角度，教育公平追求的价值尺度和上层标准，以罗尔斯的正义原则为理论依据[②]，在教育政策制定上从平等性公平、差异性公平和补偿性公平三个伦理维度进行阐述[③]，从而能够为政策制定提供理论依据。从经济学视角则更多地探讨公平和效率问题，其实质是社会转型、财富重新分配背景下，不同社会阶层和利益群体对教育权利与资源分配的争夺，并衍生出了教育经济学这门学科，主要包括教育公平与其他可量化指标的相互作用研究和教育公平评价指标研究，利用统计数据

---

① 庞国辉：《作为正义的教育公平及其方略——教育人性化视角中的教育公平》，《现代教育论丛》2016年第6期。
② 罗尔斯的正义原则包括平等自由原则和机会的公正平等原则与差别原则。
③ 刘媛君：《新型城镇化进程中教育公平的伦理维度探析》，《理论观察》2014年第7期。

和指标来衡量教育的现代化程度，更客观和直观地反映教育公平的水平，对于指导资源分配有重要作用。从法学角度，目前已经基本实现了受教育权利平等这一教育公平的基本法律保障，但还存在教育法律责任制度细化、弱势群体子女教育权益保护、教师法律素养培育、救济机制和监督机制缺位等与教育质量息息相关的教育公平立法问题。基于政治学视角，在政治学视野下，教育公平包含自由、平等、公正三种内涵，权利平等是前提，机会均等是关键，制度公正是保障。[①] 从民主政治的角度分析教育公平和社会公平，能够明确有关教育的领导、行政和立法工作在促进教育公平方面的不同责任，构建教育公平的政治学概念框架和体系。除上述学科外，还包括社会学方面教育公平对社会分层和教育机会均等的影响、教育学为促进教育公平进行的课程改革，以及教学过程、学业评价方面的研究等。

宏观层面教育公平的影响因素包括社会不平等、社会阶层固化、相关教育政策的"溢出效应"、区域教育资源投入不均、区域信息化发展水平不均等。居民收入不平等现象仍然存在，收入差距形成的经济地位差异加快了社会分层，资源向高阶层汇集，家庭教育投入很可能影响未来收入水平，教育机会不平等将通过代际传递固化社会阶层，最终影响教育公平。[②] 中国社会阶层边界逐渐定型，内部认同逐渐清晰，初步形成结晶化状态。[③] 教育扩张、学历贬值、阶层固化使得教育资源竞争越发激烈，尤其是经济实力较好的社会中产阶层，更加积极地通过教育投资以实现阶层的向上流动。特别是在高等教育领域，教育扩张带来的资源会优先满足较高阶层的需求，然后向下流动，并且优势阶层在高等教育中占据更多资源，因此阶层固化可能使

[①] 雷晓庆：《当代教育公平内涵及其实现途径解析》，《当代教育科学》2017年第6期。
[②] 迟巍、钱晓烨、吴斌珍：《家庭教育支出平等性的实证研究》，《教育与经济》2011年第4期。
[③] 吴愈晓：《社会分层视野下的中国教育公平：宏观趋势与微观机制》，《南京师大学报》（社会科学版）2020年第4期。

教育变得更加不平等。①

在教育政策创新推进教育公平的实践中,就近入学政策作为促进义务教育公平的重要举措,也伴生了一些问题,例如就近入学导致的"借读风""学区房热"等现象,导致学区房溢价和投资行为产生,影响了房地产行业的健康发展,"学区房"概念化和资本化,造成新的教育不公平,使得优质学区的教育资源被"资本化"。政府对就近入学政策导致的"学区房热"现象也进行了政策限制、教师人事制度改革和教师流动等政策干预。尽管入学政策不能从根本上解决教育不公平的问题,但在缓解教育不平等方面发挥着积极作用。②

高校自主招生政策的目的是摒弃单纯凭借高考分数进行录取,注重综合素质、能力和特长,利于学生的全面发展和评价。但有研究发现,中东部地区的城市高收入家庭、独生子女更容易获得自主招生名额,自主招生为他们提供了将自身掌握的社会资本转化为升学资格的机会,可能加剧教育不公平。③ 2021 年 7 月中共中央办公厅、国务院办公厅印发了《关于进一步减轻义务教育阶段学生作业负担和校外培训负担的意见》(以下简称"双减"政策),加强了对课外培训机构的治理,明确了教育的社会公益属性和教育去资本化的治理方向,特别是对校外培训机构的规范;与此同时,政策可能导致优势教育资源的集聚,导致新的教育不公平问题。因此"双减"政策要重视行业监管及配套措施的落实。

区域教育资源投入的数量和质量影响教育公平。进入数字信息化时代,教育信息和数字化发展水平不均衡也是影响教育公平的重要因素。单俊豪等利用信息化指标构建基础教育公平各阶段发展现状的分析框

---

① Lucas, R. Samuel, "Effectively Maintained Inequality: Education Transitions, Track Mobility, and Social Background Effects", *American Journal of Sociology*, 2001, 106 (6): 1642 – 1690.

② 金久仁:《就近入学政策促进义务教育公平的前提、价值和路径》,《教学与管理》2018 年第 21 期。

③ 尹银、周俊山、陆俊杰:《谁更可能被自主招生录取——兼论建立高校自主招生多元评价指标体系》,《清华大学教育研究》2014 年第 6 期。

架，发现东中部地区表现较好，西部和"三区三州"地区水平较弱。[1] 在新冠肺炎疫情背景下，大部分学校具备在线教学资源条件，但与城市相比乡村学校资源获取能力较弱，在线教学经验不足，学生信息化素养较低，产生新的教育不公平。

微观层面主要包括个人能力禀赋、家庭教育经济和时间投入、日常教学实践等。先天禀赋和家庭环境可以通过代际传递影响子女的教育水平，家庭作为教育的最初单位，阶层差距导致投入的经济和时间的差异化会提高教育的不公平程度。李佳丽和何瑞珠利用家庭教育追踪调查数据研究发现家庭内部社会资本、文化资本、影子教育（非学校教育）投入对子女成绩有显著的正向作用，且家长参与比影子教育对成绩提升的积极作用更为明显。[2] 除此之外，家庭结构、家庭环境等都会对教育公平产生影响。学校作为教育的主导角色，在教学设施、师资条件和素养、学校分流规则以及教学课程安排等方面都可能对教育公平产生影响，学校微观公平要在平等对待原则、差异教育原则、以补偿对待弱势原则的基础上[3]，合理配置教育内部资源，明确安排主体、方式和对象。除上述因素外，私立学校学生经济背景优势也是私立学校表现明显优于公立学校的重要原因[4]，并且在基础教育学校内部存在阶层分割现象，阶层异质性与学生的教育期望呈正向关系。[5]

2. 关键词共现网络分析

关键词是文章研究主题和内容的高度概括凝练，反映了文章的主题思想；共词分析即词共现分析，其基本原理是对一组词两两统计其在同

---

[1] 单俊豪、闫寒冰、宫玲玲等：《中国信息化促进基础教育公平发展现状研究——基于近42万份学生在线学习体验的调查分析》，《教育发展研究》2021年第6期。

[2] 李佳丽、何瑞珠：《家庭教育时间投入、经济投入和青少年发展：社会资本、文化资本和影子教育阐释》，《中国青年研究》2019年第8期。

[3] 郭少榕：《论学校教育的微观公平》，《中国教育学刊》2018年第10期。

[4] 黄河：《私立学校：竞争优势与教育公平——经合组织（OECD）的研究及其启示》，《教育发展研究》2019年第6期。

[5] 吴愈晓、黄超：《基础教育中的学校阶层分割与学生教育期望》，《中国社会科学》2016年第4期。

一组文献中出现的频次，依据共同出现的次数来测度这组词的关联程度。[①] 关键词共词频率和研究热度呈正向关系，通过对教育公平领域关键词的共现分析和中心性的计算，可以将核心关键词之间的联系可视化，直观地反映教育公平领域的研究主题。

将样本文献导入 CiteSpace 软件，选择节点类型为 "Keyword"，阈值设置为50，选择"寻径网络"裁剪方法，对样本文献进行关键词共现分析，如图 2-2 所示。得到节点数为190，连线数为205，网络密度为 0.0114 的样本文献关键词共现知识图谱。

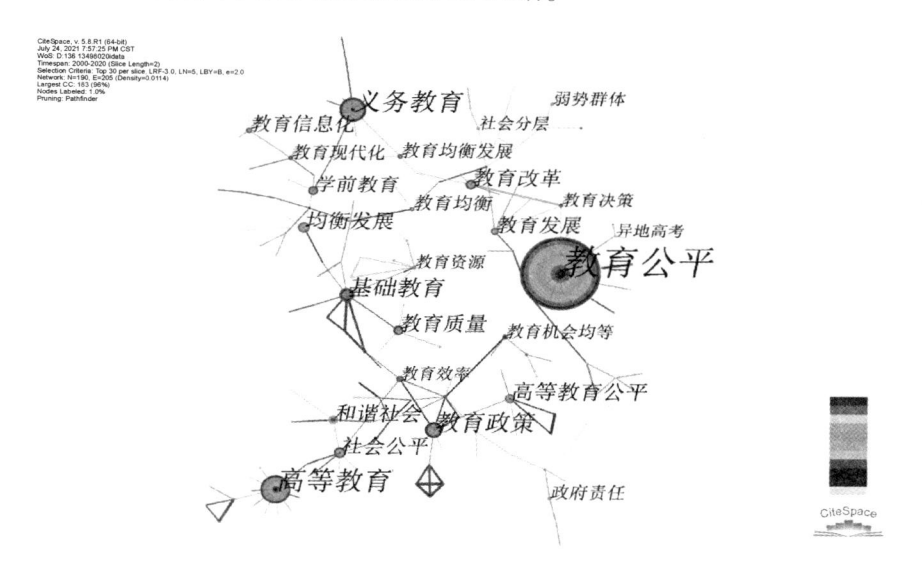

图 2-2 教育公平研究关键词共现知识图谱

知识图谱中的圆点大小由对应关键词在样本文献中出现的次数决定，圆点越大表示该关键词在领域内越具有代表性，关键词中心性高于 0.1 的节点为关键节点。观察共现图谱可以发现，节点半径较大的关键词有"教育公平""义务教育""基础教育""教育政策""高等教育"

---

① 李杰、陈超美：《CiteSpace：科技文本挖掘及可视化》，首都经济贸易大学出版社 2016 年版，第 195 页。

"教育发展""教育改革"等，表明这些关键词的共现频率较高，是教育公平研究领域的热点关键词。"教育公平""基础教育""教育机会均等"等关键词的中介中心性较高，呈现较高的共现频率，表明该关键词在共现网络中与其他关键词联系程度较高。

结合文献的关键词统计来对关键词进行简要分类。以阶段性教育划分的教育公平研究包括学前教育、基础教育、义务教育、高等教育等；以教育公平影响因素划分的教育公平研究包括教育改革、均衡发展、和谐社会、教育信息化、教育决策、教育资源、教育效率、资源配置、文化资本等；以教育公平问题表现划分的教育公平研究包括社会分层、社会公平、教育质量、异地高考、弱势群体、特殊教育、民族教育、农民工子女等；以教育公平实现途径划分的教育公平研究包括教育现代化、教育扶贫、政府责任、受教育权、科学发展观、高考改革、信息技术等，见表2-1。

表2-1　　　　　　　教育公平研究领域的高频关键词

序号	关键词	频次	中心性	序号	关键词	频次	中心性
1	教育公平	1461	0.73	11	和谐社会	57	0.05
2	高等教育	205	0.26	12	教育发展	52	0.35
3	义务教育	168	0.21	13	学前思想	45	0.11
4	教育政策	100	0.15	14	教育信息化	44	0.04
5	基础教育	84	0.63	15	教育均衡	34	0.16
6	高等教育公平	64	0.10	16	教育现代化	30	0.14
7	均衡发展	62	0.16	17	教育均衡发展	29	0.24
8	教育改革	58	0.27	18	政府责任	28	0.04
9	社会公平	57	0.40	19	弱势群体	26	0
10	教育质量	57	0.10	20	教育机会均等	25	0.57

3. 关键词聚类分析

CiteSpace软件能通过不同权重算法将相似主题的关键词进行族群

归纳,即关键词聚类分析,是对内容众多的共现分析结果进行凝聚的过程,从聚类分析中能够把握教育公平研究领域的热点,如图2-3所示。在聚类网络中的Q值(聚类模块值)和S值(聚类平均轮廓值)表征聚类效果,一般认为S>0.5聚类就是合理的,S>0.7意味着聚类是令人信服的。本节的聚类视图S=0.9637>0.5,Q=0.8327>0.3,这说明聚类效果是十分合理且显著的。

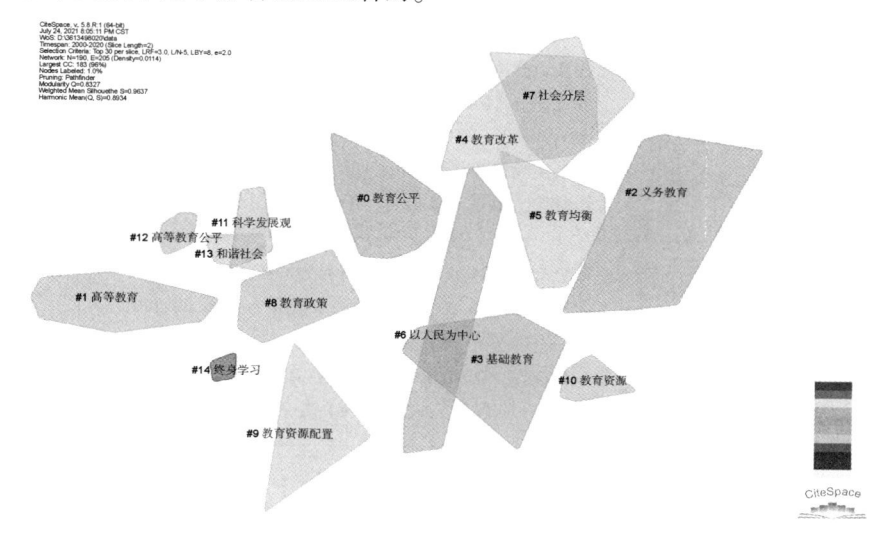

图2-3 教育公平研究关键词聚类知识图谱

将聚类关键词的词义进行合并,可以将教育公平领域研究热点划分为以下几种类型,见表2-2。

表2-2　　　　　　样本文献聚类关键词信息

聚类	Size	S值	平均年份	聚类内容
0	26	1	2015	教育公平(251.3,1.0E-4);异地高考(36.25,1.0E-4);高等教育(16.81,1.0E-4);公平(14.99,0.001)
1	19	1	2019	高等教育(177.78,1.0E-4);社会公平(45.44,1.0E-4);教育公平(38.53,1.0E-4);大众化(17.98,1.0E-4)
2	18	0.942	2012	义务教育(158.07,1.0E-4);均衡发展(99.68,1.0E-4);学前教育(26.08,1.0E-4);对策建议(13.73,0.001)

续表

聚类	Size	S值	平均年份	聚类内容
3	15	1	2009	基础教育(83.19,1.0E-4);教育质量(58.68,1.0E-4);数字鸿沟(11.84,0.001);制度性创新(10.79,0.005)
4	4	0.828	2014	教育改革(101.55,1.0E-4);教育现代化(76.67,1.0E-4);教育决策(75.34,1.0E-4);教育信息化(43.46,1.0E-4)
5	14	0.944	2012	教育均衡(39.92,1.0E-4);民族教育(29.49,1.0E-4);教育扶贫(27.08,1.0E-4);城乡教育(19.58,1.0E-4)
6	13	0.976	2010	以人民为中心(28.27,1.0E-4);教育发展(27.77,1.0E-4);新时代(20.1,1.0E-4);教育公平(14.55,0.001)
7	12	0.974	2013	社会分层(31.6,1.0E-4);弱势群体(19.09,1.0E-4);学校体育(16.69,1.0E-4);文化资本(16.69,1.0E-4)
8	12	0.928	2006	教育政策(48.48,1.0E-4);教育平等(33.24,1.0E-4);义务教育阶段(25.95,1.0E-4);教育规划纲要(18.56,1.0E-4)
9	10	1	2006	教育资源配置(23.22,1.0E-4);义务教育公平(21.35,1.0E-4);公平问题(21.35,1.0E-4);政府责任(18.82,1.0E-4)
10	8	0.986	2009	教育资源(44.92,1.0E-4);农村基础教育(17.84,1.0E-4);教育制度(17.65,1.0E-4);教育机会(16.6,1.0E-4)
11	6	0.921	2004	科学发展观(26.43,1.0E-4);高等教育大众化(15.9,1.0E-4);以人为本(15.9,1.0E-4);胡锦涛(9.8,0.005)
12	6	0.97	2008	高等教育公平(101.13,1.0E-4);教育公平(26.1,1.0E-4);高等教育多元化(15.71,1.0E-4);高等教育办学体制(15.71,1.0E-4)
13	6	0.978	2006	和谐社会(82.22,1.0E-4);和谐教育(63.6,1.0E-4);特殊教育(42.19,1.0E-4);全纳教育(9.9,0.005)
14	4	0.993	2020	终身学习(11.91,0.001);学习型社会(11.91,0.001);开放教育(11.91,0.001);开放教育资源(11.91,0.001)

（1）教育公平理论和内涵

该主题的关键词包括"#0 教育公平""#10 教育资源"。通过查询聚类中的内容，可以发现教育公平与"异地高考""高等教育""公平"等关键词联系紧密。

异地高考是对优质高等教育资源的争夺，是在高考竞争中处于不利地位的考生向目标地区流动的"高考移民"现象。[①] 异地高考能够保障随迁子女的教育利益，扩大其选择范围，对改变优质资源过度集中于大城市、提升中小城市吸引力有促进作用，但异地高考同样为资本积累丰富的家庭提供了一条升学"捷径"，因此异地高考的准入标准、政府监管和高考移民治理体系还需要进一步健全。[②] 高等教育在中国逐步由精英教育向大众教育转变，但传统的高考指挥棒仍然在整个基础教育阶段发挥重要作用，公众对于高等教育的入学机会仍然重视，高等教育在地区间的招生差异、不同高校间教育经费的差异、不同地区高校发展水平的差距、一流大学与普通大学的差距研究是高等教育公平的重点。

教育公平文献中围绕教育公平的现状、问题分析和解决方法的研究较多，有部分研究者在教育公平文章中对公平、公正、平等的概念进行分析，这类理论性文献具有较高的引用量，对该领域其他文章的理论架构发挥着重要作用。对教育资源的研究主要包括两大类：一是研究教育资源对教育公平的影响；二是研究资源的合理高效配置。在教育资源配置上不仅要做到全面，特别是平衡区域和城乡的教育资源，使有需求的受教育者能够享受到应有的权利；也要做到有效，最大限度地实现公平和效率的双向促进，转变重量轻质、重完成轻监管的配置方式，实现资源的集约化利用和精准化配置，资源挖掘

[①] 翟月玲：《"异地高考"的根源、理念探究与对策》，《中国高教研究》2012 年第 7 期。

[②] 欧阳光华、杜剑涛：《新高考背景下的异地高考：现状、问题与对策》，《现代教育管理》2021 年第 3 期。

和资源配置双管齐下，资源归属与共享共建、技术支持与制度支撑、资源管理与教学管理相结合①，发挥教育资源配置在推动教育公平中的作用。

（2）各个教育阶段的公平

该主题的关键词包括"#2 义务教育""#3 基础教育""#1 高等教育""#12 高等教育公平"，各教育阶段的教育公平是研究的重要组成部分。基础教育聚焦起点公平、过程公平、结果公平。基础教育包括义务教育阶段、学前教育阶段和高中教育阶段，现在学者建议将学前教育和高中阶段教育纳入义务教育，中国也开展了学前教育普及普惠、高中教育普及攻坚行动。关于基础教育的研究集中在城乡教育公平研究、特殊群体的教育公平研究、信息化背景下的教育公平问题、教育资源的配置和整合、其他国家对中国教育公平的经验启示、教育公平的评价指标体系建构、新时代加强党对教育公平的领导等方面。学前教育作为与义务教育关联程度较高的关键词，具有较为独立的研究体系，除与其他学段的研究相似点，其特殊点包括生育政策和入学政策对学前教育的影响、学前教育立法问题、学前教育科学规划和收费研究等。高等教育公平包含权利公平、机会公平和效果公平，权利公平能够有效促进社会流动和阶层分化，机会公平可以打破"上大学"到"上好大学"间的壁垒，效果公平不仅能够提高就业市场的质量，而且能够有效提升社会公平程度。② 高等教育要对接经济发展需求，特色化制订高校建设方案，创新评估和监督机制，改革特殊地区和特殊群体的招生政策和对口支援政策，走结构化、制度化改革的质量提升道路。

（3）和谐社会建设与教育公平

该主题的关键词包括"#6 以人民为中心""#11 科学发展观""#

---

① 崔珊：《教育公平视野下教育资源红利的有效释放》，《教育理论与实践》2021 年第 1 期。
② 张继平：《高质量高等教育公平的主要特点及实现机制》，《高等教育研究》2016 年第 2 期。

13 和谐社会""#14 终身学习"。教育公平是构建社会主义和谐社会的重要内容,该主题下的教育公平研究包括和谐社会和教育公平的相互关系,和谐社会构建下教育公平的基本特征、原则、实现途径,和谐社会下教育公平法制研究等。在建设和谐社会的过程中,教育具有重要的意义,一是通过教育提升公民对和谐社会建设意义与价值的认识水平,二是通过提供更加公平的教育确保人们能力的平等,从而更好地建设和谐社会。① 教育公平是社会公平的基石,和谐社会下构建教育公平需要尊重多元化价值标准,关注弱势群体和困难地区,进行立法规范,创造有利于教育公平发展的社会环境。以人民为中心发展教育是党领导社会主义教育的出发点和落脚点,不仅体现了中国社会主义的国家性质,还体现了马克思主义教育思想的立场。人民满意是衡量教育发展水平和评价教育公平推进措施的重要标准,"以人民为中心发展教育"的内核是为人民提供高质量的教育资源,使教育公平在推进社会公平中发挥作用。② 科学发展观则为教育公平开辟了新的发展方向和发展理念,将和谐发展观、均衡发展观等发展理念融入教育改革,对当时中国教育公平的理论研究和实践指导起到了关键作用。终身学习需要构建有利于实现教育公平的包容的学习型社会,它能够最大限度地激发人的创造性和主体性,现代化信息技术的发展为远程教学和终身学习提供了可操作的平台,使得学习这项活动突破了身份、时间和地点的限制,推动了教育在各个维度的开放,是终身学习体系建构的重要支撑。

(4) 社会结构变化下的教育公平

该主题的关键词包括"#7 社会分层"。社会分层包含观念上的分层和物质上的分层,近年来研究重点集中在社会物质分层方面。彭榕利用马克斯·韦伯的社会分层理论,从经济、职业、文化三个维度进行分

---

① 苏君阳:《和谐社会教育公平的基本特征与原则》,《高等教育研究》2011 年第 12 期。
② 杨兆山:《习近平"坚持以人民为中心发展教育"论述精髓探析》,《东北师大学报》(哲学社会科学版) 2020 年第 5 期。

析，发现家庭经济状况、父母学历和职业都对子女的教育有影响[1]，并且择校也成为一种高阶层对其他阶层进行教育排斥的手段。[2] 家庭资本影响教育获得，从学校教育到影子教育，对不同社会阶层能够获取的教育资源进行了"过滤"，影子教育对学校的教育公平产生冲击，成绩落后且家庭困难的学生可能受到教育代际效应的影响。[3] 有学者通过调查数据进行实证研究，孙天华和张济洲通过分析山东省10所代表性高校学生问卷调查数据，发现随着高等教育规模扩大，不同阶层子女获得的入学机会的差异在缩小，但优势阶层在获得优质高等教育机会上更有利。[4] 刘保中研究发现社会阶层地位显著影响高等教育公平，起点平等间接影响过程和结果公平，起点不公平可能导致弱势累积。[5] 高等教育公平的差异很大概率源自不同阶层在基础教育方面存在的差异，社会分层对于其他阶段教育的影响的研究还须进一步丰富，特别是在三胎生育政策试行后，社会分层对于学前教育公平的影响应当成为社会分层与教育公平研究的一个思考方向。

（5）教育公平实现途径

该主题的关键词包括"#8 教育政策""#9 教育资源配置"。教育资源配置中包括"义务教育公平""公平问题"和"政府责任"等关键词。目前中国关于义务教育资源配置方面的研究包括不同区域和城乡间资源配置的差距分析、区域资源配置差异的时空演变分析、地区资源配置的效率评估机制研究、教育资源配置政策研究四大类。

现阶段中国经济发展进入新阶段，教育资源配置改革的新特点体

---

[1] 彭榕：《社会分层与高等教育公平问题探讨》，《黑龙江高教研究》2017年第3期。
[2] 童星：《为什么要择校：基于阶层心态的一种解释》，《教育理论与实践》2017年第1期。
[3] 薛海平：《家庭资本与教育获得：影子教育的视角》，《教育科学研究》2017年第2期。
[4] 孙天华、张济洲：《社会阶层结构与高等教育机会获得——基于山东省的实证研究》，《湖北社会科学》2017年第1期。
[5] 刘保中：《中国高等教育步入普及化阶段背景下的阶层差异与教育公平》，《北京工业大学学报》（社会科学版）2021年第3期。

现为坚持政府在教育资源配置中的主导地位，用好现有资源，引入市场竞争机制，充分发挥市场在资源配置中的决定性作用，携同各方最大限度实现资源配置利益。[①] 教育公平政策对于实现有质量的教育公平具有重要作用。李孔珍和洪成文将教育公平作为政策目标，在教育政策的制定、实施和评估阶段进行了详细分析，这是教育政策公平性研究的起点。[②] 郑石明和邬智将教育公平政策变迁分为启蒙阶段、起步阶段、发展阶段、完善阶段和变革阶段。[③] 从提出九年义务教育，推进教育公平实践，发展义务教育公平，突破教育公平重点难点，到推进有质量的教育公平，每一步教育改革实践创新都是政策推进的结果，在实践中不断探索改革，推出了自主招生、西部地区专项招生、发展职业教育、对家庭困难学生给予补助等一些系列政策，推动了教育公平政策种类的优化和创新。未来教育公平政策设计要着重研究教育发展带来的新问题，完善教育公平顶层设计，畅通意见表达渠道，完善监督评估机制，联动各方治理主体进一步完善、优化教育公平政策。

4. 时区图分析

在关键词共现分析的基础上，选择"Timezone View"选项，可以得到关键词共现时区图，如图 2-4 所示，时区图可以从时间上展现该领域知识演进的过程。关键词圆点所处的时间柱年份是该关键词的首现年份，2006 年《义务教育法》修订后，教育公平领域研究关键词激增，随后开始进入稳定的阶段，教育公平、教育制度、教育政策等关键词一直处于共现状态。时区图展示出了教育公平研究随时间迁移的特点，一是整块推进，针对教育公平政策对现实问题展开整体性研究，或是从现象追踪溯因，成为政策产生的推力；二是研究内容不断细化，关键词词

---

① 张万朋、李梦琦：《新常态下中国教育资源配置改革的特点、挑战与应对》，《苏州大学学报》（教育科学版）2020 年第 3 期。
② 李孔珍、洪成文：《教育政策的重要价值追求——教育公平》，《清华大学教育研究》2006 年第 6 期。
③ 郑石明、邬智：《迈向有质量的公平：中国教育公平政策变迁与转型逻辑》，《清华大学教育研究》2018 年第 5 期。

义呈现从宏观理论到微观具体实践措施、创新路径的特点。结合关键词主题变化和教育政策对教育公平的影响，可以将教育公平发展分为三个阶段。

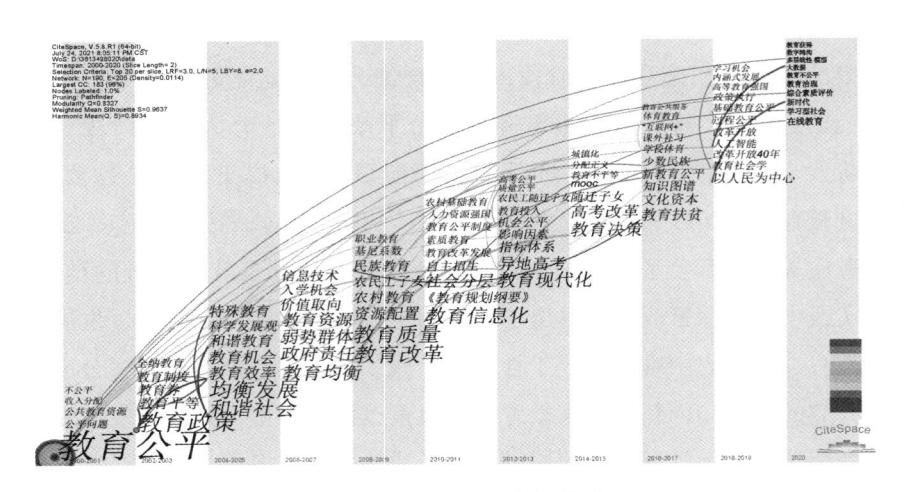

图 2-4 教育公平热点分布时区

（1）教育公平理论的探索发展阶段（2000—2003年）

第一阶段（2000—2005年）的发文数量较少。21世纪初期，中国已经基本完成了扫盲工作，九年义务教育初步普及。这一阶段研究者将西方教育公平理论与中国教育发展现实进行结合，对中国教育公平的现实问题进行了初步探索，辨析公平、公正、平等在教育领域的概念，从教育公共资源分配角度对基础教育和高等教育公平存在的问题和实现路径进行研究，指出中国存在的教育不公平主要是由就学机会和求学条件造成的[1]，而这归因于中国地域辽阔，经济发展水平不高，建议实行"教育券"等教育资源配置的新举措来改善教育的公平和效率问题。在保障基础义务教育入学机会平等和促进全民教育的前提下，对教育过程公平、结果公平进行了初步理论探讨，特别是在2000年后中国进一步扩展高等教育大众化战略，出现了许多高等教育效率与公平的研究成

---

[1] 郑华：《从起点均等的角度试论教育公平问题》，《北京大学学报》2000年第1期。

果，高等教育的"质""量"保障问题受到关注，高等教育公平的定位和价值取向也完成了新的转变。在 21 世纪转折期，基础教育公平的理论得到进一步完善，基本实现了义务教育覆盖。

（2）教育公平理论完善阶段（2004—2009 年）

这一阶段研究呈爆发式增长，教育公平理论逐渐完善，关键词包括"和谐和会""科学发展观""弱势群体""政府责任""教育质量"和"教育改革"等，教育公平研究的整体热点进行了更新，与国家和社会经济发展情况相契合。党的十六届四中全会提出构建社会主义和谐社会的新目标，科学发展观与构建和谐社会成为中国教育公平发展的时代背景，并贯穿教育公平研究始终。教育公平成为教育政策制定的价值导向，2005 年《国务院关于大力发展职业教育的决定》提出要改革职业教育，进一步扩大职业教育规模。《国家西部地区"两基"攻坚计划（2004—2007 年）》和《"十一五"期间中西部地区特殊教育学校建设规划（2008—2010 年）》对中国民族教育和特殊教育有重要指导作用，通过政策对偏远地区的弱势群体进行帮扶，扩大义务教育受众群体来实现教育公平。这一阶段研究呈现两个特点：一是在和谐社会和科学发展观的宏观理论背景下对教育公平进行研究，二是关注基础教育发展均衡的现实诉求和教育公平推进过程中的实践问题。

（3）教育公平理论的实践阶段（2010—2020 年）

2010 年《国家中长期教育改革和发展规划纲要（2010—2020 年）》中明确提出，把促进公平作为国家基本的教育政策，把提高质量作为教育改革发展的核心任务。这代表教育公平成为中国的一项基本教育政策。通过观察关键词可以发现，关键词大多倾向于实现教育公平的具体途径，更加契合教育公平的现实具体问题，并且可以从中辨析出研究热点在时间上的发展变化，如教育信息化、mooc、互联网 + 和人工智能等。随着研究的深入和细化，研究热点逐渐分散，教育公平从理念向工具价值转型，教育公平评价从强调根据社会、经济的需求转向服务于人的全面发展，其内涵逐渐提升至追求起点、过程和结果的实质公平。当前中国在受教育权保护、教育资源配置、高等教育大众化等方面取得了较大成就，但由于教育公平具有不均衡、不充分的多层次特征①，存在区域、城乡、阶层间尚未完成从数量扩张到质量提升的转型，在线教育的质量效果和规范程度不足，课外补习机构资格取得和运营监管不到位，教育评价模式不完善，师资素养差距和高考制度改革等问题。未来依托教育信息化发展背景，突破学校局限提供终身学习机会，构建学习型社会，将高质量教育与公平均衡有机结合，将成为中国教育现代化的新目标。②

5. 突变词分析

关键词突变可以代表学科前沿，通过突变的关键词可以发现学科前沿方向，把握研究的发展状况。图2-5是关于二十年来教育公平突变强度最大15个关键词。根据胡联和张小雨对突变词类型的分类，可以将突变词分为渐弱型前沿、波动型前沿和渐强型前沿三类。③ 根据关键词共现细节查询，可以发现渐弱型前沿包括"教育机会均等""效率""和谐社会""和谐教育""教育券""异地高考""《教育规划纲要》""指标体系"；波动型前沿包括"公平""高考改革""教育改革（2014）""教育发展（2015）"；渐强型前沿包括"教育信息化""教育现代化""教育扶贫"。

从突变词的分类中可以发现，渐弱型前沿关键词集中于教育理论研究和构建和谐社会，随着理论研究的饱和以及社会背景和矛盾的变迁，这些关键词的突现水平逐渐下降。"公平""高考改革""教育改革""教育发展"等波动型前沿关键词长期存在于国内教育公平研究领域。党的十八届三中全会《中共中央关于全面深化改革若干重大问题的决

---

① 张荣花：《新时代推进教育公平的四维度思考》，《中州学刊》2019年第12期。
② 李春玲：《教育发展的新征程：高质量的公平教育》，《青年研究》2021年第2期。
③ 胡联、张小雨：《基于CiteSpace的中国相对贫困研究动态分析》，《淮北师范大学学报》（哲学社会科学版）2020年第2期。

关键词	年份	强度	开始时间	结束时间
教育机会均等	2000	8.41	2000	2007
公平	2000	14.25	2001	2007
效率	2000	8.12	2002	2007
教育券	2000	5.02	2003	2005
和谐社会	2000	19.94	2005	2009
和谐教育	2000	7.04	2005	2009
《教育规划纲要》	2000	5.76	2010	2011
指标体系	2000	6.2	2012	2013
异地高考	2000	9.45	2013	2014
高考改革	2000	5.51	2014	2020
教育发展	2000	14.39	2015	2018
教育改革	2000	12.86	2015	2016
教育扶贫	2000	6.56	2017	2020
教育现代化	2000	6.27	2018	2020
教育信息化	2000	5.76	2018	2020

图 2-5　2000—2020 年国内教育公平研究排名前 15 位的突变词检测图谱

定》对于考试招生制度进行了改革，对高考改革的总体目标和基本框架进行了明确，因此教育改革、高考改革、教育发展等概念在这一阶段大量出现，形成了一定的突现趋势，并且根据教育公平现实情况和政策推进不断试错与调整，在未来的研究中也会不定时出现，研究热度会保持相对稳定。渐强型前沿关键词吻合国内当下教育公平研究的方向，教育是阻碍贫困代际传递的有效方式，公平正义是教育扶贫的价值追求，保障贫困地区教育权利和教育资源的合理分配，提升贫困地区教育回报率是实现教育公平的重要途径。随着现行标准下绝对贫困的消除，教育扶贫在相对贫困治理领域仍会保持一定的研究热度。教育现代化的本质是现代性的增长[1]，《中国教育现代化 2035》的核心是构建终身学习体系，重塑不同层级的教育治理新格局，提高质量、促进公平的高等教育现代化建设是高等教育公平领域研究的核心内容。教育信息化对于教育公平

---

[1] 褚宏启：《教育现代化的本质与评价——我们需要什么样的教育现代化》，《教育研究》2013 年第 11 期。

的影响研究逐步从理论转向实践，新时代下要依靠信息化背景创新教育教学模式，实现高校教育资源配置，培养师生信息化素养，特别是在新冠肺炎疫情常态化管理下，在线教育也成为教育信息化研究热点，因此呈现了较高的突现趋势。

(三) 研究结论与展望

在发文量方面，教育公平研究经历了理论探索、快速发展、平稳波动三个阶段，具有明显的政策性导向特征，与中国教育实践发展息息相关。在内容方面涵盖教育公平问题研究、教育公平理论研究、教育公平影响因素研究等，以教育学为主要研究学科，涉及哲学、政治学、经济学、社会学等多种学科，研究方法也从质性研究走向量化研究。

在研究热点方面，主要包括教育公平理论和内涵、不同阶段的教育公平、和谐社会建设下的教育公平、社会结构变化下的教育公平、教育公平实现途径五个分类。大部分文献是对教育公平中的概念进行理论阐述。在不同阶段的教育研究中已经形成了相对完整的架构体系。和谐社会建设框架下的教育公平研究，多体现了当时的社会政策背景；社会结构变化下的教育公平研究关注点在于阶层分割导致的教育起点、过程和结果不平等，以及促进阶层流动在实现教育公平层面的政府责任。教育公平实现途径则集中在教育资源的高效合理配置和教育政策的推动上。

在研究热点迁移方面，可以划分为教育公平的探索发展阶段、完善阶段和实践阶段。教育公平发展之初经历了义务教育和高等教育公平的理论之争，后来逐步转变为教育政策制定的价值导向和人民的现实诉求，将西方经验与中国国情相结合的研究热度下降，从中国实际出发的实证研究受到关注，这也与国内学术界研究范式的转型有关。在实践阶段，教育公平研究多是结合mooc、高考改革、课外培训规范治理等具体教育实践来探索促进教育公平的现实途径。

研究前沿方面，通过对渐弱、波动、渐强前沿的分析，对于教育公平研究的阶段性热点进行了直观展示，推进有质量的教育公平、高考改革中的教育公平、2035 教育现代化规划的顶层设计和实践路径、信息化背景下的教育公平、教育在治理相对贫困中的作用机制将成为未来教育公平研究的前沿。

四 本章小结

本章系统地论述了包容性增长和教育公平的相关研究，对包容性增长背景下教育公平相关研究进行了系统论述，奠定了本书的研究基础。本章对包容性增长提出的背景、内涵和实现进行了梳理。包容性增长是一种在社会机会上的益贫式增长，核心是机会平等，实现经济的增长和收入差距的缩小，并强调非收入领域的增长和平等。政府在推动包容性增长中发挥积极作用，通过减少城乡差距，统筹城乡发展，提高教育水平，重视人力资本等实现包容性增长。

教育在包容性增长中发挥着非常重要的作用，根据教育公平的起点公平、过程公平和结果公平三个组成，与包容性增长的背景相结合，重点对教育机会公平、政府教育经费均衡、教育与贫困的关系三个方面进行了研究述评。教育机会公平与包容性增长的机会公平理念和要求相一致，通过政府调整教育经费投入实现教育均衡，最终实现教育减贫的目标。

使用 CiteSpace 对 2000—2020 年中国教育公平的研究热点与前沿进行追踪分析，全方位了解教育公平的研究现状和发展。涉及教育公平理论和内涵、各个教育阶段的公平、和谐社会建设下的教育公平、社会结构变化下的教育公平、教育公平实现途径几个方面，推进有质量的教育公平、高考改革中的教育公平、2035 教育现代化规划的顶层设计和实践路径、信息化背景下的教育公平、教育在治理相对贫困中的作用机制将成为未来教育公平研究的前沿。

第三章 教育公平与包容性增长的内涵
——经济增长和收入差距

改革开放以来，中国经济迅速发展，并已由高速增长阶段转向高质量发展阶段。党的十九大报告指出，中国社会的主要矛盾已经转化，社会发展的不平衡成为主要矛盾之一。包容性增长是解决经济和社会发展不平衡不充分问题的有效方式。包容性增长的核心概念包括效率和公平两个维度，也就是经济增长和发展成果的共享。

教育是包容性增长关注的重点之一。建设教育强国是基础工程，必须把教育事业放在优先位置，加快教育现代化建设。教育是人力资本形成、收入增长和减少贫困的基础和保障。能否为所有成员提供平等的教育机会是衡量教育公平的重要标准。教育发展的公平、经济的持续增长、收入增长和收入差距的缩小是包容性增长的核心组成部分，也是包容性增长要达到的目的。

在现阶段中国经济增长由过去的高速度转化为追求质量提升的新常态下，教育在经济增长和社会发展中发挥着越来越重要的作用。教育是提高劳动者技能的主要手段，是提高人力资本的最主要途径。教育能够有效地提高弱势群体和低收入者的知识水平，提高劳动者的认知能力和工作技能，提高这部分人获得收入的能力，为其提供向社会上层流动的机会，也是避免阶层固化的重要手段。人力资本和社会流动的提高能够为经济增长提供不竭的动力和增长潜力，同时也是避免社会矛盾，实现经济平稳发展的重要保障。

　　教育公平是社会公平的重要基础，让全体社会成员都享受教育的成果，需要不断缩小城乡差距、区域差距、校际差距和群体差距。以教育公平促进社会的公平正义，具有重要的社会意义，应发挥教育公平促进包容性增长的重要作用。教育公平与经济和社会的发展水平和阶段密切相关，教育投入、师资水平和家庭教育环境是影响教育公平的重要因素。中国由于特殊的城乡二元结构和区域发展的不平衡性，教育不均衡的现象长期存在，教育投入和师资的差距普遍存在，特别表现在城乡和区域差距方面。

　　中国一直重视教育和教育公平问题，特别是改革开放以来，实施了一系列补偿性以及普惠性的教育政策措施，促进教育投入和教育资源的均衡协调分配。党的十八届五中全会，将"推动义务教育均衡发展和普及高中阶段教育"作为促进教育公平的重要目标；特别是近年来，提出了"促进教育事业优先发展""促进教育公平发展和质量提升""发展更高质量更加公平的教育"等一系列政策目标，并实施了一系列的政策措施，例如促进师资教育公平的免费师范生教育，促进教育经费投入公平的各类奖、助学金和义务教育的"两免一补"政策，促进教育资源投入公平的农村校舍标准化建设，以及促进教育质量公平的教育信息化建设。近年来，中国教育不均衡的情况有所缓解，特别是教育结果方面，全国基本普及义务教育，各地区的人均受教育年限逐渐增加，高中教育、职业教育和大学教育逐渐普及，农村地区和西部地区的教育倾斜使得失学率逐渐下降，校舍等硬件和信息等软件建设快速发展，扩大了学前教育的供给和投入，促进了教育质量的均衡发展。

　　包容性增长的核心内涵就是经济持续增长与收入差距缩小，本章主要研究教育公平与经济增长的关系和教育公平与收入差距的关系，从宏观层面研究教育公平对于包容性增长的作用，教育公平是否可以促进包容性增长以及如何发挥作用。

一　教育公平与经济增长

（一）教育公平与经济增长的关系

教育对于经济增长具有重要作用，教育是人力资本的重要组成部分，同时教育水平的提高也有利于提高生产的技术水平，直接和间接地对经济增长产生作用。教育公平可以提高人力资本的均等化程度，增加教育的正溢出效应，提高经济发展的质量和水平。

教育投入对经济增长的作用通过人力资本投资实现，Lucas 将人力资本作为生产要素引入生产函数，构建内生经济增长模型，认为内生化的人力资本积累是经济增长的源泉，而教育是形成人力资本的重要因素。[1] Mankiw 等将用教育程度表示的人力资本代入增长模型，认为教育是影响经济增长的重要因素，人口受教育程度的增加，可是在保持技术水平不变的情况下，提高经济增长率。教育投入与经济增长的关系是通过教育投入作用于人力资本，提高劳动力投入水平或者作为与其他生产要素一样的因素来影响经济增长。[2] Autor 等研究表明教育年限与经济增长呈现倒 U 形曲线关系。[3] Benhabib 和 Spiegel 采用柯布—道格拉斯生产函数，研究教育与经济增长的关系，教育成为将经济推向更高的增长途径的方式。[4] 尽管有大量的关于教育的个人收益的研究，但关于教育在总体水平上收益的研究不明确。对经济增长的回归分析显示，劳

---

[1] Lucas Robert E., "On the Mechanics of Economic Development", *Quantitative Macroeconomics Working Papers*, 1999, 22 (1): 3 - 42.

[2] Mankiw N. Gregory, Romer David and Well David N., "A Contribution to the empirics of econmic growth", *Quarterly Journal of Economics*, 1992, 5: 407 - 437.

[3] David H. Autor, Alan B. Krueger, Lawrence F. Katz, "Computing Inequality have Computers Changed the Labor Market", *Quarterly Journal of Economics*, 1998, 4: 1169 - 1213.

[4] Benhabib J., Spiegel M. M., "The Role of Human Capital in Economic Development: Evidence from Aggregate Cross - country Data", *Journal of Monetary Economics*, 1994, 34 (2): 143 - 173.

动力平均受教育年限长的国家经济增长较快，教育增长率较高的国家由于人力资本比手工劳动重要得多，其经济增长也更快。在不同国家的支出方面，Barro 和 Sala-I-Martin 发现公共教育支出占 GDP 的比率提高可以使 GDP 平均增长率上升，其中高等教育的影响更大。① McMahon 认为教育由于以下原因促进经济增长：教育投入会影响物质资本的投入数量和水平；教育会影响人口的出生率；教育水平的提高，有利于提高人口的素质，促进社会稳定，从而影响经济，促进人均 GDP 的增长。② 然而，也有一些关键性的研究表明了教育的宏观经济效应很弱或者实际上有负效应，对经济所产生的影响有限，会出现长时间的滞后和持续效应。不同教育阶段教育水平对经济的影响作用不同，经济较为落后的国家，基础教育阶段与经济发展有较强联系，高等教育对于发达国家的经济促进作用较为明显。③

陆根尧和朱省娥使用两部门模型——教育和非教育部门，对生产力进行了测算，结果表明非教育部门的生产力高于教育部门；但是，教育具有外溢作用，不仅可以抵消其生产力低的效应，还可以促进经济增长和社会发展。④ 于凌云引入教育投入比衡量教育投入对于长期经济增长的作用，结果表明，教育投入较低地区，物质资本和非政府投入的经济增长效应更加明显。⑤ 刘海英等对人力资本"均化"与中国经济增长质量的关系进行研究，认为教育公平是人力资本"均化"的重要原因，提高人力资本的均等化程度，会使人力资本积累量上

---

① Barro Robert J., Sala-I-Martin, Xavier, "Technological Diffusion, Convergence, and Growth", *Journal of Economic Growth*, 1997, 2 (1): 1–26.

② Walter W. McMahon, "Education and Development: Measuring the Social Benefits", *Oup Catalogue*, 2000.

③ Petrakis P. E., Stamatakis D., "Growth and Educational Levels: A Comparative Analusis", *Economics of Education Review*, 2002, (21): 513–521.

④ 陆根尧、朱省娥：《中国教育对经济增长影响的研究》，《数量经济技术经济研究》2004 年第 1 期。

⑤ 于凌云：《教育投入比与地区经济增长差异》，《经济研究》2008 年第 10 期。

升，从而提高经济增长的质量。① 张长征和李怀祖对中国教育公平与经济增长质量的关系进行了实证研究，认为教育公平可以提高人力资本，进而提高全要素生产率，教育公平与经济增长质量显著正相关，教育公平能够促进社会发展和经济发展的和谐，所以教育重心不应仅放在高等教育领域，要向义务教育倾斜。② 王朝明和马文武研究表明，城乡教育均等化会放缓城镇化速度，但有利于城镇化质量提高，所以要继续推进城乡教育公平，促进经济增长质量的提高。③ 王家齐和闵维方使用面板数据衡量了横向教育公平，发现教育公平与省域经济发展水平呈倒 U 形曲线关系。④

教育对经济增长的作用是通过提高人力资本水平来实现的，人力资本是经济增长的重要因素，教育公平对经济增长的作用通过教育外溢、教育扩展和均化发挥作用。教育公平与经济增长之间可能存在非线性关系，也存在负效应，教育公平通过正负效应的综合作用对经济增长产生影响；同时由于各地区的经济发展水平与人力资本情况有关，因此教育公平对经济增长的作用发挥可能存在滞后效应。长期来看，教育公平有利于提高经济增长质量，能够对经济增长产生积极作用，所以需要提高教育公平，以促进经济发展。

（二）教育公平的衡量与测度

由于教育公平是一种相对指标，在研究中需要对教育公平的程度或者教育不平等的状况进行测度，进而找到合适的方法缓解教育不平等，促进教育公平。

---

① 刘海英、赵英才、张纯洪：《人力资本"均化"与中国经济增长质量关系研究》，《管理世界》2004 年第 11 期。
② 张长征、李怀祖：《中国教育公平与经济增长质量关系实证研究：1978—2004》，《经济理论与经济管理》2005 年第 12 期。
③ 王朝明、马文武：《中国城镇化进程中的贫困问题：按要素分解分析》，《中国人口·资源与环境》2014 年第 10 期。
④ 王家齐、闵维方：《教育公平对省域经济增长的影响研究》，《教育与经济》2021 年第 1 期。

第三章 教育公平与包容性增长的内涵

Levin 从四个维度来解释教育公平，分别是教育机会、教育参与、教育过程和教育对人的影响均等。[1] Mass 和 Criell 使用入学人数来衡量教育公平程度，测算了入学人数的基尼系数，得出东非 16 个国家的教育分配的不平等程度。[2] Berne 和 Stiefel 从学校财政的角度对教育公平的测度进行了探讨，并建立了学校财政系统的公平性测度框架，确定了从输入、输出以及结构三个维度来衡量教育公平。[3] 测定区域差距的指标选择上，Glen 和 Susan 将教育投入中的外部影响因素设定为生均经费、教育设施、教职工情况等。[4] 国外发达国家由于区域差距较小或不同州省之间的教育投入情况不同，从整个地区与其他国家的比较上研究差距。Ramon 等使用基尼系数测量了教育质量的不平等，并对其经济影响进行了分析，研究表明在大多数国家，教育分配不均会对人均收入产生负面影响，教育促进经济增长作用的发挥需要条件。[5] Healy 和 Istance 从财政教学投入、教育与培训机会、学校情况、毕业率、劳动力市场产出结果等维度进行测度，并对各国进行了比较研究，探讨了各国在地区间机会或结果上的差距和不同国家在一定时期内地区间的不均等。[6] Jacobs 和 Van Der Ploeg 研究了欧洲大学和高等教育机构的投入、私人投资、教育回报，认为其与世界最好的大学存在较大差距。[7] 由联合国教科文组织（UNESCO）和经济合作

---

[1] Levin H. M., "Education Opportunity and Social Inequality in Western Europe", *Social Problem*, 1976, 24 (2): 148 – 172.

[2] Maas J. V. L., Criell G., *Distribution of Primary School Enrollments in Eastern Africa*, World Bank Staff Working Papers Number 511, 1982.

[3] Berne R., Stiefel L., *The Measurement of Equity in School Finance: Conceptual, Methodological, and Empirical Dimensions*, Johns Hopkins University Press, 1984.

[4] Glen H., Susan S. K., "Understanding and Measuring Equity in Education: A Conceptual Framework", *Walter S. Equity in education*. The Falmer Press, 1989.

[5] Ramon E. López, Thomas V., Wang Yan, "Addressing the Education Puzzle: the Distribution of Education and Economic reform", *Policy Research Working Papers*, 1998.

[6] Healy T., Istance D., *International Equity Indicators in Education and Learning in Industrialized Democracies*, In Pursuit of Equity in Education, 2011.

[7] Jacobs B., Van Der Ploeg F., "Guide to reform of higher education: a European perspective", *World Order in Historical Perspective*, 2006, 21 (47): 536 – 592.

与发展组织（OECD）开展的世界教育指标项目，将教育不平等的主要维度集中在入学机会、受教育年限、微观和宏观的教育质量等层面，差异主要产生于性别、收入水平、城乡等方面。

杨东平和周金燕按照受教育阶段，建立了包括总体教育水平差异指数、义务教育均衡指数、高中和高等教育公平指数四个维度的指标，主要衡量城乡、地区、性别和阶层的差异。① 也有学者从教育公平的阶段进行测度，包括教育机会均衡、教育资源配置均衡、教育过程中的教育质量均衡和教育结果中的教育成就均衡四个阶段。② 李恺和朱国华对农村义务教育公平建立了包括四个维度的指标体系，分别是教育过程公平、教育结果公平、教育成本负担公平和教育政策公平。③ 公平和效率的有机结合能够更好地促进教育水平的提高，张虎和周迪使用经费收入作为衡量教育公平的指标，将效率和公平纳入DEA模型进行分析。④ 张学敏和吴振华从教育性别公平角度进行了测度和比较，认为中国性别间的教育不公平现象仍然突出且存在群体异质性。⑤

根据研究内容，本节主要使用衡量教育成就的受教育年限来进行教育公平的测度，使用教育基尼系数来衡量教育公平。基尼系数作为衡量经济发展公平的指标，通常用于衡量收入分配、社会资源差距。同样也可以用基尼系数来衡量教育资源的分配和教育差距。教育基尼系数公式见式（3-1）、式（3-2）：

$$eg = \left(\frac{1}{\mu}\right) \sum_{i=2}^{n} \sum_{j=1}^{i-1} p_i \mid y_i - y_j \mid p_j \qquad (3-1)$$

---

① 杨东平、周金燕：《中国教育公平评价指标初探》，《教育研究》2003年第11期。
② 翟博：《教育均衡发展：理论、指标及测算方法》，《教育研究》2006年第3期。
③ 李恺、朱国华：《农村义务教育公平指标体系研究——基于湖北省武穴市农村调查》，《华中农业大学学报》（社会科学版）2015年第2期。
④ 张虎、周迪：《中国高等教育公平与效率马太效应比较及协调发展实施路径——基于1995—2012年分省份数据的实证研究》，《教育发展研究》2015年第8期。
⑤ 张学敏、吴振华：《教育性别公平的多维测度和比较》，《教育与经济》2019年第1期。

$$\mu = \sum_{i=2}^{n} p_i y_i \qquad (3-2)$$

其中，eg 为教育基尼系数，μ 为平均受教育年限，p_i 和 p_j 表示接受一定年限教育的人口比例，y_i 和 y_j 为受教育年限；n 为以受教育程度为标准而分组的组数，$i = 1, 2, 3, 4, 5$ 分别代表不同学历水平。

（三）教育公平与经济增长的实证分析

本节通过建立教育公平与经济增长之间的模型，研究两者之间的关系，重点考察教育公平对经济增长的作用。

1. 实证策略

通过以上的分析，教育和教育公平通过人力资本的提高或者其他间接因素影响经济增长。为了分析教育公平与支出之间的关系，同时考虑到变量内生性的问题，本节借鉴 Love 和 Zicchino[1] 的方法，使用面板向量自回归模型进行分析（PVAR），将教育公平和经济增长纳入模型进行分析，见式（3-3）。

$$y_{i,t} = \sum_{n=1}^{q} \beta_p y_{i,t-q} + \alpha_i + \mu_t + \varepsilon_{it} \qquad (3-3)$$

其中，i 代表省（自治区、直辖市），使用不包括西藏自治区在内的全国 30 个省级数据，$i = 1, 2, \cdots, 30$；t 代表年份，本章中使用 1997—2016 年的数据，$t = 1997, 1998, \cdots, 2016$。

$y_{i,t}$ 为经济增长变量 $gyp_{i,t}$ 和教育公平变量 $eg_{i,t}$；β_p 为 2×2 系数矩阵；q 为滞后阶数；α_i 为个体效应；μ_t 为时间效应；ε_{it} 为随机扰动项。教育公平使用教育基尼系数来衡量，教育基尼系数越大，教育公平程度越低。经济增长使用实际人均国内生产总值增长率来表示，以 1978 年为基期进行调整。本节只研究教育公平与经济增长，为了简化分析，不引

---

[1] Love I., Zicchino L., "Financial Development and Dynamic Investment Behavior: Evidence from Panel VAR", *The Quarterly Review of Economics and Finance*, 2006, 46 (2): 190–210.

入外生变量。

2. 教育年限和教育公平的计算

教育指标有存量指标和流量指标，使用受教育年限这一存量指标更能准确地衡量教育成就，Thomas 等[1]在 Deaton[2] 的基础上，改进得到了教育基尼系数公式，见式（3-4）、式（3-5）。

$$eg = \left(\frac{1}{\mu}\right) \sum_{i=2}^{n} \sum_{j=1}^{i-1} p_i \mid y_i - y_j \mid p_j \qquad (3-4)$$

$$\mu = \sum_{i=2}^{n} p_i y_i \qquad (3-5)$$

其中，eg 为教育基尼系数，μ 为平均受教育年限，p_i 和 p_j 表示接受一定年限教育的人口比例，y_i 和 y_j 为受教育年限；n 为以受教育程度为标准而分组的组数，$i = 1,2,3,4,5$ 分别代表未上过小学、小学、初中、高中和大专及以上的不同学历，根据常用教育年限设置，未上过小学设为 0 年，小学设为 6 年，初中设为 9 年，高中设为 12 年，大专及以上设为 16 年。数据来源于《中国统计年鉴》中的人口抽样数据和人口普查数据。教育基尼系数的取值范围介于 0 到 1 之间，反映在总人口中以受教育年限衡量的均衡和公平程度，取值越大说明教育不公平程度越高，取值越小说明教育不公平程度越低。通过计算得出中国 1997—2016 年 20 年间除西藏外 30 个省（自治区、直辖市）平均受教育年限和教育基尼系数。

表 3-1 列出了代表性年份平均受教育年限和教育基尼系数，通过数据可以得出：第一，中国平均受教育年限逐年上升，各个省份的受教育年限均逐渐上升；第二，经济较为发达的东部地区平均受教育年限高于中西部地区，例如 2016 年，北京的平均受教育年限为 12.304 年，高

---

[1] Thomas V., Wang Y., Fan X. B., "Measuring education inequality: Gini coefficients of education for 140 countries, 1960 – 2000", *Journal of Education Planning and Administration*, 2013, 17 (1): 5–13.

[2] Deaton, Angus, *The Analysis of Household Surveys: A Microeconomic Approach to Development Policy*, Johns Hopkins University Press, 1997.

于贵州的受教育年限 7.767 将近 5 年，受教育年限与经济发展水平存在相关性；第三，教育基尼系数整体呈现逐渐下降的趋势，但是个别省份存在波动，例如辽宁 2007 年的教育基尼系数高于 2002 年，说明 2007 年的教育差距有所上升；第四，教育基尼系数的下降速度存在差异，大致表现为初期教育差距越大的地区，教育基尼系数的下降速度越快，例如甘肃、青海，特别是青海的教育基尼系数由 1997 年的 0.505 下降到 2016 年的 0.294，教育差距有了显著的缩小；第五，平均受教育年限与教育基尼系数存在负向关系，平均受教育年限较高的东部地区，教育差距比中西部地区要小。图 3-1 为平均受教育年限（edu）与教育基尼系数（eg）的散点图。从图中可以看出，平均受教育年限越高的地区，教育基尼系数越小，教育公平程度越高；平均受教育年限越低的地区，教育基尼系数越高，教育不公平程度越高。

表 3-1　　　　代表性年份平均受教育年限和教育基尼系数

地区	1997 年 平均受教育年限（年）	1997 年 教育基尼系数	2002 年 平均受教育年限（年）	2002 年 教育基尼系数	2007 年 平均受教育年限（年）	2007 年 教育基尼系数	2012 年 平均受教育年限（年）	2012 年 教育基尼系数	2016 年 平均受教育年限（年）	2016 年 教育基尼系数
北京	9.50	0.225	10.259	0.210	11.085	0.199	11.836	0.174	12.304	0.170
天津	8.38	0.245	9.150	0.221	9.808	0.210	10.512	0.197	10.773	0.196
河北	7.17	0.254	8.033	0.211	8.167	0.195	8.710	0.180	8.975	0.205
山西	7.68	0.225	8.246	0.197	8.778	0.188	9.382	0.180	9.698	0.190
内蒙古	7.18	0.283	7.878	0.262	8.357	0.233	9.230	0.207	9.683	0.223
辽宁	8.10	0.226	8.440	0.193	8.987	0.198	9.898	0.196	9.972	0.191
吉林	8.03	0.232	8.614	0.201	8.776	0.200	9.255	0.178	9.513	0.199
黑龙江	7.86	0.233	8.299	0.205	8.697	0.190	9.210	0.186	9.373	0.205

续 表

地区	1997年 平均受教育年限(年)	教育基尼系数	2002年 平均受教育年限(年)	教育基尼系数	2007年 平均受教育年限(年)	教育基尼系数	2012年 平均受教育年限(年)	教育基尼系数	2016年 平均受教育年限(年)	教育基尼系数
上海	8.89	0.238	9.595	0.231	10.455	0.203	10.654	0.186	11.044	0.199
江苏	6.91	0.294	7.589	0.258	8.433	0.234	9.261	0.221	9.510	0.232
浙江	6.81	0.292	7.676	0.270	8.106	0.256	9.211	0.229	9.116	0.241
安徽	6.56	0.292	6.988	0.268	7.245	0.278	8.516	0.239	8.566	0.227
福建	6.73	0.282	7.457	0.264	7.747	0.257	8.564	0.216	8.726	0.238
江西	7.05	0.240	7.479	0.231	8.247	0.229	8.867	0.201	8.751	0.216
山东	6.50	0.308	8.079	0.241	8.226	0.222	8.779	0.221	9.029	0.229
河南	7.10	0.250	8.076	0.211	8.183	0.204	8.663	0.196	8.814	0.207
湖北	7.22	0.264	7.342	0.266	8.423	0.238	9.202	0.222	9.297	0.225
湖南	7.22	0.231	7.910	0.219	8.420	0.208	8.721	0.202	9.360	0.203
广东	7.50	0.236	8.094	0.217	8.680	0.193	9.348	0.186	9.613	0.203
广西	6.61	0.249	7.622	0.227	8.032	0.196	8.424	0.195	8.762	0.200
海南	7.21	0.258	7.943	0.221	8.325	0.220	9.147	0.199	9.122	0.199
四川	6.60	0.273	7.438	0.234	7.724	0.218	8.636	0.225	9.073	0.223
重庆	6.57	0.286	7.287	0.261	7.434	0.243	8.478	0.235	8.303	0.246
贵州	5.85	0.336	6.732	0.293	6.843	0.272	7.631	0.265	7.767	0.265
云南	5.79	0.327	6.119	0.318	6.785	0.279	7.850	0.245	7.992	0.252
陕西	7.07	0.281	7.430	0.270	8.400	0.237	9.135	0.210	9.273	0.219
甘肃	6.13	0.351	6.780	0.313	7.064	0.305	8.279	0.253	8.446	0.259
青海	4.69	0.505	6.348	0.346	7.179	0.318	7.609	0.307	7.794	0.294
宁夏	6.45	0.354	7.392	0.293	7.822	0.272	8.367	0.236	9.155	0.242
新疆	7.51	0.262	8.366	0.249	8.511	0.212	9.050	0.216	9.098	0.221

数据来源：根据《中国统计年鉴》中的人口抽样数据和人口普查数据计算出。

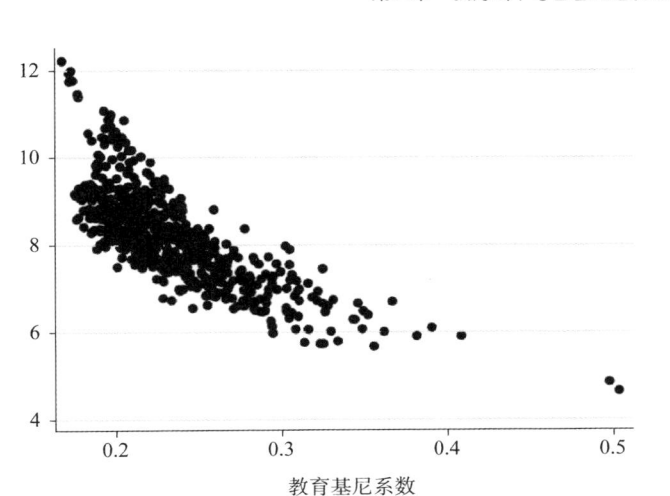

图 3-1　平均受教育年限和教育基尼系数的散点图（1997—2016 年）

使用核密度函数图来观察省级居民教育基尼系数的变动趋势，图 3-2 为除西藏外 30 个省（自治区、直辖市）代表性年份教育基尼系数的密度函数。1997—2016 年，密度函数的均值不断向左移动，但在 2016 年向右移动，峰高逐渐变大，均值附近的基尼系数呈现出收敛的特征表明，第一，教育基尼系数呈现出逐渐缩小的趋势，但近年来又

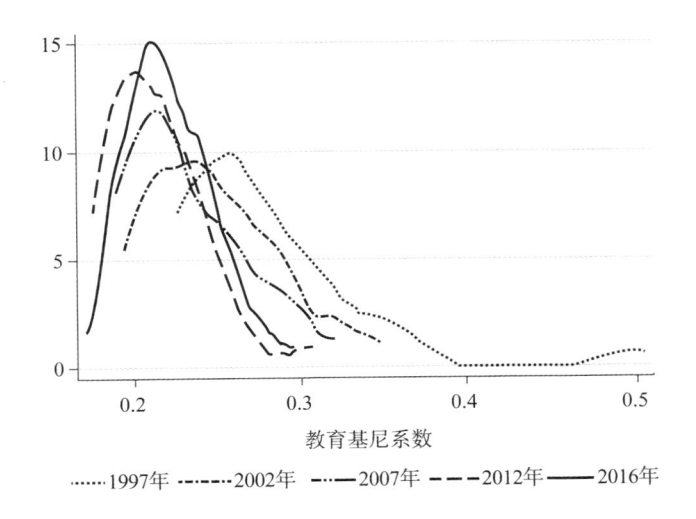

图 3-2　代表性年份教育基尼系数的密度函数

有所扩大；第二，教育基尼系数向均值趋近。说明中国教育公平程度整体趋势是逐渐提高的，个别年份存在波动。

3. 实证检验

使用面板向量自回归模型，首先要对数据进行平稳性检验，确定滞后阶数，并需要进行格兰杰因果检验和稳定性检验，以保证模型估计的准确和稳定。本节使用不包括西藏自治区在内的全国 30 个省（自治区、直辖市）1997—2016 年的省级面板数据进行实证分析。

（1）单位根检验

为了保证数据的平稳性并防止估计结果出现偏差，所以在模型估计前使用单位根进行检验，单位根检验包括检验同质单位根的 LLC 和 Breitung、检验异质单位根的 IPS、ADF - Fisher 和 PP - Fisher 五种方法。本章使用同根检验 LLC 准则和不同根检验 IPS 准则，检验假设变量既包含时间趋势项又包含个体效应，使用最为严格的检验假设，以保证检验结果的有效性。

表 3 - 2 报告了 LLC 和 IPS 单位根检验的结果，经济增长 gyp 为非平稳数据，教育基尼系数 eg 为平稳数据。经过 1 阶差分进行转换，经济增长和教育基尼系数两个变量均转为平稳序列，可以进一步分析。

表 3 - 2　　　教育公平与经济增长的变量单位根检验（全国）

变量	LLC 检验 统计值	P 值	IPS 检验 统计值	P 值	结论
gyp	-1.239	0.107	0.582	0.720	不平稳
eg	-5.135***	0.000	-2.987***	0.001	平稳
gyp(-1)	-14.734***	0.000	-10.237***	0.000	平稳
eg(-1)	-9.151***	0.000	-9.978***	0.000	平稳

注：***、**、*分别表示在 1%、5%、10% 的显著性水平下拒绝原假设（原假设有单位根），gyp（-1）表示 gyp 的 1 阶差分，eg（-1）表示 eg 的 1 阶差分。

(2) 协整检验

由于变量是 1 阶单整，所以需要进行协整检验，确定变量间是否存在长期的协整关系。对数据进行了 Kao 面板协整检验和 Pedroni 面板协整检验，检验结果显示 p 值均小于 0.01，强烈拒绝"不存在协整关系"的原假设，认为存在协整关系，教育公平与经济增长之间存在长期稳定的均衡关系。

(3) 面板 VAR 估计

使用 GMM 估计前，需要确定模型的最优滞后阶数，使用 AIC 准则进行判断，确定滞后阶数为 5。由于本节模型中包含固定效应，可能导致模型估计的偏误，在进行估计前使用向前均值差分（Helmert 转换）对面板数据的固定效应进行了消除处理，保证滞后变量与转化后的变量正交，与误差项不相关，面板 VAR 的回归结果见表 3-3。

表 3-3　教育公平与经济增长的面板 VAR 回归结果（全国）

因变量	经济增长		教育基尼系数	
统计量	b-GMM	se-GMM	b-GMM	se-GMM
L1. 经济增长	-0.170	0.069	-0.053	0.037
L2. 经济增长	0.042	0.553	-0.034	0.031
L3. 经济增长	0.228***	0.048	-0.097***	0.025
L4. 经济增长	0.035***	0.064	-0.768*	0.031
L5. 经济增长	-0.0005**	0.464	0.023	0.031
L1. 教育基尼系数	-0.093	0.081	-0.173***	0.059
L2. 教育基尼系数	0.091	0.077	0.068	0.056
L3. 教育基尼系数	-0.157**	0.074	0.057	0.061
L4. 教育基尼系数	-0.231***	0.064	0.046	0.049
L5. 教育基尼系数	0.138***	0.061	-0.166***	0.045

注：b-GMM 表示 GMM 估计系数，se-GMM 表示 GMM 估计系数的标准差。***、**、*分别表示在 1%、5% 和 10% 的显著性水平下显著。L1. 表示变量的 1 阶滞后，L2. 表示变量的 2 阶滞后，以此类推，所有变量均为平稳变量。

表3-3报告了面板VAR模型的回归结果。在教育基尼系数对经济增长的影响上，可以看出教育公平程度在滞后3期开始对经济增长产生显著影响，说明教育公平对于经济增长的作用存在时滞效应，短期内教育公平水平的提高，并不会对经济产生显著影响。这是由于教育成果内化为人力资本水平需要一定的时间，教育和教育公平对人力资本的影响需要长期才能发挥作用。滞后3期和滞后4期的影响均显著为负，说明教育基尼系数越大，经济增长水平越低；教育基尼系数越小，经济增长水平越高。也就是教育公平程度越高，经济增长水平越高，在第5期转为正向关系，教育公平的提升对经济增长产生负向影响，这可能与教育扩展的负效应有关。

在经济增长对教育公平的影响上，经济增长的滞后1期和滞后2期对教育基尼系数产生负向影响但不显著，滞后3期和滞后4期对经济增长产生显著的负向影响。即经济增长水平越高，教育基尼系数越小，教育公平程度越高，经济增长可以促进教育公平的实现。一方面，由于经济增长水平提高，可以为教育带来更多的投入；居民收入水平的增加，使得接受教育的倾向性更高；家庭教育投入水平提高，可以提高相对落后地区的教育水平。另一方面，经济增长可以为教育资源的平衡提供更多的经济支持，减小教育平衡过程中对原有优势群体的影响，降低教育资源倾斜的阻力。与此同时，经济增长对教育公平的积极促进作用也需要一定的时间来发挥，长期来看，经济增长为教育公平的实现提供了物质保障。

由于面板VAR模型的性质，使得其参数本身不具有显著的解释意义。需要通过格兰杰因果检验、脉冲响应分析和方差分解来进一步分析。

（4）稳定性检验

在进行脉冲响应分析和方差分解前，对模型进行稳定性检验，所有变量特征值的绝对值都小于1，模型稳定。

（5）格兰杰因果检验

格兰杰因果检验用于检验一个变量的滞后值是否显著影响其他变量（在统计意义下，已综合考虑了其他变量的滞后值），进而证明变量之间是否存在时间上的因果关系。表3－4是教育基尼系数与经济增长的格兰杰因果检验结果。由此可知，教育公平与经济增长之间互为因果关系，即教育公平会影响经济增长，经济增长也会影响教育公平程度。所以上文面板 VAR 的结果分析有效。

表3－4　　教育公平与经济增长的格兰杰检验结果（全国）

因果方向	Chi－sq	df	Prob.
教育基尼系数到经济增长	31.717	5	0.000
经济增长到教育基尼系数	20.929	5	0.001

注：滞后阶数取5进行检验，原假设两个变量间不是格兰杰因果关系。

（6）脉冲响应分析

使用脉冲响应函数分析教育公平和经济增长之间的动态影响关系，研究不考虑其他因素的情况下，变量冲击对自身和另外一个变量的动态影响。图3－3展示了教育基尼系数与经济增长的脉冲响应结果。纵轴表示因变量，实线表示脉冲响应函数，代表了因变量受到另一个变量一个单位冲击的反应，虚线表示政府两倍标准差偏离带。

图3－3a 显示了经济增长受到教育基尼系数冲击的影响。可见，教育基尼系数的提高对经济增长具有明显作用，在当期并没有表现出来，存在滞后影响。在滞后1期和滞后2期产生影响，出现波动，但影响效果不明显，两倍标准差偏离带仍然将0刻度线包络；在滞后3期和滞后4期产生显著负向影响；在滞后5期有向上的影响，但又迅速向下。说明教育基尼系数的提高，也就是教育公平的下降，在滞后3期后会对经济增长产生负向影响，降低经济增长率，即教育公平的提升，可以在一

▶ 包容性增长与中国教育公平

段时间后促进经济增长。

图3-3b显示了经济增长对教育基尼系数的影响。可见，经济增长对教育基尼系数带来负向影响，在当期就产生了影响；在滞后3期的影响达到最大；在滞后5期虽然有一定回升，但整体负向影响的趋势不变，且影响的周期较长。说明经济增长水平的提高对教育基尼系数产生了降低作用，经济增长水平提高对教育公平的影响显著，即经济增长对教育公平在长期产生积极影响。

图3-3c和图3-3d显示了教育基尼系数和经济增长对自身的影响，可以看出在短期内产生波动后，逐渐归于平稳。

3-3a 教育基尼系数对经济增长的冲击

3-3b 经济增长对教育基尼系数的冲击

3-3c 教育基尼系数对教育基尼系数的冲击

3-3d 经济增长对经济增长的冲击

—— 脉冲响应函数　　---- 两倍标准差偏离带

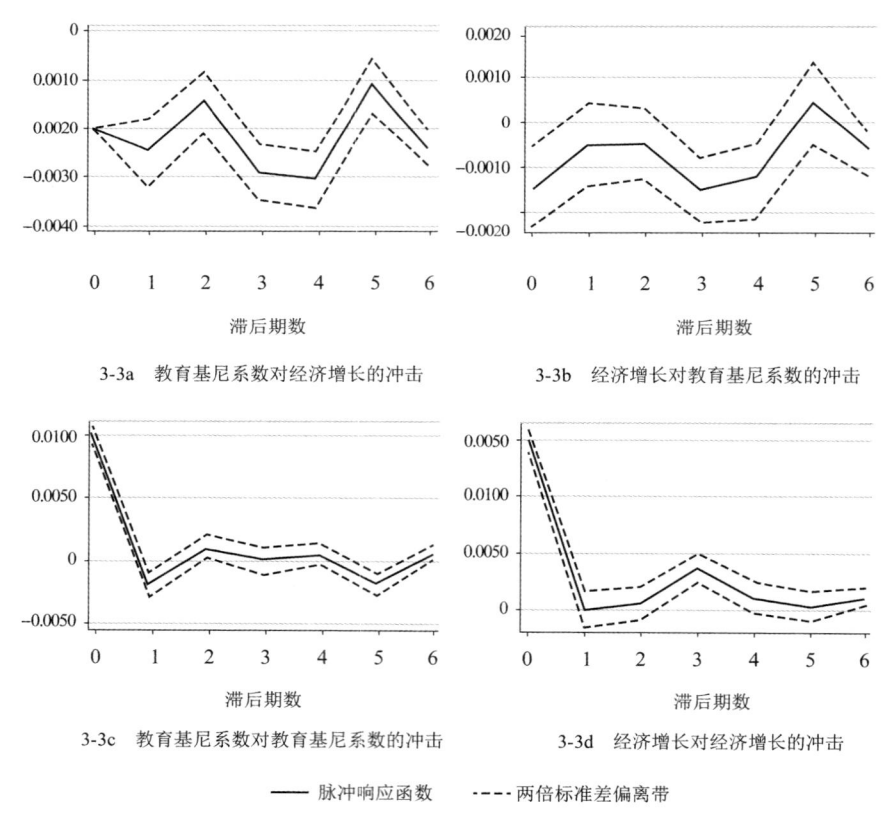

图3-3 教育公平与经济增长的脉冲响应分析（全国）

(7) 方差分解

为了更深入准确地分析变量之间的相互影响程度,分别进行了 5 期的方差分解。结果见表 3-5,可以看出,随着预测期数的增加,影响程度逐渐变大,验证了模型的稳定性。

表 3-5　　教育公平与经济增长的方差分解结果（全国）

因变量	经济增长	教育基尼系数
时期：1	0.021	0.000
2	0.023	0.004
3	0.025	0.009
4	0.045	0.023
5	0.058	0.041

数据来源：计算整理所得,给出了 5 个预测期的方差分解。

4. 分地区检验

为了研究地区间教育公平程度与经济增长的动态关系,将中国按照东、中、西部[①]地区进行面板向量自回归分析,分析步骤与全国面板相同,仅列出面板向量自回归估计结果和脉冲响应进行分析。经过单位根检验,三个地区经济增长变量的单位根检验均不平稳,使用 1 阶差分转化为平稳序列,通过协整检验,使用 AIC 准则确定东部、中部地区滞后阶数为 5 阶,西部地区的滞后阶数为 2 阶,东、中、西部地区模型均通过稳定性检验。

(1) 面板 VAR 估计（分地区）

东、中、西部地区的面板 VAR 回归结果见表 3-6,重点分析教育

[①] 东、中、西部地区的划分按照统计局的最新标准,东部地区包括 11 个省级行政区,分别为北京、天津、河北、辽宁、上海、江苏、浙江、福建、山东、广东、海南；中部地区包括 8 个省级行政区,分别为山西、吉林、黑龙江、安徽、江西、河南、湖北、湖南；西部地区包括 12 个省级行政区,分别为内蒙古、广西、重庆、四川、贵州、云南、西藏、陕西、甘肃、青海、宁夏、新疆。

基尼系数和经济增长之间的关系。

东部地区教育基尼系数在滞后 2 期对经济增长有正向作用，在滞后 3 期和滞后 4 期对经济增长有负向影响。说明教育差距的扩大在短期内可以提高经济增长水平，在长期内会降低经济增长水平，这也在一定程度上验证了教育差距与经济增长的倒 U 形曲线，即教育差距的扩大会在短期内提升部分人的人力资本水平，提升效率，使得经济有一定增长；在长期来看，教育差距的扩大，不利于全社会整体人力资本的提高，会对经济产生不利影响。这也说明教育公平水平的提高从长期来看可以促进经济水平的提升。东部地区由于经济发展水平较高，教育差距水平较其他地区小，所以提高部分人口的受教育水平，会迅速提高人力资本水平，促进经济增长，例如东部地区培养和吸引高技术人才，短期内会拉大教育差距，但对经济增长的效果明显；但从长期来看，还需要注重教育公平，促进经济的长期健康发展。东部地区经济增长在滞后 3 期和滞后 4 期可以显著降低教育基尼系数，促进教育公平的实现，经济增长对教育扩展和教育公平的作用显著。

中部地区教育基尼系数的减小在滞后 3 期可以显著促进经济增长，在滞后 5 期对经济增长有阻碍作用。在中部地区，由于经济发展水平的不均衡，各地区的教育水平差距较大，在短期内缩小教育差距，提高教育公平程度，提高落后地区和贫困人口的受教育水平对经济增长具有促进作用；但在更长期，偏向于教育公平的政策可能导致效率的损失，因为经济增长的发展还需要人力资本的迅速提高，所以要在保证教育公平的基础上持续地提升教育水平，才能保证该地区经济持续增长。中部地区经济增长对于教育公平的影响效果不显著。可能的原因是，一方面，中部地区的经济发展水平差距较大，教育公平主要依靠政府转移支付和财政手段进行调节；另一方面，经济增长产生的教育投入弹性较小，只提高了部分人口的受教育水平，使得教育差距扩大，同时，经济增长也提高了贫困地区和贫困人口的受教育水平，减小了教育差距，两者综合作用相互抵消，对教育公平不产生显著影响。

西部地区的滞后阶数为2阶，可见教育公平对经济增长的影响时间较短。教育基尼系数在滞后1期对经济增长产生负向影响，说明教育差距的缩小可以快速地反映在经济中，对经济产生提升作用，但其作用的显著性较低，可能的原因是，西部地区由于经济发展水平相对落后，教育水平整体较低，所以教育公平的提高对经济的影响不显著，即教育公平是较低水平的公平，无法起到从整体上促进经济发展的作用。西部地区的经济增长会在滞后1期对教育公平产生正向影响。由于西部地区的教育和经济水平整体较低，经济增长对贫困人口的教育投入产生显著影响，提高这部分人的受教育水平，会对教育公平产生显著影响。

（2）格兰杰因果检验（分地区）

对分地区的教育公平和经济增长进行格兰杰因果检验，结果见表3-6，可以看出，格兰杰因果检验基本与回归结果相同，东部地区教育和教育公平的作用充分发挥，与经济增长之间互为因果。中部地区教育公平是经济增长的原因，但经济增长对教育公平的作用不明显。西部地区由于教育水平整体较为落后，教育公平对经济增长没有显著作用，经济增长是教育公平的原因。

表3-6　　　教育公平与经济增长的格兰杰检验结果（分地区）

因果方向	东部	中部	西部
教育基尼系数到经济增长	是	是	否
经济增长到教育基尼系数	是	否	是

注：东部地区和中部地区取滞后5阶，西部地区取滞后2阶进行检验，原假设两个变量间不是格兰杰因果关系。

（3）脉冲响应分析（分地区）

使用脉冲响应分区域分析教育公平和经济增长之间的动态影响关系，根据研究内容，只报告了两者之间的关系，省略变量自身的冲击响应。图3-4展示了东、中、西部地区教育基尼系数与经济增长的脉冲响应结果。纵轴表示因变量，实线表示脉冲响应函数，代表了教育基尼系数和经济增长的相互影响，虚线表示正负两倍标准差偏离带。

3-4a 教育基尼系数对经济增长的冲击（东部）

3-4b 经济增长对于教育基尼系数的冲击（东部）

3-4c 教育基尼系数对经济增长的冲击（中部）

3-4d 经济增长对于教育基尼系数的冲击（中部）

3-4e 教育基尼系数对经济增长的冲击（西部）

3-4f 经济增长对于教育基尼系数的冲击（西部）

—— 脉冲响应函数　　---- 两倍标准差偏离带

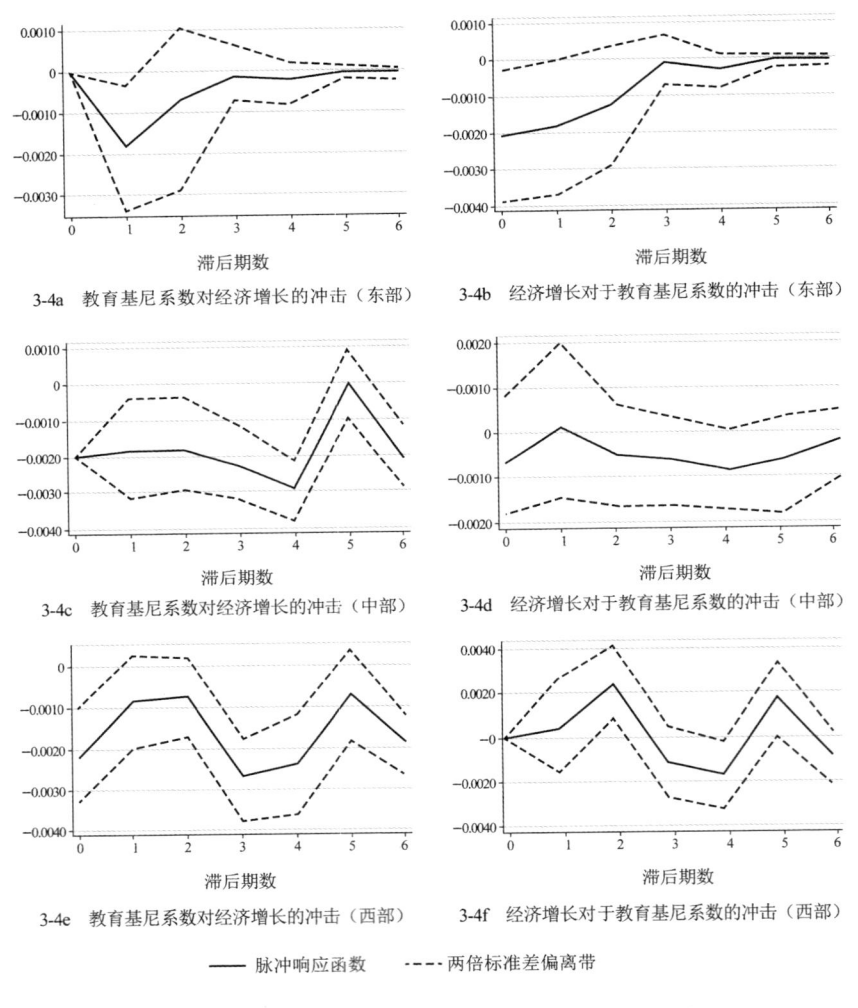

图 3-4　教育公平与经济增长的脉冲响应分析（分地区）

由图 3-4a 可以看出，东部地区教育基尼系数对经济增长的冲击在滞后 1 期和滞后 2 期有正向效应，说明教育差距的提高促进了经济增长；在滞后 3 期后产生负向效应，说明教育差距的提高在长期内阻碍了经济增长，与回归结果一致，说明东部地区教育公平的提高在短期阻碍了经济的增长，但在更长的时期会促进经济的发展。从图 3 - 4b 可以看出，经济增长水平的提高在短期内加大了教育差距，但在长期内会促进教育公平，在东部地区教育公平与经济增长呈现倒 U 形曲线。

由图 3 - 4c 可以看出，教育差距对经济增长在滞后 4 期出现负向效应，说明教育公平提升了经济增长水平；在滞后 5 期出现正向效应后，又继续向下，说明教育差距的缩小可能导致一部分效率的损失，影响经济增长。结合格兰杰因果检验和图 3 - 4d，得出中部地区的经济增长对教育公平的作用不明显。

由图 3 - 4e，结合格兰杰检验结果，可以看出西部地区教育公平对经济增长呈现出积极作用，但效果不显著。图 3 - 4f 显示，西部地区经济增长对教育差距具有显著的负向作用，且影响的滞后期较短，说明西部地区经济增长可以显著促进教育公平的提升，并且可以在短期产生效果，但影响的时间较短。

（4）方差分解（分地区）

表 3 - 7 列出了东、中、西部地区教育公平与经济增长的方差分解结果，由此可以看出，上述回归结果和脉冲分析结果稳定。

表 3 - 7　　教育公平与经济增长的方差分解结果（分地区）

地区	东部		中部		西部	
因变量	经济增长	教育基尼系数	经济增长	教育基尼系数	经济增长	教育基尼系数
1	0.022	0.000	0.008	0.000	0.025	0.000
2	0.022	0.0009	0.007	0.0003	0.041	0.014
3	0.021	0.027	0.012	0.0007	0.049	0.015
4	0.058	0.029	0.018	0.002	0.048	0.016
5	0.081	0.039	0.030	0.015	0.049	0.016

数据来源：计算整理所得，给出了 5 个预测期的方差分解。

(四) 结论

包容性增长的首要内容就是增长，作为本书研究的开始，本节分析了教育公平与经济增长之间的关系并进行了分区域研究。计算了省级平均受教育年限和教育基尼系数，并对两者的关系进行了简要分析。使用面板自回归模型研究了教育公平与经济增长的关系，结果显示，教育公平与经济增长之间相互影响。在全国层面，教育公平程度对经济增长产生显著影响，存在时滞效应。从总体来看，教育公平程度越高，经济增长水平越高。同时，也存在一定的负效应，教育公平可能影响经济增长的效率。反之，经济增长水平越高，教育基尼系数越小，教育公平程度越高，经济增长可以促进教育公平的实现。从长期来看，经济增长为教育公平的实现提供了物质保障。

分地区分析，东部地区教育公平程度的提高在短期内可能对经济增长产生一定的负面影响，但从长期来看，教育公平水平的提高有利于经济增长；东部地区经济增长可以显著缩小教育差距，促进教育公平的实现，经济增长对教育扩展和教育公平的作用显著。中部地区教育公平可以显著促进经济增长，但在更长期，偏向于教育公平的政策可能导致效率的损失，要在保证教育公平的基础上持续地提升教育水平，才能保证该地区经济持续增长；中部地区经济增长对于教育公平的影响效果不显著。西部地区教育公平对经济增长的影响不显著，但经济增长在短期内会对教育公平产生积极影响。

二 教育公平与收入差距

(一) 教育公平与收入差距的关系

教育水平对人力资本水平产生重要影响，教育程度会影响收入分配，同样，收入分配也会影响教育资源的分配，收入水平的高低会影响教育投入的比例和时间，对收入分配不平等的解释更多地与教育分配的不平等相联系。

由于技术有偏性①的存在，具有更高教育水平和知识技能的劳动者可以更好地使用新的生产技术和设备，从而提高劳动生产率，进而提高自身的工资收入，产生教育和技能报酬溢价，从而引起收入差距。Schultz②和Becker③将收入、教育和教育分配纳入人力资本模型，研究表明平均受教育水平和教育分配的程度影响收入水平和收入结构。教育收益率影响收入及收入差距，使用受教育年限表示教育不平等，与收入不平等具有显著的关系，收入差距与教育收益率具有非线性关系。④ 收入分配与人口的平均受教育年限及其分布相关，教育不平等程度越大，收入差距越大。⑤ 在教育不平等的衡量和测度上，有研究使用平均受教育年限计算基尼系数，也有研究使用方差来衡量不平等程度，Winegarden使用教育方差衡量教育不平等研究，研究得出，教育不平等与收入不平等显著正相关，即教育不平等程度的减小也有利于收入不平等的改善。⑥ 也有研究者使用入学人数的差异系数衡量教育不平等，得出教育不平等与收入差距呈显著负相关。⑦ 在收入分配对教育的影响方面，初始收入对教育分配产生影响，Galor和Zeria认为不仅收入越高，人力资本程度越高，收入平等也能促进人力资本积累，其对初始收入和教育机

---

① Griliches Z., "Capital-skill Complementarity", *The Review of Economics*, 1969, 51 (4): 65 – 68.

② Schultz T. W., "Capital Formation by Education", *Journal of Political Economy*, 1960, 68 (12): 571 ~ 583.

③ Becker G. S., *Human Capital: a Theoretical and Empirical Analysis with Special Reference to Education*, Second Edition, National Bureau of Economic Research, 1975.

④ Farre A. E., "Education and Income Distribution", EC426 Public Economics, London School of Economics, 2010.

⑤ Gregorio J. D., Lee J. W., "Education and Income Distribution: New Evidence from Cross-country Data", *Review of Income and Wealth*, 2002, 48: 395 – 416.

⑥ Winegarden C. R., "Schooling and Income Distribution: Evidence from International Data", *Economica*, 1979, (46): 83 – 87.

⑦ Psacharopoulos G., "Unequal Access to Education and Income Distribution", *De Economist*, 1977, 125 (3): 383 – 392.

会展开研究，研究表明收入的均等有利于穷人获得受教育的机会，从而影响教育的分配，有利于教育公平。[1] 收入再分配对教育分配也会产生影响，Aghion 和 Howitt 研究表明，收入再分配可以改善初始收入分配状况，对人们的教育投资产生影响。[2] 教育投入可以缩小城乡居民收入差距，教育投入对工资生产率产生影响，农业生产部门工资水平的提高速度高于非农业生产部门，农业生产部门工资水平的提高也有利于降低农业劳动力跨部门转移的成本，缩小城乡差距。[3]

在教育与收入不平等关系方面，学者研究了教育扩展与收入差距的关系，教育扩展包括教育规模和教育层级的扩展，二者都会对收入的差距和不平等状况产生影响。具体来看，赖德胜使用 49 个国家的数据验证了教育扩展与收入差距之间存在倒 U 形曲线关系，这种关系是由于教育扩展所产生的扩张效应与抑制效应共同作用的结果，只有教育扩展到一定程度，收入差距才会缩小。[4] 孙百才使用中国 2002 年的截面数据进行实证分析，使用教育收益率和教育分配两个指标，验证了教育扩展与收入分配之间的倒 U 形曲线关系。[5] 杜鹏研究表明中国的教育扩展和教育公平对收入差距的拉大起到了促进作用。[6] 薛进军和高晓淳研究发现 1988—2002 年中国的教育收益率迅速上升，但拉大了收入差距，产生了"马太效应"，所以亟须推进教育平等化政策。[7] 李祥云等使用省级面板数据进行实证分析，发现中国教育扩展和教育分布与收入差距正相关，居民平均受教育年限与居民收入差距之间存在倒 U 形曲线关系，

---

[1] Galor O., Zeira J., "Income Distribution and Macroeconomics", *Review of Economic Studies*, 1993, 60: 35 – 52.

[2] Aghion P., Howitt P., *Endogenous Growth Theory*, MIT Press, 1998.

[3] 李昕、关会娟：《各级教育投入、劳动力转移与城乡居民收入差距》，《统计研究》2018 年第 3 期。

[4] 赖德胜：《教育扩展与收入不平等》，《经济研究》1997 年第 10 期。

[5] 孙百才：《中国教育扩展与收入分配研究》，《统计研究》2005 年第 12 期。

[6] 杜鹏：《中国教育发展对收入差距影响的实证分析》，《南开经济研究》2005 年第 4 期。

[7] 薛进军、高晓淳：《再论教育对收入增长与分配的影响》，《中国人口科学》2011 年第 2 期。

中国正处于倒 U 形曲线的前半段，即受教育年限的提高会拉大收入差距，造成贫富差距。[1]

教育公平对收入差距的影响方面。教育公平程度会对教育质量产生影响，从而影响教育回报率，进而影响收入，产生收入差距。陈玉宇等对中国 20 世纪 90 年代收入不平等的要素贡献率进行了分解，认为人力资本的重要性在逐渐上升，教育对于收入的影响逐渐提高，发现教育不平等下降有助于缓解工资收入不平等。[2] 陈钊等研究表明中国高等教育的受教育人口仍然存在较大差距，高等教育均等水平的提高有利于缩小地区收入差距，促进收入公平。[3] 王小鲁和樊纲对中国收入差距的走势进行了分析，实证结果表明教育机会不平等对城镇收入扩大的影响最大。[4] 魏萍使用中国省级面板数据，认为教育扩展与收入分配差距处于倒 U 形曲线的左侧，教育质量改善不能促进收入分配差距的缩小，但是教育公平可以促进收入差距的缩小。[5] 有学者将经济增长、收入差距和教育不平等联立方程，研究三者之间的相互影响。陆铭等采用分布滞后模型研究了收入差距、投资、教育和经济增长的相互影响。[6] 龙翠红通过联立方程分析了中国 2000—2008 年收入差距、经济增长和教育不平等的关系，研究表明，教育公平没有促进收入分配差距的改善，还未进入教育公平促进收入平等的良性状态。[7] 石大千和张哲诚将教

---

[1] 李祥云、刘慧、陈芸：《中国教育扩展、教育分布与居民收入差距——基于省级面板数据的实证分析》，《教育与经济》2016 年第 3 期。

[2] 陈玉宇、王志刚、魏众：《中国城镇居民 20 世纪 90 年代收入不平等及其变化——地区因素、人力资本在其中的作用》，《经济科学》2004 年第 6 期。

[3] 陈钊、陈铭、金煜：《中国人力资本和教育发展的区域差异：对面板数据的估算》，《世界经济》2004 年第 12 期。

[4] 王小鲁、樊纲：《中国收入差距的走势和影响因素分析》，《经济研究》2015 年第 10 期。

[5] 魏萍：《教育扩展、分布与质量对收入分配差距的影响研究——基于省级面板数据的实证分析》，《教育经济评论》2016 年第 3 期。

[6] 陆铭、陈钊、万广华：《因患寡，而患不均——中国的收入差距、投资、教育和增长的相互影响》，《经济研究》2005 年第 12 期。

[7] 龙翠红：《中国的收入差距、经济增长与教育不平等的相互影响》，《华东师范大学学报》（哲学社会科学版）2011 年第 5 期。

育不平等分解为机会不平等和努力不平等，两种不平等对于收入差距的作用是不一致的，导致教育公平对收入差距的影响不显著。① 教育不公平也会影响行业收入差距，例如金融行业，并通过行业差距影响收入差距。②

由于技术有偏性的存在，教育扩展与教育公平在理论上可以促进收入差距的缩小，同时其产生作用的时间和影响程度会受到经济和社会发展水平的影响。

（二）收入差距的衡量与测度

收入差距问题是伴随着中国经济快速增长所出现的问题，准确计算收入差距可以为相关研究提供数据支持，有利于有针对性地实施缓解收入差距的政策措施。当前，中国收入差距普遍存在于城乡间、地区间以及行业间。

城乡间收入差距的测算按照数据的来源，可以分为微观调查数据库调查和官方住户调查。微观数据库方面，有学者使用 GFPS（中国家庭追踪调查，China Family Panel Studies）、CHIP（中国家庭收入调查，China Institute for Income Distribution）等一系列微观数据库的城乡收入数据进行计算。李实和罗楚亮使用 CHIP 数据估计了中国城镇、农村和全国的收入差距，认为中国的收入差距被低估。③ 杨耀武和杨澄宇使用 CHIP 数据库对中国 2008—2013 年的居民收入基尼系数进行了重新计算。④ 由于微观数据的统计年份和覆盖范围有限，无法提供较为全面的数据。官方住户数据主要是国家统计局及各省级统计局提供的城镇和

---

① 石大千、张哲诚：《教育不平等与收入差距关系再检验——基于教育不平等分解的视角》，《教育与经济》2018 年第 5 期。
② 马宏：《教育不平等程度影响金融发展的收入分析——基于中国省际面板数据的实证分析》，《华中师范大学学报》（人文社会科学版）2018 年第 6 期。
③ 李实、罗楚亮：《中国居民收入差距的短期变动与长期趋势》，《经济社会体制比较》2012 年第 4 期。
④ 杨耀武、杨澄宇：《中国基尼系数是否真地下降了？——基于微观数据的基尼系数区间估计》，《经济研究》2015 年第 3 期。

农村住户调查分组收入数据，虽然数据的分组数和数量不及微观数据库，但数据的年份和覆盖面较全，有利于进行全国比较和研究年代变化。地区的收入差距测算多使用收入、产值、消费等指标进行横截面和时间维度的测度。行业层面的收入差距测度上，主要分行业进行工资水平的计算和分解。

在收入差距指标的使用上，变异指数、收入比、基尼系数和泰尔指数是常用的指标。由于变异指数和收入比的局限性，多使用改进的基尼系数和可以衡量组内、组间差异的泰尔指数进行计算。在基尼系数的使用方面，使用官方住户调查数据中的分组数据可以分别计算城镇和农村的基尼系数，使用修正城乡加权法计算总体居民收入基尼系数。式（3-7）、式（3-7）、式（3-8）分别是不等分分组法、等分分组法和修正城乡加权法。①

$$G_b = \frac{2}{n}(y_1 + 2y_2 + \cdots + ny_n) - \frac{n+1}{n} \quad (3-6)$$

$$G_d = \sum w_i y_i + 2\sum w_i (1 - I_i) - I_i = 1, \cdots, m \quad (3-7)$$

$$G = P_1^2 \frac{\mu_1}{\mu} G_1 + P_2^2 \frac{\mu_2}{\mu} G_2 + P_1 P_2 \frac{\mu_1 - \mu_2}{\mu}\left\{1 + \frac{1}{2}P[(X-Y)<0]\right\} \quad (3-8)$$

其中，式（3-6）中将家庭按照收入递增顺序排列分组，等分 n 组，y_i 为第 i 组的收入占全部收入的比重；式（3-7）中同样排列分组，等分为 m 组，w_i 为第 i 组人口数量占全体人口的比例，I_i 为累计收入；式（3-8）中 P_1 为城镇人口比重，P_2 为农村人口比重，G_1 和 G_2 分别为城镇和农村的基尼系数，μ_1、μ_2 分别为城镇居民人均可支配收入、农村居民人均纯收入（可支配收入），μ 为加权得到的全国人均收入，$P[(X-Y)<0]$ 为修正加权系数，X 和 Y 为城镇居民和农村居民收入分布的随机变量。

泰尔指数易于分解，所以在地区间和行业间的分解中使用较多，在

---

① 董静、李子奈：《修正城乡加权法及其应用——由农村和城镇基尼系数推算全国基尼系数》，《数量经济技术经济研究》2004 年第 5 期。

计算过程中宏观层面由于无法得到各省的人均收入数据，所以使用其他指标替代。① 由于我们研究教育公平与收入差距的关系，使用基尼系数衡量教育公平程度，为了保证一致，收入差距也使用基尼系数表示。

（三）教育公平与收入差距的实证分析

本节通过建立教育公平与收入差距之间的模型，研究两者之间的关系，重点考察教育公平对收入差距缩小的作用。

1. 实证策略

通过以上分析，教育和教育公平由于技术有偏性等原因对收入差距产生影响，为了分析教育公平与收入差距之间的关系，同时考虑到变量内生性的问题，与教育公平与经济增长的研究方法相同，本节使用面板向量自回归模型进行分析（PVAR），将教育公平和收入差距纳入模型进行分析，教育公平使用上节中计算的教育基尼系数来表示，为了保持一致，收入差距使用基尼系数来表示。根据数据情况，使用中国1997—2016年24个省级（自治区、直辖市）数据进行分析。

2. 收入差距测度

（1）收入基尼系数的计算

使用收入基尼系数测算收入差距，不同学者使用不同方法对中国整体收入基尼系数进行了测算，但是对于全国省级面板数据，由于缺少收入分组数据，或者统计口径不一致，缺少较为完善的数据。在各省的统计年鉴中，城镇和农村居民收入分组的组数和区间并不相同，为了得到口径一致的计算结果，参考田卫民②的计算方法，见式（3 – 9）

$$G = 1 - \frac{1}{PW} \sum_{i=1}^{n} (W_{i-1} + W_i) \times P_i \qquad (3-9)$$

---

① 吕光明、李莹：《中国收入分配差距演变特征的三维视角解析》，《财政研究》2016年第7期。

② 田卫民：《省域居民收入基尼系数测算及其变动趋势分析》，《经济科学》2012年第2期。

其中，P 表示总人口，W 表示总收入，P_i 表示第 i 组人口占总人口的比重，W_i 为累计到第 i 组的收入，该方法不考虑分组是否等分，只需要分组、人数和收入即可计算。中国省级数据中收入数据按照城镇和农村居民分别统计，城镇居民按照人均可支配收入五等分，农村居民按照人均纯收入分组，在计算总体基尼系数时按照分组加权法①进行计算，见式（3-10）。

$$G = P_c^2 \frac{I_c}{I} G_c + P_r^2 \frac{I_r}{I} G_r + P_c P_r \frac{I_c - I_r}{I} \quad (3-10)$$

其中，G 为总体基尼系数，G_c、G_r 分别代表城镇居民收入基尼系数和农村居民收入基尼系数，P_c、P_r 分别代表城镇、农村人口比重，I_c、I_r 分别代表城镇、农村人均收入，I 代表全省（自治区、直辖市）人均收入，使用城镇、农村人口和收入加权计算。收入基尼系数介于 0—1 之间，取值越接近 1，说明收入差距越大；取值越接近 0，说明收入差距越小。由于从 2013 年起，国家统计局开展了城乡一体化住户收支与生活状况调查，2013 年及以后数据来源于此项调查，所以 2013 年后的数据采用城乡一体化收支与生活调查数据。由于部分省份个别年份统计年鉴该项目统计缺失，使用移动平均法对缺失值进行填补；为了保证实证数据的有效性，部分省份直接删除，得到了 24 个省（自治区、直辖市）1997—2016 年的居民收入基尼系数，见表 3-8。

表 3-8　　　　　　　代表性年份居民收入基尼系数

地区	1997 年 城镇	1997 年 农村	1997 年 总体	2002 年 城镇	2002 年 农村	2002 年 总体	2007 年 城镇	2007 年 农村	2007 年 总体	2012 年 城镇	2012 年 农村	2012 年 总体	2016 年 城镇	2016 年 农村	2016 年 总体
北京	0.188	0.286	0.240	0.250	0.279	0.281	0.251	0.254	0.280	0.255	0.254	0.278	0.243	0.254	0.283
河北	0.217	0.212	0.273	0.240	0.293	0.348	0.255	0.184	0.350	0.268	0.258	0.352	0.253	0.258	0.343
山西	0.236	0.313	0.341	0.276	0.333	0.401	0.284	0.336	0.416	0.302	0.374	0.420	0.287	0.299	0.384

---

① Sundrum R. M., *Income Distribution in Less Development Countries*, Routledge, 1990.

续 表

地区	1997年 城镇	1997年 农村	1997年 总体	2002年 城镇	2002年 农村	2002年 总体	2007年 城镇	2007年 农村	2007年 总体	2012年 城镇	2012年 农村	2012年 总体	2016年 城镇	2016年 农村	2016年 总体
内蒙古	0.289	0.303	0.349	0.255	0.373	0.409	0.261	0.255	0.397	0.289	0.279	0.386	0.298	0.384	0.391
辽宁	0.220	0.337	0.298	0.312	0.377	0.366	0.332	0.308	0.383	0.289	0.214	0.338	0.262	0.214	0.330
黑龙江	0.243	0.273	0.265	0.326	0.385	0.386	0.329	0.369	0.380	0.295	0.343	0.325	0.295	0.343	0.338
上海	0.221	0.276	0.228	0.221	0.281	0.265	0.286	0.258	0.305	0.268	0.231	0.285	—	—	0.264
江苏	0.217	0.330	0.290	0.278	0.319	0.341	0.345	0.275	0.377	0.302	0.340	0.353	0.300	0.318	0.344
浙江	0.246	0.330	0.326	0.257	0.315	0.353	0.315	0.328	0.376	0.302	0.340	0.349	0.281	0.300	0.314
安徽	0.197	0.229	0.320	0.245	0.273	0.380	0.252	0.313	0.412	0.247	0.237	0.372	0.300	0.237	0.368
福建	0.249	0.277	0.315	0.324	0.213	0.384	0.330	0.324	0.405	0.316	0.295	0.385	0.279	0.299	0.345
江西	0.165	0.218	0.269	0.260	0.267	0.369	0.258	0.286	0.393	0.262	0.310	0.358	0.249	0.333	0.349
河南	0.210	0.261	0.318	0.267	0.319	0.391	0.265	0.280	0.393	0.269	0.307	0.378	0.281	0.307	0.360
湖北	0.245	0.279	0.324	0.252	0.299	0.377	0.274	0.306	0.388	0.276	0.228	0.356	0.276	0.228	0.335
广东	0.241	0.264	0.342	0.311	0.306	0.399	0.345	0.308	0.425	0.308	0.298	0.373	0.267	0.296	0.335
广西	0.242	0.310	0.375	0.269	0.268	0.430	0.311	0.279	0.454	0.277	0.310	0.431	0.300	0.306	0.399
重庆	0.184	0.252	0.380	0.352	0.288	0.447	0.290	0.270	0.442	0.223	0.300	0.362	0.248	0.277	0.343
四川	0.226	0.263	0.350	0.341	0.263	0.387	0.297	0.247	0.388	0.270	0.280	0.386	0.298	0.342	0.389
贵州	0.241	0.241	0.348	0.337	0.269	0.454	0.308	0.303	0.491	0.292	0.292	0.459	0.297	0.336	0.463
陕西	0.300	0.273	0.385	0.341	0.319	0.478	0.279	0.297	0.459	0.260	0.295	0.416	0.275	0.348	0.411
甘肃	0.154	0.276	0.370	0.247	0.378	0.472	0.297	0.343	0.490	0.249	0.317	0.444	0.266	0.368	0.457
青海	0.230	0.354	0.408	0.289	0.3860	0.464	0.324	0.367	0.474	0.352	0.340	0.443	0.352	0.340	0.446
宁夏	0.251	0.342	0.371	0.298	0.335	0.427	0.323	0.371	0.448	0.302	0.376	0.421	0.338	0.376	0.418
新疆	0.289	0.370	0.418	0.299	0.378	0.459	0.268	0.384	0.431	0.270	0.326	0.386	0.295	0.458	0.424

数据来源：根据各省（自治区、直辖市）统计年鉴计算得出。

（2）收入基尼系数的区域差异

总体来看，中国省级居民收入基尼系数呈现明显的区域性，具体表现为东部地区向西部地区逐步升高，东部地区特别是经济发达地区的收入基尼系数较小，西部地区收入基尼系数较大。收入基尼系数的差距体现为先增大，2016年又有所缩小。北京、上海的基尼系数基本低于0.3（除上海2007年），处于低位；大部分省（直辖市、自治区）的收入基尼系数在0.3—0.4的相对合理区间范围内；贵州、山西、甘肃等地的收入基尼系数超过0.4的国际警戒线，收入差距较大。

（3）收入基尼系数的变动趋势

通过核密度函数图来观察中国省际居民教育基尼系数的变动趋势，图3-5为24个省（直辖市、自治区）代表性年份教育基尼系数的核密度函数，1997年、2002年、2007年概率密度的均值向右逐渐移动，2012年、2016年又向左移动，表明收入基尼系数先增大，后又有所缩小；峰高在1997年、2002年保持稳定，2007年和2012年升高后，2016年又降低；均值附近一直呈现较为发散的特征，表明各省级区域的居民收入基尼系数差异较大。

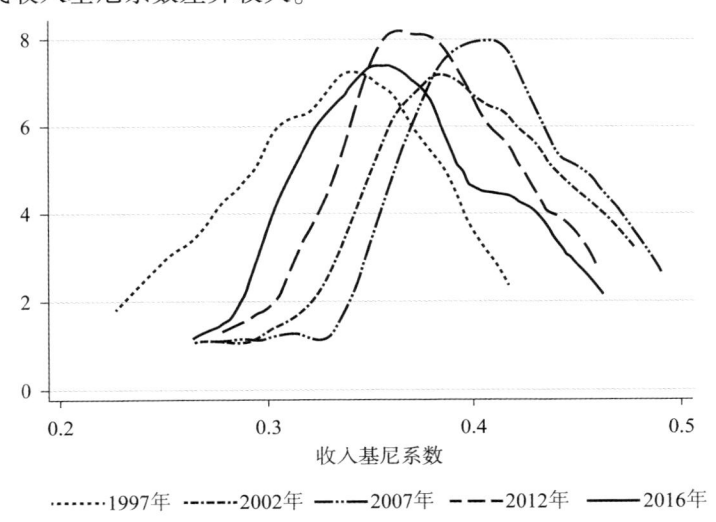

图3-5 代表性年份居民收入基尼系数的密度函数

3. 实证检验

使用面板向量自回归模型对教育公平与收入差距之间的关系进行分析，教育公平使用教育基尼系数表示，收入差距使用收入基尼系数表示。为了简化分析，不考虑其他因素对收入差距的影响。

(1) 单位根检验

为了保证数据的平稳性并防止估计结果出现偏差，在模型估计前使用单位根进行检验，单位根检验包括检验同质单位根的 LLC 和 Breitung、检验异质单位根的 IPS、ADF – Fisher 和 PP – Fisher 五种方法。使用同根检验 LLC 准则和不同根检验 IPS 准则，检验假设变量既包含时间趋势项又包含个体效应，以保证检验结果的有效性。

表 3 – 9 报告了 LLC 和 IPS 单位根检验的结果，收入差距为非平稳数据，为了保证估计结果的准确性，经过 1 阶差分进行转换，四个变量均转为平稳序列，可以进行协整检验等进一步分析。

表 3 – 9　　　　教育公平和收入差距的变量单位根检验

变量	LLC 检验 统计值	LLC 检验 P 值	IPS 检验 统计值	IPS 检验 P 值	结论
收入基尼系数	-2.184**	0.014	-1.231	0.109	不平稳
教育基尼系数	-4.510***	0.000	-2.762***	0.003	平稳
收入基尼系数(-1)	-3.930***	0.000	-5.625***	0.000	平稳
教育基尼系数(-1)	-6.673***	0.000	-0.815***	0.000	平稳

注：***、**、*分别表示在1%、5%、10%的显著性水平下拒绝原假设（原假设有单位根），(-1) 表示变量的1阶差分。

(2) 协整检验

由于变量是 1 阶单整，所以需要进行协整检验，确定变量间是否存在长期的协整关系。对数据进行了 Kao 面板协整检验和 Pedroni 面板协整检验，p 值均为 0，强烈拒绝"不存在协整关系"的原假设，认为存在协整关系，可以进行向量自回归和脉冲分析。

(3) 面板 VAR 估计

使用 GMM 估计前,需要确定模型的最优滞后阶数,使用 AIC 准则进行判断,确定滞后阶数为 5。面板 VAR 的回归结果见表 3-10,重点分析教育公平对收入差距的影响和收入差距对教育公平的影响。可以看出,教育基尼系数在滞后 1 期和滞后 4 期对收入基尼系数产生显著正向影响,即教育差距的扩大能够显著扩大收入差距,即教育公平有利于收入差距的缩小。从收入差距对教育公平的影响来看,收入基尼系数在滞后 1 期和滞后 4 期对教育基尼系数产生显著负向影响,即收入差距的扩大,会缩小教育差距,提高教育公平程度。可能的原因是,经济水平与收入差距存在倒 U 形曲线关系,间接影响教育公平,即在一定阶段,经济水平的提高,提高了收入差距,而经济水平的提高,对教育有更多的投入,从而提高了教育扩展水平,促进了教育公平。与此同时,收入差距的加大,使得贫困和收入较低的群体更有动力通过教育改变自身文化水平,进而提高收入水平,特别是在代际表现上,收入较低的群体对子女的教育期望更高,从而有利于缩小教育差距,提高教育公平程度。

表 3-10　　教育公平与收入差距的面板 VAR 回归结果

因变量	收入基尼系数		教育基尼系数	
统计量	b – GMM	se – GMM	b – GMM	se – GMM
L1. 收入基尼系数	-0.599	0.091	-0.080*	0.045
L2. 收入基尼系数	0.151***	0.049	0.039	0.047
L3. 收入基尼系数	0.129***	0.047	-0.019	0.039
L4. 收入基尼系数	0.088**	0.042	-0.089***	0.034
L5. 收入基尼系数	0.027	0.036	-0.028	0.042
L1. 教育基尼系数	0.152***	0.053	-0.168***	0.058
L2. 教育基尼系数	0.009	0.073	0.046	0.059

续　表

因变量	收入基尼系数		教育基尼系数	
统计量	b-GMM	se-GMM	b-GMM	se-GMM
L3. 教育基尼系数	0.039	0.062	0.014	0.055
L4. 教育基尼系数	0.146***	0.054	0.002	0.049
L5. 教育基尼系数	0.054	0.045	-0.117**	0.050

注：b-GMM 表示 GMM 估计系数，se-GMM 表示 GMM 估计系数的标准差。***、**、* 分别表示在1%、5%和10%的显著性水平下显著。L1. 表示变量的1阶滞后，L2. 表示变量的2阶滞后，以此类推，所有变量均为平稳变量。

（4）稳定性检验

在进行脉冲响应分析和方差分解前，对模型进行稳定性检验，所有变量特征值的绝对值都小于1，模型稳定。

（5）格兰杰因果检验

使用格兰杰因果检验教育基尼系数与收入基尼系数的关系。表3-11是教育基尼系数与收入基尼系数的格兰杰因果检验结果。由此可知，教育公平与收入差距之间互为因果，即教育公平会影响收入差距，收入差距也会影响教育公平程度。所以上文中面板 VAR 的结果分析有效。

表3-11　　　　教育公平与收入差距的格兰杰检验结果

因果方向	Chi-sq	df	Prob.
教育基尼系数到收入基尼系数	12.197	5	0.032
收入基尼系数到教育基尼系数	15.904	5	0.007

注：滞后阶数取5进行检验。

（6）脉冲分析

为了分析教育公平和收入差距之间的动态影响关系，使用脉冲响应函数研究不考虑其他因素的情况下，变量冲击对自身和另外一个变量的动态影响。图3-6展示了教育基尼系数与收入基尼系数的脉冲响应结果。纵轴表示因变量，实线表示脉冲响应函数，代表了因变量受到另一个变量一个单位冲击的反应，虚线表示正负两倍标准差偏离带。

由图 3-6a 可以看出，在滞后 1 期教育基尼系数对收入基尼系数产生正向效应，在滞后 2 期回落，随后继续上升，在滞后 4 期又达到一个高峰，说明教育公平在短期和长期都会对收入差距的缩小产生积极作用。由图 3-6b 可以看出，收入基尼系数对教育基尼系数在滞后 1 期和滞后 4 期产生负向影响，说明收入差距的提高能够缩小教育差距，促进教育公平。图 3-6c 和 3-6d 显示了教育差距和收入差距对其自身的冲击，可以看出在短暂的影响后，均趋于平稳。

3-6a 教育基尼系数对收入基尼系数的冲击

3-6b 收入基尼系数对于教育基尼系数的冲击

3-6c 教育基尼系数对教育基尼系数的冲击

3-6d 收入基尼系数对收入基尼系数的冲击

—— 脉冲响应函数　---- 两倍标准差偏离带

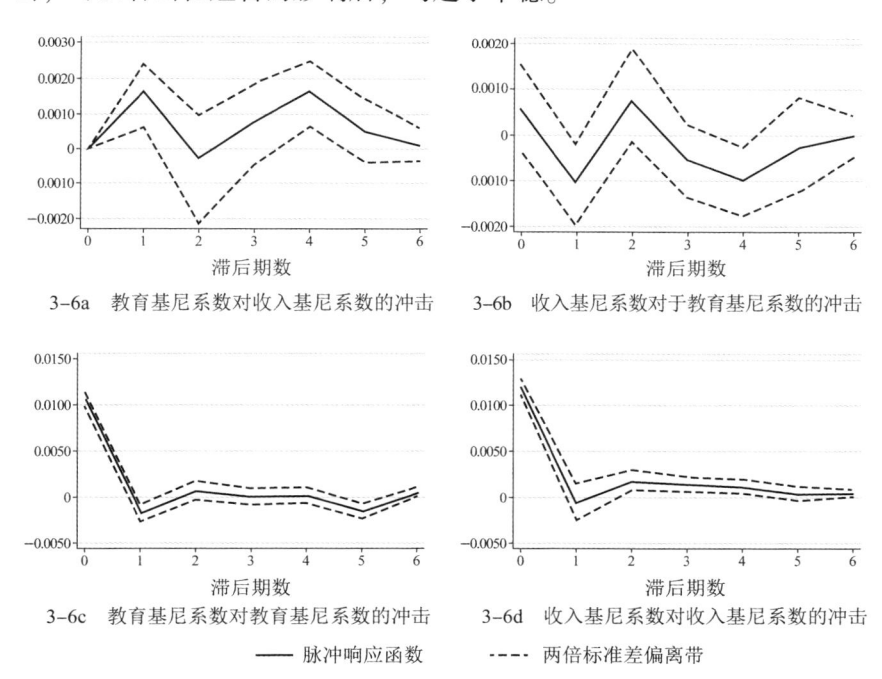

图 3-6　教育公平与收入差距的脉冲响应分析（全国）

（7）方差分解

为了更深入准确地分析变量之间的相互影响程度，分别进行了 5 期的方差分解。结果见表 3-12，可以看出，随着预测期数的增加，影响程度逐渐变大，验证了模型的稳定性。

表3-12　　　　教育公平与收入差距的方差分解结果

因变量	收入差距	教育差距
1	0.003	0.000
2	0.012	0.017
3	0.016	0.017
4	0.019	0.021
5	0.028	0.037

数据来源：计算整理所得，给出了5个预测期的方差分解。

由于数据的限制，缺失了个别省份的收入基尼系数，只有24个省份的收入差距数据，且个别区域的省份数量较小，所以不进行区域间讨论。

（四）结论

减少收入差距是包容性增长的核心内涵和诉求，作为本书研究的开始，本节分析了教育公平与收入差距之间的关系，计算了省级居民收入基尼系数，使用面板自回归模型研究了教育公平与经济增长的关系。结果显示，教育公平在短期和长期都会对收入差距的缩小产生积极作用，收入差距的缩小能够缩小教育差距，促进教育公平，即教育公平的提升有利于包容性增长。

三　本章小结

本章立足于包容性增长的两个重要方面——经济增长和收入差距缩小，从中国的省级面板数据出发，在宏观层面研究教育公平与包容性内涵强调的经济增长和收入差距缩小的关系，是整个文章的基础和开始。

本章使用教育成就来衡量教育公平，使用基尼系数的公式，计算了中国除西藏以外的 30 个省（市、区）1997—2016 年的教育基尼系数。测算结果表明，中国教育基尼系数在空间分布上呈现明显的区域聚集性，与经济发展水平密切相关，东、中、西部地区的教育基尼系数逐渐增大，在时间分布上逐年下降，前期教育基尼系数较大的地区下降速度较快，教育基尼系数较小的地区下降速度较慢。

本章计算了中国宏观层面的省级平均受教育年限，经济发达的东部地区的平均受教育年限较高，经济较为不发达的中西部地区的平均受教育年限较低，并且均呈现上升趋势，发达地区和不发达地区受教育年限的差距有所扩大。平均受教育年限与教育基尼系数存在负向关系，教育发达地区，教育基尼系数越小，教育公平程度越高；教育不发达地区，教育基尼系数越高，教育不公平程度越高。

完整地计算了城镇居民和农村居民的收入基尼系数，并将其分组加权得到各省份整体的居民收入基尼系数。测算结果表明：中国的收入基尼系数近年来有扩大的趋势，在区域分布上有明显的聚集性和由东—中—西部依次扩大的阶梯性。

利用面板向量自回归实证分析了教育公平与经济增长和收入差距之间的关系，结果显示教育公平对经济增长和收入差距均具有显著作用。具体表现在以下方面。第一，综合来看，教育公平对经济增长和收入差距的缩小均具有显著的积极作用，教育公平可以有效地促进包容性增长。现阶段，提升教育公平水平有利于中国实施包容性增长的战略。

第二，教育公平与经济增长具有相互影响的关系。在全国层面，教育公平程度对经济增长产生显著影响，存在时滞效应。总体来看，教育公平程度越高，经济增长水平越高。同时也存在一定的负效应，教育公平可能影响经济增长效率。反之，经济增长水平越高，教育基尼系数越小，教育公平程度越高，经济增长可以促进教育公平的实现。长期来看，经济增长为教育公平的实现提供了物质保障。

第三，分地区分析，东部地区教育公平程度的提高在短期内可能对经济增长产生一定的负面影响，但从长期来看，教育公平有利于经济增长，存在倒 U 形曲线特征，东部地区经济增长可以显著缩小教育差距，促进教育公平的实现；中部地区教育公平可以显著促进经济增长，但在更长期，偏向于教育公平的政策可能导致效率的损失，中部地区经济增长对于教育公平的影响效果不显著；西部地区教育公平对经济增长的影响不显著，教育水平整体较低，未发挥出教育公平对于经济增长的积极作用，西部地区经济增长在短期内会对教育公平产生积极影响。

第四，教育公平在短期和长期都会对收入差距的缩小产生积极作用，即教育公平的提升有利于包容性增长。

针对上述研究结果提出以下政策建议。第一，中国的教育发展取得了巨大的进步，但教育不平等、不均衡现象仍然存在，教育不公平的现象仍然广泛存在于地区之间。需要在继续加大教育投入的前提下，注重教育公平，平衡地区之间的教育资源，提升弱势地区的教育水平和教育质量，提升相对落后地区的人力资本，为经济和社会的全面发展和包容性增长提供不竭的动力。

第二，从长期来看，教育公平对于经济增长和收入差距的缩小具有积极作用，有利于促进包容性增长，因此现阶段要继续提高教育投入力度，提高教育公平的程度，同时也要注意提高教育质量的公平性。需要继续提高教育投入，促进人民受教育水平的提升，促进经济增长和社会发展，同时也为平衡教育资源和提升教育公平程度提供物质和人员方面的保障，特别是在教育投入方面对西部地区和弱势群体予以倾斜。

第三，西部地区的教育公平对于经济增长的作用尚未得到有效发挥，教育政策的制定方面要注重向义务教育和落后地区的倾斜，提高这些地区的人才吸引力，增加就业岗位，鼓励人才向西部地区和落后地区流动，避免在教育阶段实现的教育公平因为人才向发达地区的单向流动和教育回报的转移，而缩小教育公平的成果，扩大收入差距。

第四，针对教育公平可能在部分区域对经济增长产生的阻碍作用，要求在教育公平的基础上进一步提高教育效率，在优化资源配置的基础上进一步提高落后地区教育资源的使用效率和产出，利用互联网等信息化手段，充分发挥教育资源的潜力和利用效率，不仅要提升教育成果，也要提升教育质量，促进教育结构的优化，促进教育公平。

第四章 教育机会均等与包容性增长的要求

——城乡居民教育机会不平等研究

包容性增长的基本要求是机会均等,本章主要从教育起点公平的角度研究了城乡居民教育机会不平等问题,主要包括教育机会不平等的界定及其影响因素、研究方法和相关数据分析,对影响教育机会公平的相关要素及其年代变化进行了分解和实证研究,并着重探讨了教育机会的城乡差距。

一 教育机会不平等

(一)教育机会不平等界定

机会不平等相对于结果不平等,是一种由于环境等因素导致的不平等,教育机会均等是指教育的结果只受到个人努力程度和先天禀赋的影响,而不受外界环境因素的影响。由于受到城乡、收入、招生政策等外部因素的影响,造成接受教育的机会不公平,则界定为教育机会不平等。为了简化分析,本节将教育机会界定为入学机会,即接受更高阶段教育的机会,在本节中特指初中阶段、高中阶段、高等教育阶段的入学机会。

(二) 教育机会不平等的影响因素

本节研究的教育机会不平等，是不考虑个人努力程度的因素仅由环境导致的不平等，将影响教育机会不平等的因素分为三部分，即个人特征、家庭资源和非家庭先赋条件，如图 4-1 所示。家庭资源对教育机会存在影响，文化资本理论认为，教育获得受到其所处家庭阶层的影响，家庭背景影响家庭文化资本，进而影响教育。[①] 最大限度地维持不平等（Maximally Maintained Inequality，MMI）假设解释了教育扩张对于缓解教育机会不公平的局限性，该假设认为除非高层次家庭的入学需求已经饱和，才可能使得教育资源向下层扩展，即家庭的社会阶层对后代的教育机会和教育资源的获得会产生影响。[②]

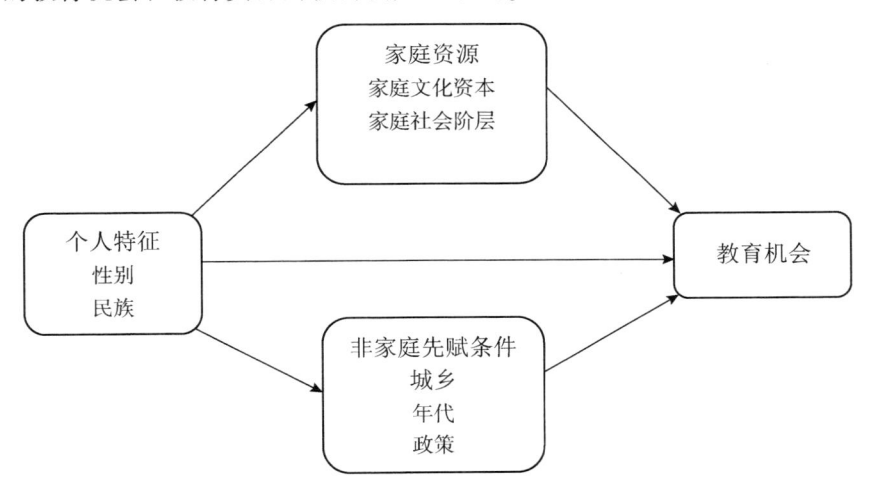

图 4-1 教育机会不平等的影响因素

将 MMI 理论扩展，认为如果社会中存在结构不平等，那么处于优势的阶层就有优先将教育资源向下代传递的意愿，而非向弱势阶层传

[①] Bourdieu P., Passeron J. C., "Reproduction in Education, Society and Culture", *British Journal of Sociology*, 1977, 30 (1): 75-82.

[②] Raftery A. E., Hout M., "Maximally Maintained Inequality: Expansion, Eeform, and Opportunity in Irish Education, 1921-75", *Sociology of Education*, 1993, 1: 41-62.

递，以维持结构不平等产生的资源和利益。同样，中国存在城乡二元结构的特征，城乡在教育、经济等各方面存在结构不平等，会影响教育机会的公平。外在的非家庭资源禀赋的条件，决定了家庭所处的位置能够获得的教育资源和机会，户籍制度和不同年代的相关政策会影响教育的供给，对教育机会产生影响。

同时这三者也是相互影响的，例如，城乡因素决定了家庭的子女数量和上一代人受教育的机会，影响家庭资源因素；个人特征中的性别和民族，可能影响家庭的资源分配以及宏观的民族教育政策的影响，进而影响教育机会。

（三）中国教育机会不平等

近年来，随着教育投入的持续增长和教育规模的不断扩大，城乡居民的受教育水平和教育质量有了很大提升。党的十九大报告指出，优先发展教育事业，努力让每个孩子都能享有公平而有质量的教育。教育机会公平作为教育公平的首要环节，只有入学机会的平等才能保证教育质量和教育成果的公平。小学、初中、高中和大学阶段的入学率作为衡量教育起点公平的指标，具有普遍性，是度量教育公平的首要指标。[①]

中国城乡二元结构的长期存在，经济水平、居民收入、教育基础设施、师资力量等差距的存在成为影响教育机会不平等的重要原因，教育机会不平等是城乡差距的重要表现之一。特别是近年来，在高等教育领域，特别是重点大学的农村生源持续减少，从长期来看，城乡居民教育机会不平等不利于家庭和个人通过教育提高收入，改善经济条件，阻断贫困代际传递和缩小城乡差距。高等教育阶段的城乡差距并不单单体现在高考这一筛选关口，在初等教育的升学阶段，就已经

---

① 王善迈：《教育公平的分析框架和评价指标》，《北京师范大学学报》（社会科学版）2008年第3期。

产生差距。①

改革开放以来，中国制定了一系列促进教育发展的政策和措施，提高教育资源供给，特别是教育的市场化改革和高校扩招政策，为居民提供更多的受教育机会。实施了针对农村、少数民族和西部地区的教育倾斜政策，保障教育弱势群体的公平受教育权。实行学费减免、勤工助学等助学措施，出台国家、地方和高校等一系列专项计划，增加农村和贫困地区受教育机会，鼓励和引导毕业生向乡村和西部地区就业和短期服务。

家庭因素是决定个人能否继续接受学校教育的重要因素，子女的教育程度受家庭的经济条件、上学的成本与预期收益等因素影响，城乡居民的家庭经济收入和文化水平存在差距，也会对城乡居民的教育机会差距产生影响。

二　研究方法与数据

（一）研究方法

教育不平等的产生原因分为个人因素和外部条件，每个人的先天禀赋不同，努力的程度也不相同，会影响个人的升学情况和最终学历，这部分因个体内在因素产生的教育不平等不是本节的研究重点，本节主要研究影响机会不平等的外在环境因素，主要包括家庭因素和社会因素。

对居民升学机会的影响因素包括宏观和微观两方面。宏观方面，中国城乡间教育资源的差距仍然存在，初等教育阶段，校舍和师资的配备差距，软硬件教育投入差距，影响城乡学生的求学成本和学习水平。近年来，中国出台了一系列增加教育供给的教育扩张政策，但教育扩张并

---

① 李春玲：《农村子女上大学难在哪儿?》，《光明日报》2013 年 7 月 11 日。

不一定导致各阶层升学机会的平等化趋势，优势阶层是教育扩张的主要受益者。根据 MMI 假设，只有在教育机会充分满足了这部分优势群体的需要后，才会向其他阶层扩展。在高等教育阶段，扩招等一系列教育扩张，使得具有良好受教育背景的子女有更多接受教育的机会，例如更偏向于考察素质和能力的自主招生政策的实施；同时高校扩招政策导致的学费增长，可能导致城乡居民教育差距的进一步扩大。

微观方面，家庭对于升学机会的影响主要体现在两方面。第一，家庭的收入水平直接影响子女的教育投入，教育投入可以提升子女的学习能力和学习质量，影子教育对学生成绩的影响程度越来越高，如城市中存在的课外辅导机构对于学校教育的影响；高中教育和高等教育阶段，缴纳较高费用可以弥补入学成绩的不足，如学校赞助费及国外留学费用。第二，父母的受教育程度对子女的教育有一定影响，父母的受教育程度越高，获得更高收入的可能性越大，会对子女产生示范作用。早期教育越来越被证明对人的成长和发展具有重要作用，父母能够提供早期教育的良好环境，并在子女成长过程中提供较好的教育环境和教育投资，同时，文化资本较好的家庭，对于子女的升学和学历期望更高。

由于中国改革开放前后教育政策和教育环境发生了较大变化，同时根据数据情况，本节主要探讨改革开放后进入学校接受教育的 1970—1979 年、1980—1989 年、1990—1997 年出生人口的城乡升学机会不平等及其变化趋势。升学机会不平等主要考察小学升入初中，初中升入高中以及高中升入大学的入学机会，城乡差异是考察的关键变量。

利用梅尔[①]的升学模型（Logistic Response Model of School Continuation），将代表历史时期的年代变量作为自变量代入模型，估计自变量

---

① Mare R. D., "Social Background and School Continuation Decisions", *Journal of the American Statistical Association*, 1980, 295–305.

与历史时期的交互效应来考察影响入学机会因素的时间波动，见式（4-1）。

$$\log\left(\frac{p_i}{1-p_i}\right) = \beta + \sum_k \beta_k x_k \qquad (4-1)$$

其中，p_i 表示第 i 个个体升学的概率，β 为常数，x_k 表示第 k 个变量（影响入学机会的变量），β_k 为 x_k 对应的系数。

从机会公平的主体方面，教育机会公平可以分解为三部分。第一是个体层面，即社会应该为每个社会成员提供相同的接受教育的机会，例如每个人都有接受义务教育的机会；第二是相同单位内部的成员，即同一地区或者同一属性的成员得到的教育机会均等，例如同一省市的高等中学的招生比例均等；第三，不同的群体之间，即为不同群体提供均等的教育机会，例如教育资源分配应保证城乡居民的教育机会均等。[1]

为了利于研究，很多研究将教育机会公平界定为入学机会平等，教育机会平等分为入学机会平等与教育回报平等。入学机会平等和存留平等是审视教育机会平等的两大重要指标[2]，受教育机会的平等也是教育机会平等的核心。

本节将入学机会界定为经历过上一阶段学习后进入下一阶段学习的机会。教育阶段仅包括正规的学校教育，入学阶段的设置如下。小学阶段为小学，初中阶段为初中，高中阶段为普通高中、职业高中、中专、技校，大学阶段为普通专科、普通本科、研究生及以上（不包括成人教育）。主要考察的入学机会包括（所有经历过小学阶段的学生）是否进入初中阶段；（所有经历过初中阶段的学生）是否进入高中阶段；（所有经历过高中阶段的学生）是否进入大学阶段。若升学，则为获得入学机会；若没有升学，则为没有获得入学机会。

---

[1] Rae D. W., Yares D., *Equalities*, Harvard University Press, 1981.
[2] 卢乃桂、许庆豫:《中国 90 年代教育机会不平等现象》,《华东师范大学学报》（教育科学版）2001 年第 4 期。

（二）研究数据与变量

本节数据采用中国综合社会调查（Chinese General Social Survey, CGSS）2013 年和 2015 年的数据。CGSS 调查始于 2003 年，是中国最早的全国性、综合性、连续性学术调查项目，对中国大陆各省（市、自治区）家庭进行连续性横截面调查。因各年度调查采用相同的抽样方案，样本量相近，并且样本不重合。为了增加研究样本量，所以将 2013 年数据和 2015 年数据进行合并研究，合并后的数据同样具有全国代表性。本节主要对 1970 年之后出生人口的升学情况进行研究，剔除 1970 年之前出生的样本，该问卷的年纪最小样本的出生时间为 1997 年，调查年份在 2013 年时未到大学入学年纪的 1996 年、1997 年出生人口所占比例较小，为保证"90 后"的样本量未将这部分样本剔除，最后得到出生时间在 1970—1997 年的样本，对于关键变量存在缺失值和异常值的数据采取直接剔除法进行清洗，共得到 7995 个有效样本。

1. 升学变量

根据梅尔的升学模型设定，因变量为三个升学阶段的升学概率，由于 CGSS 项目组不定期发布专项调查，2008 年后未进行教育专项调查，2013 年和 2015 年调查数据没有被访者包含求学经历的详细信息。所以只能根据现有数据进行推断，教育阶段的设置如下，小学阶段为小学，初中阶段为初中，高中阶段包括普通高中、职业高中、中专、技校，大学阶段包括普通专科、普通本科、研究生及以上（不包括成人教育）。入学机会界定为经历过上一阶段学习后进入下一阶段学习的机会，因此每个阶段的样本量不同，小学升入初中阶段的样本量为 7775（排除未能进入小学阶段的样本），初中升入高中阶段的样本量为 6623（排除未能进入初中阶段的样本）。高中升入大学阶段的样本量为 4031（排除未能进入高中阶段的样本）。对入学机会进行以下设置：（所有经历过小学阶段的学生）是否进入初中阶段（是 = 1）；（所有经历过初中阶段的学生）是否进入高中阶段（是＝1）；（所有经历过高中阶段的学生）是否进入大学阶段（是＝1），若没有升学则取值为0。

2. 核心解释变量

（1）城乡变量

户口作为区分城乡的代理变量，是本节的关键变量。由于升学和就业是中国城乡流动的主要渠道，很多人通过升学并留在城市工作获得城市户口，不能准确地反映城乡因素对于各个教育阶段入学机会的影响，所以选用入学前的户籍作为城乡因素的代理变量。由于 CGSS 数据没有准确提供受访者每一升学阶段前的户籍情况，因此综合受访者当前户籍和"农转非"的类型、时间进行综合判断处理。处理方式如下：若在升学后取得了城镇户口，则表明其入学阶段是农业户口，将其还原为农业户口；若在升学前取得了城镇户口，表明入学阶段是城镇户口，则认定其为城镇户口。农业户口取值为1，城镇户口取值为0。

（2）年代变量

使用出生时间来界定被访者所处的年代，作为年代变量的代理变量。本节要研究城乡居民不同时间段的入学机会及其变化趋势，需要划分时间段进行研究和比较。由于改革开放前后教育政策发生了巨大变化，社会环境和结构对于教育机会的平等性会产生重大影响，可能影响结果的稳定性，所以使用1970年后出生人口进行分析，基本保证这部分人口的入学时间段在改革开放后。由于 CGSS 在 2013 年和 2015 年的数据没有提供受访者的准确入学时间，只提供了教育情况和学历，需要根据最高学历和年龄推断各个阶段的升学情况，将人口的出生时间分为三个阶段：1970—1979 年、1980—1989 年、1990—1997 年。

（3）控制变量

根据本节研究内容和 CGSS 数据库情况，选用家庭阶层、文化资本和性别、民族作为影响入学机会的控制变量。

① 家庭阶层

家庭所处阶层和收入水平直接影响子女的教育投入，父亲的职业和收入对于家庭的阶层和地位起着重要作用，现有研究多用父亲职业作为家庭地位和阶层的替代变量，本节沿用父亲职业这一指标作为家庭阶层的替代变量。CGSS 数据库使用 ISCO-88 记录职业类型。为了量化分析，根据 ISCO-88 职业分类代码构建国际标准职业社会经济地位指数（ISEI 指数），该指数由职业的平均收入计算，为 0-100 的连续变量，分数越高说明职业等级越高。CGSS 数据库未能准确提供子女就学阶段的父亲职业情况，所以使用父亲当前职业类别替代。

② 文化资本

使用父母的受教育程度作为家庭文化资本的代理变量，父母的受教育程度代表家庭的文化资本，影响子女的学习动力、能力和成绩，进而转化为获取新的教育机会的能力，也就是升学机会。[1] 无论父母哪一方的教育程度都会对子女的教育产生影响，所以选择父母一方最高的文化程度作为家庭文化资本的代理变量。本节采用等级代替学历[2]，小学及以下，取值为 1；初中阶段，取值为 2；高中阶段受教育年限相似，设为一类，取值为 3；大学专科及以上，取值为 4。

③ 性别

在中国特殊的文化影响下，入学机会与性别的关系在城乡中差距明显。特别是农村家庭，由于主要依靠农业的经济条件、性别不平等的观念和多子女的情况，导致女性承担了更多的家务劳动和抚养责任，对农村女性的升学机会产生限制。城市由于受计划生育政策影响较大，且托幼机构健全，女性有更多的机会接受教育和进入劳动力市场，所以性别

---

[1] 李煜：《制度变迁与教育不平等的产生机制——中国城市子女的教育获得（1966—2003）》，《中国社会科学》2006 年第 4 期。

[2] 张兆曙、陈奇：《高校扩招与高等教育机会的性别平等化——基于中国综合社会调查（CGSS2008）数据的实证分析》，《社会学研究》2013 年第 2 期。

对于女性升学机会的影响较小。男性取值为1,女性取值为0。

④ 民族

中国民族地区相对集中,一些民族聚集地区的经济文化水平较为落后,家庭子女较多,同时,少数民族在高等教育入学中有一些特殊的录取政策,都会对入学机会产生影响。汉族取值为1,其他民族取值为0。表4-1列出了入学机会及其影响因素的相关变量和取值。

表4-1　　　　　　　　入学机会及其影响因素变量

变量类型	代理变量	英文缩写	取值
入学机会	升学变量	P	升学:1;没有升学:0
城乡	入学前户口	Hukou	农业户口:1;城镇户口:0
年代	出生时间	Niandai	1970—1979年、1980—1989年、1990—1997年
家庭阶层	父亲职业	ISEI	父亲当前职业ISEI指数
文化资本	父母受教育程度	Pedu	小学及以下:1;初中阶段:2;高中阶段:3;大学专科及以上:4。
个人特征	性别	Sex	男性:1;女性:0
个人特征	民族	Nation	汉族:1;其他民族:0

表4-2报告了1970—1997年出生的被访者的主要变量均值统计结果。据此可得出以下结论。第一,升学比例逐渐降低,小学升初中的比例为85.18%,说明有一部分人没有完成九年义务教育;初中升高中的比例为60.86%,约有40%人口接受了初中阶段教育后没有继续接受教育。第二,城乡情况,初中升入高中和高中升入大学两个阶段的农村人口比重低于城市人口,考虑到中国农村人口占比较大,实际人数更多,认为城乡升学机会的差异明显。第三,家庭阶层和文化资本方面,家庭阶层和父母受教育程度越高,子女升入更高一级教育阶段的机会越大,家庭教育对于子女的教育存在明显影响。第四,性别和民族方面,男性和汉族在升学方面存在一定优势。

表4-2　　　　　　　入学机会及其影响因素的均值统计

变量	小学升初中	初中升高中	高中升大学
是否升学(升学=1)(%)	85.18	60.86	42.89
户口(农村=1)(%)	62.65	47.23	37.88
家庭阶层(14岁时父亲职业ISEI)(%)	31.24	35.06	37.95
父母受教育程度(%)	1.94	2.22	2.50
性别(男性=1)(%)	49.99	51.30	50.32
民族(汉族=1)(%)	92.34	93.45	94.74
样本量	6623	4031	1729

数据来源：CGSS（2013、2015）数据库。高中阶段包括普通高中、职业高中、中专和技校，大学阶段包括大学专科、大学本科、研究生及以上（不包括成人教育）。

（三）数据分析

首先计算出不同年龄组的最高学历，反映各个年龄组的整体教育水平，考察受教育情况的总体年代变化和趋势。

表4-3列出了不同年龄组被访者的最高学历情况，该表所列出的是该年龄段所有受访者最高学历的比例，没有剔除未完成上一教育阶段的人口，没有包含未接受过小学教育和最高学历为成人教育的人口。由数据可得出以下结论。

表4-3　　　　　　　各个年龄组最高学历情况　　　　　　　单位:%

年龄组	小学	初中	高中	大学及以上
1970—1979年	22.33	35.96	18.42	11.34
1980—1989年	9.66	32.80	21.69	27.87
1990—1997年	2.82	22.25	31.78	36.66

注：高中阶段包括普通高中、职业高中、中专和技校，大学阶段包括大学专科、大学本科、研究生及以上（不包括成人教育）。

第一，受教育者最高学历随着时间的变化，呈现升高的趋势，高等教育阶段表现尤为明显。30年间，接受过高等教育的人口比例从11.34%上升到36.66%，近三分之一的人口有进入大学学习的机会，对中国人口素质的提高具有重要作用。

第二，义务教育的普及成果显著，小学教育阶段，20年间，将只接受过小学教育的人口占比从22.33%下降到2.82%，基本实现义务教育。

第三，高中教育阶段人数与进入大学阶段人数密切相关，同时，本节高中阶段的教育包括职业高中等，对于提升国民素质和劳动者技能具有重要作用。中国高中阶段教育有了一定发展，但综合来看，还需要进一步加强，扩大义务教育的范围并提高受教育年限。

第四，高等教育方面，高校扩招政策作用明显，1980年以后出生拥有大学及以上学历的人口较"70后"人口提高了一倍以上，"90后"更是超过了三分之一，能够看出中国高等教育扩招效应明显，对入学人数的提升发挥了作用，显著提高了人口的平均受教育年限和教育水平。

进一步，对于不同年龄组的升学情况进行城乡之间的对比，总体上分析城乡升学机会的差距及其年代差异。表4-4计算了不同年龄组城乡居民的升学情况，表中升学情况均为完成上一教育阶段后进入下一阶段学习的人口比例，剔除未进入上一阶段学习的人口。由数据得出以下结论。

表4-4　　　　　各个年龄组各阶段升学城乡情况　　　　　单位:%

年龄组	城乡	小学升初中	初中升高中	高中升大学
1970—1979年	城镇	95.14	79.37	35.52
	农村	68.75	34.08	23.35
1980—1989年	城镇	98.49	89.91	60.61
	农村	86.05	47.74	37.89
1990—1997年	城镇	99.45	91.73	58.12
	农村	95.70	67.19	41.41

第一，升学机会的城乡差距明显，各个阶段的城镇升学情况均好于农村，在"80后"人口中城乡差距尤为显著，初中升入高中阶段升学比例城镇人口为89.91%，是同一阶段农村升学比例的近2倍；在升入大学的阶段，城镇人口的升学比例为60.61%，而农村人口的升学比例仅为37.89%。

第二，升学机会的城乡差距存在年代差异，例如处于高校扩招后的"80后"人口高中升入大学的城乡差异有所扩大，相差近一倍，但是在"90后"人口中差距有所缩小。

第三，城乡差距的年代变化在不同的教育阶段存在差异，城乡差距的年代变化在不同的阶段呈现出不同的特点，具体的趋势需要进一步分析。

综上，中国城乡差距存在于入学机会的各个阶段，并且存在年代差异及变化，需要进一步分析不同升学阶段的城乡差距和城乡差距的年代变化。

三 实证分析

为了全面分析中国入学机会的城乡差距及其年代变化趋势，本节从三个角度来进行分析。第一，通过同龄组比较模型，研究城乡差距对升学机会的影响；第二，利用 Shapley 分解方法，将影响各个教育阶段的机会不平等的贡献进行分解，研究各个因素特别是城乡因素对于入学机会的影响程度；第三，引入城乡与年代的交互项，分析城乡差距对教育机会影响的年代变化趋势。

（一）各阶段教育机会的同龄组比较模型

建立 Logit 模型，研究城乡差距对各个阶段入学机会的影响。

$$\log\left(\frac{p_{ij}}{1-p_{ij}}\right) = \beta_{0j} + \beta_{1j} hukou + \beta_{2j} ISEI_{ij} + \beta_{3j} pedu_{ij} + \beta_{4j} sex_{ij}$$

$$+\beta_{5j}nation_{ij}+\varepsilon_{ij} \qquad (4-2)$$

其中，p_{ij} 表示第 i 个人在 j 阶段（小学升初中、初中升高中、高中升大学）的升学概率。hukou 表示户籍；ISEI 表示家庭阶层，即父亲职业的 IESI 指数；pedu 表示家庭文化资本，即父母的受教育程度；sex 表示性别；nation 表示民族，ε 为误差项。使用聚类稳健标准误，显示不同取值的概率比，来进行比较分析。

表 4-5 报告了各阶段教育机会的同龄组比较模型的结果，由此可得出以下结论。

表 4-5　各阶段教育机会的同龄组比较模型

教育机会	小学升初中教育机会			初中升高中教育机会			高中升大学教育机会		
年代	"70后"	"80后"	"90后"	"70后"	"80后"	"90后"	"70后"	"80后"	"90后"
入学前户口（农村=1）	1.824*** (0.034)	0.201*** (0.539)	0.338** (0.157)	0.188*** (0.229)	0.172*** (0.030)	0.377*** (0.842)	0.615** (0.105)	0.608*** (0.085)	0.694** (0.109)
家庭阶层	1.016*** (0.004)	1.019* (0.112)	1.019 (0.015)	1.012*** (0.003)	1.020*** (0.005)	1.015 (0.010)	0.996 (0.004)	1.014*** (0.004)	1.000 (0.006)
文化资本	2.077*** (0.224)	2.357*** (0.330)	3.602*** (1.423)	1.626** (0.121)	1.844*** (0.127)	2.246*** (0.249)	1.320*** (0.110)	1.715*** (0.125)	1.472*** (0.136)
性别（男性=1）	1.803*** (0.202)	1.076 (0.180)	2.008** (0.685)	1.243 (0.120)	1.186** (0.010)	0.985 (0.186)	1.381** (0.163)	0.840* (0.084)	0.719** (0.077)
民族（汉族=1）	2.047*** (0.376)	2.506*** (0.675)	1.652 (0.706)	1.020 (0.235)	1.673*** (0.266)	2.158** (0.537)	1.351 (0.467)	1.599*** (0.366)	1.644** (0.335)
样本量	3592	2776	1407	2752	2504	1367	1399	1580	1052
R^2	0.149	0.149	0.159	0.183	0.210	0.159	0.028	0.100	0.044

注：显示系数为概率比（odds ratio）括号内为稳健标准误；***、**、*分别为1%、5%和10%的显著性水平。

第一，各个教育阶段各个年龄段的城乡差距均显著，城乡差距显著影响教育机会。具体来看，在初中升高中阶段的差距最大，"80后"农村人口入学机会仅为城市人口的17.2%，在"90后"人口中，农村人口的入学机会仅为城市的37.7%，没有超过50%。在高中升入大学阶段，农村人口的入学机会为城市的60%左右（0.615，0.608，0.694），具体到年代来看，在"90后"人口中，城乡差距最小。

第二，家庭因素对教育机会的影响显著。现阶段，家庭阶层对于教育机会的影响还较小，教育仍然是提高人口素质和防止阶层固化的重要措施。例如，"80后"家庭阶层提高1个单位，升入大学的机会增加1.4%（1.014 – 1）。文化资本对于教育机会的影响较大，"80后"家庭的文化资本每提高1个单位，升入大学的机会增加71.5%（1.715 – 1），说明教育具有代际传递性，父母的文化程度显著影响子女的文化程度。

第三，个人因素对教育机会的影响效果不一。性别方面，从总体来看，男性的受教育机会大于女性，但是在升入大学的阶段，"80后"和"90后"的女性受教育机会大于男性，男性仅为女性的80%左右（0.84，0.719）；在义务教育阶段和升入高中阶段，个别年份不显著。民族方面，汉族的受教育机会普遍大于少数民族，"80后"汉族在升入大学机会上比少数民族高60%（1.599 – 1），说明应该制定向少数民族倾斜的教育政策，来保障少数民族的受教育权利。

（二）影响教育机会的要素分解

找到不平等的构成和原因，进而减少不平等是不平等分解的目的。① 利用Shapley②分解方法，将影响各个教育阶段的机会不平等的因素进行分解，研究各个因素特别是城乡因素对于入学机会的影响程度。Shapley分解方法常用于对不平等指标的分解，是一种基于回归方程的

---

① 万广华：《不平等的度量与分解》，《经济学》（季刊）2009年第1期。
② Shorrocks A. F., "Decomposition Procedures for Distributional Analysis: A Unified Framework Based on the Shapley Value", *Journal of Economic Inequality*, 2013, 11 (1): 1 – 28.

方法，它是将影响因素对于因变量的解释程度进行排序，依次剔除，得到的差值为该变量对机会不平等的影响程度。由于剔除次序会影响最终结构，所以取不同顺序的平均值，使得最终的贡献程度不受次序的影响，固定不变。

表4-6列出了影响各教育阶段机会不平等的变量的Shapley分解结果。在全体样本中，城乡因素的要素贡献率较高，达到46.97%，特别是初中升高中阶段，城乡因素是影响升入高中机会的最主要因素。高等教育阶段的影响在三个教育阶段中最小，升入大学的概率和对未来的教育回报率的预期，是影响是否接受高中阶段教育的主要原因。由于城乡的高中教育水平差距较大，升学的概率不同，同时高中阶段是非义务教育阶段，而农村高中阶段的学校多聚集于县城，与家庭所在地距离较远，住宿费、学费及其未进入劳动力市场的机会成本较义务教育阶段有很大提升，会影响家庭的教育决策。本节分析的高中包含职业教育，城市中的职业高中分布较广泛，多数工作要求一定的专业技能，参加职业教育的回报率较高；而农村的职业教育供给匮乏，学费比普通高中高，而乡镇农村的就业岗位较少，对工作技能要求较低，接受职业高中教育的回报率较低，所以农村人口接受高中阶段教育的动力不足，这就是导致城乡差距是高中阶段教育机会的主要影响因素的原因。家庭文化资本的贡献远高于家庭阶层的贡献，由于中国改革开放后经济发展迅速，未达到阶层固化的社会状态，社会流动迅速，同时，政府采取了一系列手段平衡教育资源，提高教育投入，减少家庭教育开支。外界因素和政府教育政策可能会阻断父母社会阶层与子女教育水平之间的联系，打破教育的阶层传递，却无法切断家庭的文化传承。[1] 代表个人特征的性别和民族对教育机会不平等的影响远低于家庭和社会环境要素，可见，中国在教育机会方面的性别歧视现象较少，民族教育政策有效地保障了不同

---

[1] Deng Z., Treiman D. Z., "The Impact of the Cultural Revolution on Trends in Educational Attainment in the People's Republic of China", *American Journal of Sociology*, 1997, 103 (2): 391-428.

民族的教育机会公平。

表 4-6　　影响教育机会的要素分解　　单位：%

要素	小学升初中教育机会	初中升高中教育机会	高中升大学教育机会
城乡	31.23	46.97	19.86
家庭阶层	13.44	15.27	11.37
文化资本	44.48	36.47	65.69
性别	4.43	0.42	0.29
民族	6.42	0.87	2.78

为了研究教育机会不平等的各因素的影响程度是否会随着时间的变化而变化、变化的趋势，以及不同教育阶段分解贡献率的年代变化的差异，对影响因素进行了年代分解。表 4-7 报告了影响教育机会的要素贡献的年代分解。由此可得出以下结论。

表 4-7　　影响教育机会的要素年代分解　　单位：%

要素	小学升初中教育机会 "70后"	小学升初中教育机会 "80后"	小学升初中教育机会 "90后"	初中升高中教育机会 "70后"	初中升高中教育机会 "80后"	初中升高中教育机会 "90后"	高中升大学教育机会 "70后"	高中升大学教育机会 "80后"	高中升大学教育机会 "90后"
城乡	42.32	27.71	16.29	46.97	49.12	24.98	19.86	21.28	24.98
家庭阶层	15.79	13.29	11.80	15.27	17.05	11.71	11.37	25.80	11.71
文化资本	26.79	42.34	53.31	36.47	31.09	48.43	65.69	50.02	48.43
性别	8.65	0.4	12.64	0.42	0.72	8.78	0.29	1.23	8.78
民族	6.45	16.25	5.96	0.87	2.01	6.10	2.78	1.67	6.10

第一，总体来看，不同环境变量对于教育机会不平等的贡献程度存在年代变化，不同年代的影响贡献率存在较大差异。

第二，城乡差距在小学升入初中阶段的贡献明显下降，说明中国义务教育成果显著；在初中升高中机会上，"70后"和"80后"的城乡差距贡献有所提高，由46.91%提高到49.12%，90后的城乡差距贡献大幅度降低，降到24.98%，说明近年来中国普及高中教育，实行高中学费减免和普及职业教育取得成果；在高中升大学阶段，城乡差距的贡献有所上升，从"70后"人口的19.86%提升到"90后"人口的34.98%，这也体现了近年来，农村人口进入大学的动力有所下降，一方面由于近些年中国整体的教育水平提升，就业竞争激烈，而大学阶段的费用和机会成本较高，农村人口对于高等教育的教育回报率预期下降。

第三，家庭阶层对于"80后"在高等教育阶段的贡献率最高，达到50.02%，在其他阶段基本处于下降状态，这说明中国教育政策对于家庭父代经济地位与其子代教育获得之间联系的阻断作用明显。[①]

第四，家庭文化资本的贡献率在义务教育阶段和高中教育阶段上升，在高等教育阶段有所下降，这说明教育分层现象逐渐产生，教育代际传递现象明显。在高等教育阶段，由于近年来的高校扩招政策，大学入学率上升，家庭文化因素的影响有所下降，由于地区和城乡因素影响比例的提高，降低了文化资本的作用。

第五，个体特征的贡献率在小范围内波动，可能与出生人口的性别比等因素有关，对入学机会不构成主要影响。

（三）各阶段升学机会的影响因素及其年代变化的回归模型

为了考察城乡居民升学机会的差距及其年代变化，在不同的升学阶段分别使用两个模型进行分析，模型一为引入户籍及其他控制变量的多元模型，并将历史时期作为自变量代入，以检验各个变量特别是户籍因素对于升学机会的净效应；模型二为引入历史时期和户籍交互项的多元交互模型，检验户籍因素对于入学机会的影响在不同时间段的显著性，

---

① 李春玲：《高等教育扩张与教育机会不平等——高校扩招的平等化效应考查》，《社会学研究》2010年第3期。

即城乡居民的升学机会差距是否具有年代变化趋势。得到式（4-3）、式（4-4）。

$$\log\left(\frac{p_{ij}}{1-p_{ij}}\right) = \beta_{0j} + \beta_{1j}hukou + \beta_{2j}ISEI_{ij} + \beta_{3j}pedu_{ij} + \beta_{4j}sex_{ij}$$
$$+ \beta_{5j}nation_{ij} + \beta_{6j}niandai1_{ij} + \beta_{7j}niandai2_{ij} + \mu_{ij} \quad (4-3)$$

$$\log\left(\frac{p_{ij}}{1-p_{ij}}\right) = \lambda_{0j} + \lambda_{1j}hukou + \lambda_{2j}ISEI_{ij} + \lambda_{3j}pedu_{ij} + \lambda_{4j}sex_{ij}$$
$$+ \lambda_{5j}nation_{ij} + \lambda_{6j}niandai1_{ij} + \lambda_{7j}niandai2_{ij} \quad (4-4)$$
$$+ \lambda_{8j}hukou_{ij} \times niandai1_{ij} + \lambda_{9j}hukou_{ij} \times niandai2_{ij} + \delta_{ij}$$

设置年代虚拟变量 $niandai1$、$niandai2$，以1970—1979年出生的人口为参照组，$niandai1 = 0$ 且 $niandai2 = 0$ 表示1970—1979年出生人口，$niandai1 = 1$ 且 $niandai2 = 0$ 表示1980—1989年出生人口，$niandai1 = 0$ 且 $niandai2 = 1$ 表示1990—1997年出生人口；$hukou \times niandai$ 表示户籍和年代的交互项；μ 和 δ 表示误差项。

为了考察对教育机会公平影响较大的家庭阶层和文化资本的年代变化趋势，将年代与这两个变量的交互项引入模型，进行实证分析。

1. 各阶段升学机会的影响因素

表4-8是升学模型的回归结果，它显示了1970—1997年出生人口在各个入学阶段升学情况的影响因素和城乡差距的年代变化。

表4-8 各阶段升学机会的影响因素及其年代变化的回归模型（城乡）

变量	小学升初中		初中升高中		高中升大学	
	一	二	三	四	五	六
城乡	-1.654*** (0.133)	-1.677*** (0.154)	-1.612*** (0.072)	-1.621*** (0.097)	-0.454*** (0.073)	-0.295*** (0.127)
家庭阶层	0.017*** (0.004)	0.0167*** (0.004)	0.014*** (0.002)	0.015*** (0.002)	0.003 (0.002)	0.004 (0.002)
文化资本	0.798*** (0.066)	0.799*** (0.066)	0.586*** (0.404)	0.588*** (0.040)	0.393*** (0.043)	0.395*** (0.043)

续 表

变量	小学升初中		初中升高中		高中升大学	
	一	二	三	四	五	六
性别	0.460*** (0.071)	0.460*** (0.071)	0.169*** (0.058)	0.171*** (0.585)	-0.054 (0.067)	-0.055 (0.067)
民族	0.765*** (0.107)	0.765** (0.107)	0.385*** (0.107)	0.389*** (0.108)	0.400*** (0.141)	0.401*** (0.141)
出生时期(以 1970—1979 年为参照组)						
1980—1989 年	—	0.871*** (0.309)	0.482*** (0.066)	0.634*** (0.139)	0.784*** (0.081)	0.939*** (0.106)
1990—1997 年	2.060*** (0.170)	1.679*** (0.599)	1.144*** (0.848)	0.700*** (0.179)	0.760*** (0.090)	0.740*** (0.121)
出生时期与入学前户口交互项						
户口× 1980—1989 年		0.032 (0.318)		-0.186 (0.156)		-0.363** (0.163)
户口× 1990—1997 年		0.409 (0.624)		0.532*** (0.201)		-0.011 (0.178)
常数项	0.108 (0.208)	0.126 (0.218)	-0.758*** (0.153)	-0.763*** (0.159)	-1.952*** (0.188)	-2.021*** (0.192)
样本量	7775	7775	6623	6623	4031	4031
R^2	0.209	0.209	0.211	0.212	0.074	0.075

注：括号内为稳健标准误；***、**、*分别为1%、5%和10%的显著性水平。

(1) 小学升入初中阶段

第一列显示，小学升入初中的概率"80后""90后"较"70后"人口有显著提升。户籍影响显著，农村人口的升学机会与城镇人口相比低约81% $(1-e^{-1.654})$；家庭阶层和家庭文化资本对入学机会存在显著的正效应，家庭阶层和文化资本越高，入学机会越大；汉族人口的升学机会高于少数民族；男性的升学机会高于女性，在小学升初中阶段最高，也体现了女孩辍学问题的根源在于初级教育阶段。第二列检验了户口与年代的交互效应，两个交互项的系数都不显著，表明小学升入初中阶段的城乡差距没有显著变化，即义务教育阶段的城乡差距不随年代的变化发生变化，义务教育阶段的城乡差距对教育机会的影响保持稳定，说明义务教育的政策得到了普遍落实。

（2）初中升入高中阶段

第三列显示，与"70后"相比，"80后""90后"的年代变化显著，表明在这一阶段升入高中的机会显著，"90后"增加了将近200%（$e^{1.144}-1$）。户籍影响显著，农村人口的升学机会比城镇人口低约80%（$1-e^{-1.612}$）；家庭阶层和家庭文化资本对入学机会存在显著的正效应，家庭阶层和文化资本越高，入学机会越大；汉族人口的升学机会高于少数民族；男性的升学机会高于女性，这些对于升学的影响均小于小学升入初中阶段的影响。第四列的交互效应显示，与"70后"相比，"80后"的户籍差异对教育机会的影响变化不显著，"90后"的农村人口与城镇人口升学机会差距年代变化显著，且这种差距呈现缩小的趋势。具体来看，"70后"农村学生升入高中的概率与城镇相比低80%（$1-e^{-1.621}$），"90后"这一比例下降为66%（$1-e^{-1.621+0.532}$），表明"90后"农村人口更多地接受了高中阶段教育。高中阶段是非义务教育阶段，教育成本有所提高，但是由于经济水平的提高，高校扩招导致升入大学预期提高等一系列因素的影响，以及近年来农村教育投入的增加，"90后"农村人口的总体教育年限有显著提高，缩小了城乡差距。

（3）高中升入大学阶段

第五列显示，高中升入大学阶段的年代差异显著，与"70后"人口相比，"80后""90后"人口的入学机会是其约2倍（$e^{0.784}$、$e^{0.760}$），升学机会显著提高，城乡差距为37%（$1-e^{-0.454}$），差距在各个升学阶段中最小，体现了高考选拔的公平性。家庭文化资本的影响显著，表明家庭的文化氛围和教育程度对于子女接受高层次教育的影响十分明显。

与其他升学阶段相比，性别差异在这一阶段不显著，女性在高等教育阶段的升学能力与男性几乎没有差异，也说明普及义务教育对于提高女性受教育程度的重要性。从交互效应来看，"80后"人口的城乡差距对教育机会的影响有扩大趋势，"80后"是高校扩招政策颁布后的第一批学生，受到扩招的影响较明显。这也反映了大学，特别是重点大学学生来源于农村和低收入群体的比例有所减少的趋势，但这一现象在"90后"人口中体现不明显，说明国家平衡教育资源投入，加大对农村教育的支持力度，在高考政策中注重对农村人口和低收入群体的倾斜等一系列政策有效地增加了农村生源入学比例，缩小了城乡差距。

2. 家庭阶层与文化资本的年代变化

表4-9是引入家庭阶层与升学模型与年代交互项的回归结果，为了避免重复分析，本节仅对年代相互项进行分析。

表4-9 各阶段升学机会影响因素的年代变化回归模型（其他）

变量	小学升初中 一	小学升初中 二	初中升高中 三	初中升高中 四	高中升大学 五	高中升大学 六
城乡	-1.654*** (0.170)	-1.654*** (0.170)	-1.610*** (0.111)	-1.608*** (0.112)	-0.452*** (0.095)	-0.451*** (0.095)
家庭阶层	0.016*** (0.004)	0.017*** (0.004)	0.011*** (0.003)	0.015*** (0.002)	-0.007* (0.004)	0.004 (0.003)
文化资本	0.795*** (0.094)	0.723*** (0.104)	0.582*** (0.058)	0.468*** (0.071)	0.395*** (0.051)	0.191** (0.075)
性别(男性=1)	0.459*** (0.107)	0.454*** (0.107)	0.168*** (0.063)	0.161*** (0.064)	-0.0552 (0.059)	-0.057 (0.061)
民族(汉族=1)	0.763*** (0.197)	0.761*** (0.195)	0.382** (0.154)	0.383** (0.155)	0.417** (0.187)	0.410** (0.190)
1980—1989年	0.816*** (0.247)	0.724*** (0.210)	0.192 (0.192)	0.177 (0.173)	-0.108 (0.217)	-0.209 (0.246)

续　表

变量	小学升初中 一	小学升初中 二	初中升高中 三	初中升高中 四	高中升大学 五	高中升大学 六
1990—1997年	1.857*** (0.379)	1.309** (0.521)	1.061*** (0.355)	0.679** (0.290)	0.521*** (0.194)	0.492** (0.203)
家庭阶层× 1980—1989年	0.004 (0.010)	—	0.0106* (0.006)	—	0.025*** (0.005)	—
家庭阶层× 1990—1997年	0.009 (0.018)	—	0.003 (0.010)	—	0.006 (0.005)	—
文化资本× 1980—1989年	—	0.135 (0.139)	—	0.184** (0.0799)	—	0.447*** (0.091)
文化资本× 1990—1997年	—	0.539 (0.430)	—	0.272** (0.117)	—	0.135* (0.067)
常数项	0.136 (0.324)	0.202 (0.335)	-0.650*** (0.209)		-1.576*** (0.309)	-1.542*** (0.328)
	7775	7775	6623	6623	4031	4031
R^2	0.209	0.210	0.212	0.212	0.080	0.079

注：括号内为稳健标准误；***、**、*分别为1%、5%和10%的显著性水平。

（1）家庭阶层的年代变化

第一、三、五列显示了不同教育阶段家庭阶层与年代的交互项，小学升入初中阶段的两个交互项的系数都不显著，表明小学升入初中的家庭阶层差距对入学机会的影响没有显著变化，即义务教育阶段家庭阶层差距对教育机会的影响不随年代的变化发生变化，义务教育阶段的家庭阶层差距保持稳定，说明义务教育的政策得到了普遍落实。在初中升入高中阶段，交互效应显示，与"70后"相比，"80后"的家庭阶层差异年代变化显著，且这种差距呈现扩大的趋势，"90后"的差距年代变化不显著。说明在初中升入高中阶段，"80后"的家庭阶层对于教育公平的影响变大，教育的代际传递增加，在"90后"又有所缓解。在高等教育阶段，交互效应显示，与"70后"相比，"80后"的家庭阶层差异年代变化显著，且这种差距呈现扩大的趋势，"90后"的差距年代变化不显著，说明在高等教育阶段，"80后"的家庭阶层对于教育公平的影响变大，教育的代际传递效应增加，"90后"有所缓解。综合来看，在非义务教育阶段，家庭阶层差距对教育公平的影响，"80后"有所增加，近年来又有所缓解，表明了中国高校扩招后，阶层较高、经济条件较好的家庭的子女的受教育机会更多。近年来，中国教育投入在保证义务教育阶段的基本投入后，逐渐向高中教育和高等教育延伸，缓解了家庭经济情况对教育机会的影响，保证了教育机会公平的实现。

（2）文化资本的年代变化

第二、四、六列显示了不同教育阶段文化资本与年代的交互项，小学升入初中阶段的两个交互项的系数都不显著，表明小学升入初中的文化资本差距对入学机会的影响没有显著变化，即义务教育阶段文化资本差距对教育机会的影响不随年代的变化发生变化，义务教育阶段的文化资本差距保持稳定，说明义务教育的政策得到了普遍落实。在初中升入高中阶段，交互效应显示，与"70后"相比，"80后"的文化资本差异年代变化显著，"90后"的差距年代变化也显著，且这种差距呈现逐渐扩大的趋势。在高等教育阶段，交互效应显示，与"70后"相比，"80后""90后"的文化资本差异年代变化显著，且差距呈现扩大的趋势。综合来看，在非义务教育阶段，家庭文化资本差距对子女受教育机会和最终的教育获得影响呈现扩大趋势，教育的代际传递效应逐渐加大。在现阶段除了平衡教育资源外，还需要增加教育机会，提高人均受教育年限才能在根本上提高平均家庭文化资本，减少代际传递效应对教育机会公平的影响。

（四）结论

本节全面分析了中国各教育阶段入学机会的影响因素，并重点分析了城乡差距，对影响因素的年代变化趋势进行了研究，得出以下结论。

第一，中国各个教育阶段、不同年龄段的城乡差距均显著，城乡差距显著影响教育机会。

第二，城乡因素对教育机会公平的要素贡献率较高。在教育阶段方面，初中升入高中阶段影响最大。在年代变化方面，小学升入初中阶段的贡献率明显下降，在初中升入高中机会上，"70后"和"80后"的城乡差距贡献率有所提高，"90后"的城乡差距贡献率大幅度下降；在高中升大学阶段，城乡差距的贡献率有所上升。

第三，城乡差距对教育机会影响的年代变化方面。小学升入初中阶段，户籍影响显著，农村人口的升学机会明显低于城镇人口，户口与年代的交互效应不显著，表明小学升入初中阶段的城乡差距没有显著变化，即义务教育阶段的城乡差距不随年代的变化发生变化，义务教育阶段的城乡差距对教育机会的影响保持稳定。初中升入高中阶段，户籍影响显著，农村人口的升学机会明显低于城镇人口。与"70后"相比，"80后"的户籍差异对教育机会的影响变化不显著，"90后"农村人口与城镇人口升学机会差距年代变化显著，且这种差距呈现缩小的趋势。高中升入大学阶段，城乡差距在各个升学阶段中最小，"80后"人口的城乡差距对教育机会的影响有增大趋势，交互效应在"90后"人口中表现不明显。

四 本章小结

本章使用 CGSS 在 2013 年和 2015 年的数据，利用梅尔升学模型对城乡居民升学机会的差距及其影响因素进行了分析，分别对 1970—1979 年、1980—1989 年和 1990—1997 年出生人口在不同教育阶段的入学机会进行了研究，检验了小学升入初中，初中升入高中和高中升入大学三个升学阶段的入学机会的影响因素，着重分析了户籍和年代影响，并将户籍及其他关键因素与年代的交互引入模型进行了检验，得出以下结论。

第一，升学机会的年代变化。中国长期的教育投入和教育扩展显著增加了教育供给，提高了升学机会供给。小学升初中、初中升高中、高中升大学机会随着时间的变化增加均显著，体现了义务教育的普及成效、高中教育和高等教育的普及力度。特别是"90后"人口在初中升高中阶段有明显增加，高校扩招政策显著提升了"80后"人口的高等教育比例，"80后""90后"人口是中国教育政策实施的最大受益人群，也说明了中国教育事业的持续发展。

第二，升学机会的城乡不平等。中国升学机会的城乡差距在各个升学阶段均存在。城乡差距是对教育机会公平产生影响的众多因素中的主要因素。从结构来看，城乡升学机会不平等在初等教育阶段表现明显，教育层次越高差距越小。宏观方面，要求中国在教育资源的分配上向基础教育阶段，特别是农村的基础教育阶段倾斜；微观方面，家庭要注重子女的基础教育，提高基础教育的质量，才能增加高等教育的升学机会，提升子女的学历水平。

第三，升学机会城乡不平等的年代变化。引入户籍与出生时间的交互项进行分析，从模型结果可以看出，初中升入高中阶段的城乡不平等的年代变化显著，在这升学一阶段，"90后"城乡差距有缩小趋势，这也说明近年来国家对农村高中阶段教育进行政策支持，减免高中阶段学杂费和普及高中阶段教育成果显著。本节研究的高中教育阶段包括技校和中专，说明近年来国家对民办教育和职业教育的支持取得了显著成效，这类学校的发展有效提升了"90后"人口的在校教育年限，降低了城乡差距水平。在"80后"人口从高中升入大学的入学机会方面，城乡差距有一定的扩大趋势，高校扩招增加了高等教育的入学机会，城镇人口最先受益，扩大了高等教育入学机会的城乡差距。随着中国高等教育招生政策的调整和农村基础教育阶段教育水平的提升，及近年来高校实施招收农村和贫困地区学生的专项政策，升学机会城乡不平等这一现象在"90后"人口中有所改善。

第四，升学机会的影响因素。家庭阶层对于初级教育阶段的升学机会有显著影响，但对于高等教育阶段影响并不显著，说明贫困家庭子女可以通过自身努力提高自身的受教育程度。促进教育公平的关键环节在初级教育阶段，国家相关政策向初级教育倾斜可以有效降低家庭阶层对于升学机会的影响。文化资本对于不同升学阶段均有显著影响，父母受教育程度较高，会在潜移默化中对子女的教育产生影响，提高子女的学习积极性和学习能力，教育的代际传递效应显著。性别方面，在初级教育阶段，男性获得的升学机会要高于女性；但是高中升大学阶段，性别差异不明显，降低女童辍学率、提高女性受教育程度的关键环节在基础教育阶段。汉族人口的升学机会均显著高于少数民族，这要求教育政策向少数民族地区倾斜。

第五章 公共教育资源配置公平与包容性增长的实现

——政府教育支出及其区域不平衡性

包容性增长的实现需要政府进行合理配置，平衡各地区的资源，实现共同发展。本章主要从教育过程公平的角度研究政府教育支出及其区域不平衡性，以及影响政府教育支出的因素，主要包括政府教育支出的相关指标及其区域差距的衡量，受教育人口和财政结构对政府教育支出的影响。

一 政府教育支出

（一）政府教育支出的作用

教育资源的公平分配是实现教育公平的重要保障，政府教育支出是实现教育资源分配的重要手段。政府在教育支出的选择过程中，要考虑如何将有限的教育资源进行公平合理分配。宏观层面的教育公平，按照实现过程分为起点公平、过程公平和结果公平。过程公平是指公共教育资源配置公平，教育过程公平是教育公平的关键环节，是指受教育者享有同等的公共教育资源作为物质保障[①]，根据受教育者自身和不同地

---

① 王善迈:《教育公平的分析框架和评价指标》，《北京师范大学学报》（社会科学版）2008年第3期。

区的实际情况进行教育资源的合理配置。改革开放以来，中国大力推行九年义务教育，提高财政性教育经费占 GDP 的比例。自 1999 年开始，高等教育（包括大学本科、研究生）院校不断扩大招生人数的教育改革政策颁布实施；2008 年后，逐渐控制扩招比例；2008 年国际金融危机后，教育部开始调节研究生招生比例。这些政策的实施都需要师资等教育资源的投入，教育经费的投入水平和侧重点也会随着教育政策的变化而变化。

  教育财政投入对一个国家或地区的教育发展具有决定性的影响。① 政府教育投入是一国发展的基础性和战略性的投资，是发展教育事业的重要物质基础，也是公共财政保障的重点。② 财政教育投入的大幅增加，为教育改革发展提供了有力支持，中国教育事业总体发展水平进入世界中上行列。中国教育和人力资源发展水平已成功实现了从中等偏下向中等偏上的跨越，教育普及水平在世界中等收入国家中处于领先位置，教育水平与发达国家的差距逐步缩小。相对于新兴经济体国家和发展中人口大国，我国教育发展的比较优势越发明显，显著提升了中国教育的国际地位。国家教育事业发展"十三五"规划中提出完善教育投入机制，保证国家财政性教育经费支出占国内生产总值的比例不低于 4%，义务教育全面纳入公共财政保障范围，使用财政投入来平衡教育资源和保障教育公平。

  人均财力的均等化是推进基础教育公共服务均等化的重要手段之一。近年来，随着经济和社会的发展，政府对于教育投入的整体规模和水平都有所提升，但也面临着区域不平衡的问题。政府教育支出是提高教育质量和教育水平的重要保障，保证政府教育支出的区域均衡，可以平衡教育资源分配，实现教育均等化发展。研究政府教育支出区域均等化的动态趋势，对政府合理分配教育经费和资源，制定教育政策，实现教育公平具有重要意义。

---

  ① 李秉中：《中国教育经费支出的制度性短缺与改进路径》，《教育研究》2014 年第 10 期。
  ② 赵楠、贾玮：《中国教育经费发展的国际地位研究》，《经济统计学》（季刊）2017 年第 2 期。

国家教育支出是保障包容性增长和实现教育公平的重要宏观经济手段，国家教育投入的均衡可以保证教育资源分配的公平；同时通过教育投入的倾斜和调整，帮助教育落后地区实现教育的快速发展，缩小地区、城乡和学校之间的教育差距。

（二）政府教育支出指标

中国教育经费支出指标中常用的包括国家财政性教育经费、公共财政预算教育经费、地方公共财政支出中用于教育的经费等。常用的结构指标有国家财政性教育经费占国内生产总值（GDP）的比重、国家财政性教育经费占公共财政支出的比例、国家财政性教育经费占本地区全部教育经费的比例等，见表5-1，需要根据不同的研究内容和实际情况进行指标的选择和比较。

表5-1　　　　　　　　　政府教育支出的指标

指标	名　称	解　释
经费指标	国家财政性教育经费	来自中国教育部门经费统计系统的统计指标，包括公共财政预算教育经费、各级政府征收用于教育的税费、企业办学中的企业拨款、校办产业和社会服务收入用于教育的经费和其他属于国家财政性教育的经费。它系统反映了各级各类教育单位从国家各级财政部门获得的经费收入
	公共财政预算教育经费	中央、地方各级财政和上级主管部门在本年度安排，列入国家预算支出科目的教育经费，是国家财政性教育经费的重要组成部分
	用于教育部分的地方公共财政支出	财政部门对于教育经费支出统计指标，反映财政对教育事业的支持程度
结构性指标	国家财政性教育经费/GDP	国家财政性教育经费占GDP的比例是反映一个国家对教育支持力度的重要指标。这也是一般进行教育经费国际比较的指标
	国家财政性教育经费/公共财政支出	反映财政支出对于教育的相对支持力度
	国家财政性教育经费/本地区全部教育经费	反映地区教育经费的来源结构

资料来源：《中国教育经费统计年鉴》。

1. 国家财政性教育经费占国内生产总值比例

国家财政性教育经费占国内生产总值的比例是反映一个国家对教育支持力度的重要指标。《教育法》规定，国家财政性教育经费支出占国民生产总值的比例应当随着国民经济的发展和财政收入的增长逐步提高。中国在 2012 年达成了 1993 年《中国教育改革和发展纲要》提出的国家财政性教育经费占 GDP 的比例 4% 的目标。图 5-1 展示了国家财政教育经费占国内生产总值比重的全国和东、中、西部地区均值的结果。从全国来看，国家财政性教育经费在国内生产总值中的占比在 2012 年达到 4% 后，虽然有所回落，但一直高于 4%。2017—2019 年国家财政性教育经费在国内生产总值中占比分别为 4.14%、4.11%、4.04%。

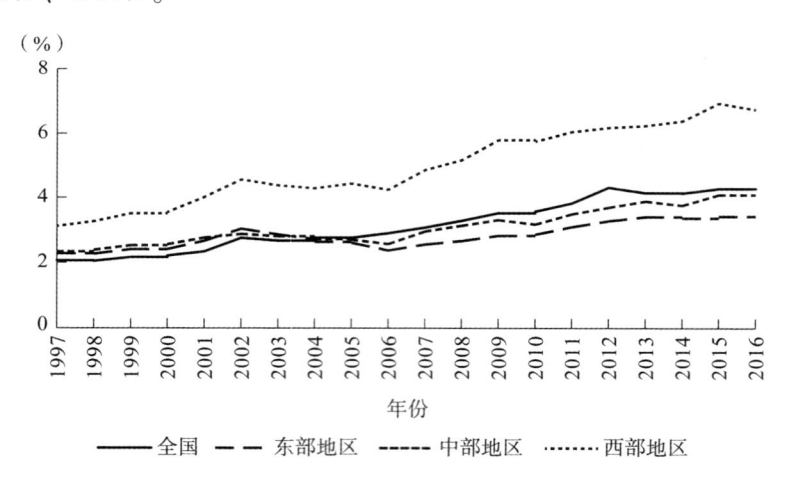

图 5-1 国家财政性教育经费占 GDP 比例

数据来源：根据万德数据库整理。

从全国来看，国家财政性教育经费占 GDP 比例在 2012 年达到 4% 后，虽然有所回落，但一直高于 4%。分地区来看，西部地区的这一指标远远高于全国水平，东部和中部地区的均值低于全国水平，中部地区高于西部地区，体现了中国教育投入的调节作用。西部地区经济和教育水平发展落后，所以用于教育的经费比例高于其他地区，以保证教育的优先发展。

2. 国家财政性教育经费占国内生产总值比例的重新核算

2012 年，中国财政性教育经费占 GDP 的比重达到 "4%" 的目标，标志着中国教育经费由提高数量向优化结构方向发展。2016 年，为了推进中国国民经济核算与国际接轨，利于数据的国际比较，国家统计局根据国际标准《国民账户体系 2008》（System of National Accounts 2008, SNA 2008），将能够为所有者带来经济利益的研发支出从中间消耗调整为固定资本形成①，对历年国内生产总值（GDP）进行了修订。根据最新 GDP 数据，对 2009 年以来的国家财政性教育经费占 GDP 比例重新计算②，见表 5-2，GDP 修订前后的国家财政性教育经费占 GDP 对比情况如图 5-2 所示。

表 5-2　　国家财政性教育经费占 GDP 比例（2009—2015 年）

年份	国家财政性教育经费(亿元)	修订后 GDP(亿元)	国家财政性教育经费占 GDP 比例(修订后)(%)	国家财政性教育经费占 GDP 比例(修订前)(%)	下调幅度(%)
2009	12231	349081	3.50	3.54	0.04
2010	14670	413030	3.55	3.59	0.04
2011	18587	489301	3.80	3.84	0.04
2012	23148	540367	4.28	4.33	0.05
2013	24488	595244	4.11	4.16	0.05
2014	26421	643974	4.10	4.15	0.05
2015	29221	685506	4.26	4.32	0.06

数据来源：国家统计局。

---

① 中国国家统计局：《国家统计局关于改革研发支出核算方法修订国内生产总值核算数据的额公告｝，http://www.stats.gov.cn/tjsj/zxfb/201607/t20160705_1373924.html，2016 年 7 月 5 日。

② 赵楠、贾玮：《中国教育经费发展的国际地位研究》，《经济统计学（季刊）》2017 年第 2 期。

包容性增长与中国教育公平

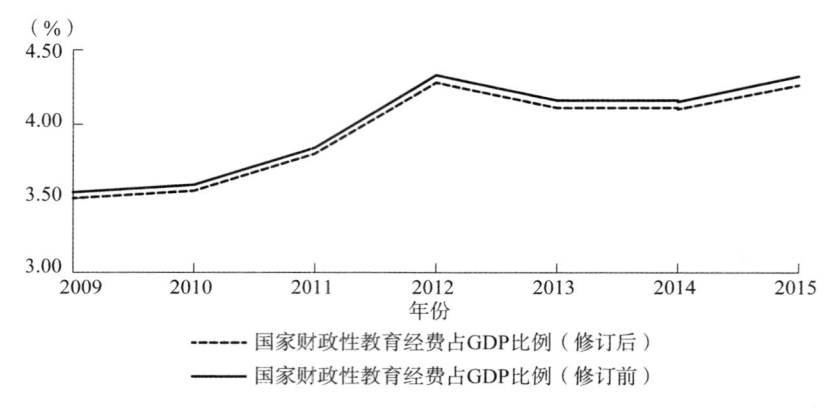

图 5-2　GDP 修订前后的国家财政性教育经费占 GDP 对比

根据新核算方法计算而得的国家财政性教育经费占 GDP 比例虽然有所下降，但新核算方法没有改变这一结构型比例的总体发展趋势，中国仍然于 2012 年顺利达成目标（4.28%），并一直保持在 4% 以上。

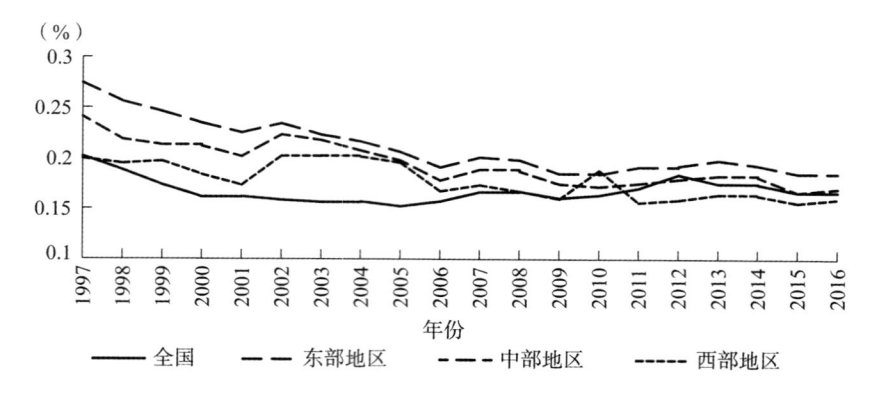

3. 国家财政性教育经费占公共财政支出比例

国家财政性教育经费占公共支出比例也是教育经费统计和比较中常用的结构性指标之一。图 5-3 展示了国家财政性教育经费占公共财政支出比例的全国与东、中、西部地区的均值。从全国来看，国家财政性教育经费占公共财政支出比例较稳定，在 2012 年达到峰值后有所回落。分地区来看，东部地区的比例最高，中部地区高于西部地区，且基本走势一致。

图 5-3　国家财政性教育经费占公共财政支出比例

(三) 政府财政支出结构与支出均衡的衡量与测度

研究政府教育支出不同维度的差距和变化趋势的计算域衡量，对于政府制定教育政策、平衡教育资源分配具有重要的意义。

政府教育资源的区域分配，如何统筹兼顾，实现效率与公平是研究的重点。王善迈等利用面板数据对中国 1988—1994 年的教育发展不平衡状况进行研究，指出各省间生均教育经费差异呈扩大趋势，教育发展不平等的重要原因是教育投资总量的不平衡。① 杜育红采用极差率、标准差和变异系数等测量方法，测算了高等教育发展的趋势及其空间分布特征，总结出中国地区间高等教育发展差异的特殊性，受益型高等教育差距扩大的趋势要快于地域型高等教育，结论表明高等教育管理要向地方化方向发展。② 钟宇平和雷万鹏通过对全国义务教育财政经费投入和财政政策的研究发现，中国普通小学生均教育支出的差距逐渐拉大，省际普通小学生均教育支出差距不断扩大，高于初中阶段的相对差距，且是在不考虑实际经费使用效率的情况下进行分析，实际差距可能更大。③ 2006 年开始实行义务教育财政体制改革，建立了"经费省级统筹，管理以县为主"的义务教育办学体制，过于依赖地方政府的财源可能形成地区之间义务教育投入的严重不平衡，需要国家的整体协调和分配，减少教育差距。④ 陈晓宇对中国教育经费的来源、分配和使用结构进行了梳理，得出以下结论：中国财政性教育经费占比将会有所提高，从长期来看，中等和高等教育的经费规模和占比将持续提高；总体经费

---

① 王善迈、杜育红、刘远新：《中国教育发展不平衡的实证分析》，《教育研究》1998 年第 6 期。

② 杜育红：《中国地区间高等教育发展差异的实证研究——高等教育研究》，《高等教育研究》2000 年第 3 期。

③ 钟宇平、雷万鹏：《公平视野下中国基础教育财政政策》，《教育与经济》2002 年第 1 期。

④ 宋超：《完善中国义务教育转移支付若干问题的思考》，《经济研究参考》2005 年第 37 期。

宽裕程度将有所提高，人员费占比将下降。[①] 赵力涛运用基尼系数和泰尔指数计算了中国 1997—2005 年生均教育经费的城乡差距和区域差距，认为中国教育在缩小城乡差距方面取得了明显效果，但是在地区差距的缩小上进程缓慢，教育财政的权力下放取得了一定的效果。[②] 高萍对中国区域基本公共教育均等化进行了分析，研究表明 2005—2011 年中国区域间不均等程度逐年降低。[③] 经济水平对教育经费支出有正向影响，教育支出占财政支出比与教育经费支出有负向关系。除了正规的三级教育，学前教育水平也会对教育成就产生影响，郭燕芬和柏维春利用 DEA 分析方法，对全国学前教育 2014 年经费投入效率进行分析，结果表明整体上学前教育投入存在效率损失，中部省份学前经费投入效率最高。[④]

衡量区域差异的方法有最大最小值比、变异系数、基尼系数和泰尔指数等，根据研究内容，本节分别计算国家财政性教育经费占 GDP 的比例和国家财政性教育经费占公共财政支出的比例的基尼系数和泰尔指数，分析中国政府支出不平等情况。

基尼系数是根据洛伦茨曲线提出的判断平等程度的指标，数值越大表示越不平等，采用经济学界常用的计算基尼系数公式，见式（5-1）。

$$G = \sum_{i=1}^{n} \sum_{j=1}^{n} \frac{|x_i - x_j|}{n}, 0 \leq G \leq 2u, u = \sum_{i=1}^{n} x_n \Big/ n \quad (5-1)$$

为了便于计算，通过数学变换可将基尼系数表示为数据相对平均差异值 1/2，见式（5-2）。

[①] 陈晓宇：《中国教育经费充足问题的回顾与展望》，《教育发展研究》2012 年第 1 期。
[②] 赵力涛：《中国义务教育经费体制改革：变化与效果》，《中国社会科学》2009 年第 4 期。
[③] 高萍：《区域基本公共教育均等化现状成因及对策——基于全国各省（市、自治区）面板数据的分析》，《宏观经济研究》2013 年第 6 期。
[④] 郭燕芬、柏维春：《中国学前教育经费投入效率的 DEA 分析——基于 175 所幼儿园的实证调查》，《教育与经济》2017 年第 6 期。

$$G = \frac{1}{2n^2 u} \sum_{i=1}^{n} \sum_{j=1}^{n} |x_i - x_j| \qquad (5-2)$$

其中，G 为基尼系数，n 为群体中的个体数量，x_i 和 x_j 分别是个体 i 和 j 的某项发展水平与群体平均水平的比值，u 是总样本某指标的均值。

泰尔熵标准又称泰尔指数，是由泰尔利用信息理论中的熵概念来计算收入不平等而得名。泰尔指数广泛应用于衡量人口和区域间差异的研究中，可以有效地衡量组内差距和组间差距对总差异的贡献，并被经济学家广泛使用。泰尔指数的计算公式见式（5-3）。

$$T = \frac{1}{n} \sum_{i=1}^{n} \frac{x_i}{u} \log(\frac{x_i}{u}), u = \sum_{i=1}^{n} x_n / n \qquad (5-3)$$

其中，T 表示泰尔指数，x_i 和 x_j 分别是个体 i 和 j 的某项发展水平与群体平均水平的比值，u 是总样本某指标的均值。

由于本节仅对政府财政支出的省际差异进行计算，所以不进行组内和组间差异的分解。

（四）政府教育支出的区域差异

衡量区域差异的方法有最大最小值比、变异系数、基尼系数和泰尔指数等，由于本节主要研究地区间的政府教育支出差距，因此分别计算国家财政性教育经费占 GDP 的比例、国家财政性教育经费占公共财政支出的比例的基尼系数和泰尔指数，见表 5-3，如图 5-4、图 5-5 所示，分析中国政府支出不平等情况。

表 5-3　　　　　　　　　政府教育不平衡测度

年份	国家财政性教育经费占 GDP 比例的基尼系数	国家财政性教育经费占公共财政支出比例的基尼系数	国家财政性教育经费占 GDP 比例的泰尔指数	国家财政性教育经费占公共财政支出比例的泰尔指数
1997	0.159	0.094	0.045	0.016
1998	0.170	0.088	0.054	0.013

续 表

年份	国家财政性教育经费占GDP比例的基尼系数	国家财政性教育经费占公共财政支出比例的基尼系数	国家财政性教育经费占GDP比例的泰尔指数	国家财政性教育经费占公共财政支出比例的泰尔指数
1999	0.170	0.091	0.055	0.014
2000	0.165	0.088	0.049	0.013
2001	0.176	0.097	0.053	0.017
2002	0.184	0.105	0.058	0.022
2003	0.191	0.098	0.071	0.018
2004	0.199	0.089	0.080	0.014
2005	0.222	0.084	0.102	0.013
2006	0.214	0.082	0.084	0.011
2007	0.229	0.073	0.104	0.009
2008	0.234	0.077	0.103	0.010
2009	0.253	0.079	0.114	0.010
2010	0.250	0.099	0.112	0.017
2011	0.243	0.084	0.107	0.012
2012	0.234	0.091	0.110	0.014
2013	0.224	0.087	0.094	0.012
2014	0.243	0.084	0.116	0.011
2015	0.258	0.079	0.130	0.010
2016	0.243	0.086	0.110	0.012

数据来源：《中国教育经费统计年鉴》《中国统计年鉴》。

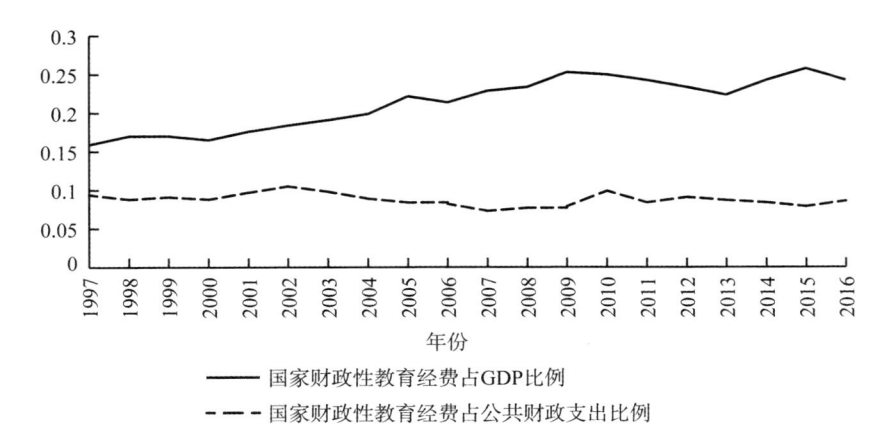

第五章 公共教育资源配置公平与包容性增长的实现

图 5 – 4　政府教育经费支出的基尼系数

——— 国家财政性教育经费占GDP比例
– – – 国家财政性教育经费占公共财政支出比例

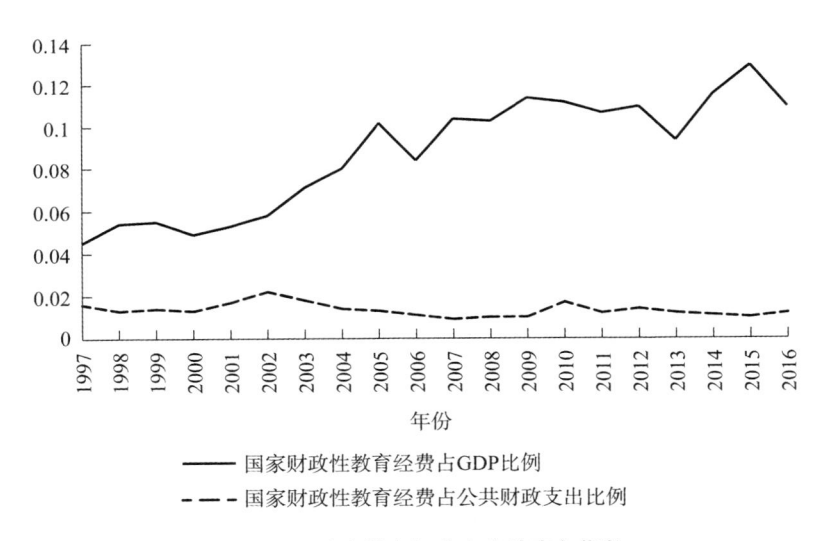

图 5 – 5　政府教育经费支出的泰尔指数

——— 国家财政性教育经费占GDP比例
– – – 国家财政性教育经费占公共财政支出比例

从图 5 – 4 和图 5 – 5 中可得出以下结论。第一，国家财政性教育经费支出占 GDP 比例的区域差距呈现逐渐扩大的趋势，在完成目标 4% 的 2012 年是阶段性低点，2012 年之后有所上升，2016 年又有小幅度的下降。由图 5 – 1 可知，经济较为落后的中西部地区这项指标高于全国水平，由此推断，在完成总量目标后，中国进行了教育经费投入的区域倾

· 183 ·

斜，向中西部教育薄弱地区倾斜，所以这项指标的区域差距有所扩大。第二，国家财政性教育经费占公共财政支出的比例的区域差距维持稳定并缓慢下降，反映了财政对于教育的支持力度在区域间逐渐趋于平衡。综上，反映出中国政府平衡教育资源和减小区域间差距的工作取得一定成效。

政府教育支出的规模和均等化程度受到多方面因素影响，包括教育政策、政府财力、政府支出结构、地区受教育人口和密集程度、教育成本等，本章主要从受教育人口和政府财政即财政分权方面进行分析。

二 政府教育支出与受教育人口

中国不同地区的经济社会发展情况不同，不同的人均教育经费支出对受教育人口数量增长产生的影响不同。假设一般情况下，接受教育人口数量应该随着政府教育支出的增长而有所提高，但区域的具体情况也会对政府教育支出的效果产生限制。选用 Verhulst 模型能够较好地对区域间政府教育与人口素质之间的动态关系进行衡量。[①] 该模型较为简单，不考虑其他因素，具有一定的局限性，但可以反映两者的动态关系。

根据本节的研究内容，建立以下两个模型。第一，人均教育经费支出与以上学历人口比例的 Verhulst 模型，计算各省份在人均教育经费支出限制下接受初中以上教育的人口占比。第二，义务教育阶段生均教育经费支出与义务教育阶段在校生人口比例的 Verhulst 模型，计算各省份义务教育阶段生均教育支出限制下在校生人口比例，并对原始值和模型值进行比较分析。

---

① 廖楚晖：《政府教育支出区域间不平衡的动态分析》，《经济研究》2004 年第 6 期。

（一）模型

Verhulst 模型是灰色预测模型的一种，主要用来描述具有饱和状态的过程，常用于生物生长、人口预测、产品经济寿命预测和繁殖预测等。设原始数列，见式（5-4）。

$$x_0 = x_0(1), x_0(2), \cdots, x_0(n) \quad (5-4)$$

x_1 为 x_0 1 阶累加生成的序列，见式（5-5）。

$$x_1 = x_1(1), x_1(2), \cdots, x_1(n) \quad (5-5)$$

其中，$x_1(k)$ 的计算方式见式（5-6）。

$$x_1(k) = \sum_{i=1}^{k} i, k = 2, 3, \cdots, n \quad (5-6)$$

z_1 为 x_1 的均值生成序列，则有式（5-7）。

$$z_1 = z_1(2), z_1(3), \cdots, z_1(n) \quad (5-7)$$

其中，$z_1(k)$ 的计算见式（5-8）。

$$z_1(k) = 0.5[x_1(k) + x_1(k-1)], k = 2, 3, \cdots, n \quad (5-8)$$

则称得出式（5-9）。

$$x_0 + az_1 = b(z_1)^2 \quad (5-9)$$

式（5-9）灰色 Verhulst 模型，a 和 b 为参数，则得出式（5-10）。

$$\frac{dx_1}{dt} + ax_1 = b(x_1)^2 \quad (5-10)$$

式（5-10）为灰色 Verhulst 模型的白化方程，其中 t 为时间。

若 $u = [a, b]^T$ 为参数列，且有式（5-11）。

$$B = \begin{bmatrix} -z_1(2)(z_1(2))2 \\ -z_1(3)(z_1(3))2 \\ \vdots \\ -z_1(n)(z_1(n))2 \end{bmatrix}, Y = \begin{bmatrix} x_0(2) \\ x_0(3) \\ \vdots \\ x_0(n) \end{bmatrix} \quad (5-11)$$

则参数列 u 的最小二乘估计满足式（5-12）。

$$\hat{u} = [\hat{a}, \hat{b}] = (B^T B)^{-1} B^T y_n \qquad (5-12)$$

白化方程的解为式（5-13）。

$$x_1(t) = \frac{\hat{a} x_0(1)}{\hat{b} x_0(1) + [\hat{a} - \hat{b} x_0(1)] e^{\hat{a} t}} \qquad (5-13)$$

灰色 Verhulst 模型的时间序列为式（5-14）。

$$\hat{x}_1(t) = \frac{\hat{a} x_0(1)}{\hat{b} x_0(1) + [\hat{a} - \hat{b} x_0(1)] e^{\hat{a} t}} \qquad (5-14)$$

还原式为式（5-15）。

$$\hat{x}_0(n+1) = \hat{x}(n+1) - \hat{x}_1(n) \qquad (5-15)$$

其中，x_0 为教育阶段在校生比例，a、b 为根据相关的数据拟合得到的反映增长和限制的系数。

（二）数据

根据 Verhulst 建模要求，为了便于比较，选择 2009 年、2012 年、2015 年三个年度进行比较分析见表 5-4、表 5-5 所示。数据根据《中国统计年鉴》《中国教育年鉴》和《中国教育经费统计年鉴》及各省份统计年鉴整理得出。

1. 人均教育经费支出

用各省（直辖市、自治区）国家财政性教育经费和地区总人口计算得出。

2. 初中以上人口所占比例

考虑统计数据和简化分析，本章使用受教育程度为初中及以上人口占 6 岁以上人口比例（抽样数据）作为代理变量。

3. 义务教育阶段生均教育支出

用各省（直辖市、自治区）普通小学和普通初中生均教育经费支出和小学、初中阶段在校生人口整理计算而得。

4. 义务教育阶段在校生人口比重

由各省（直辖市、自治区）普通小学和普通初中在校生人数和总人口计算而得。由于模型采用横截面数据，并按照不同年份进行分析，所以不需要进行价格指数调整。

表5-4　2009年、2012年、2015年人均教育经费支出和初中以上人口比例

地区	人均教育经费支出(元) 2009年	2012年	2015年	初中以上人口所占比例(%) 2009年	2012年	2015年
北京	2468.77	3635.63	4520.05	83.903	88.454	87.742
天津	1469.01	3066.45	3086.76	78.754	80.474	81.846
河北	667.06	1195.29	1445.54	66.655	70.921	70.031
山西	868.78	1508.03	1974.16	71.112	75.870	76.097
内蒙古	1095.53	2062.09	2518.74	64.954	71.140	69.937
辽宁	954.57	1819.39	1620.53	73.428	77.365	77.483
吉林	866.81	1741.80	1824.20	69.893	73.302	72.236
黑龙江	721.89	1472.19	1594.48	70.411	72.726	73.177
上海	1730.91	3012.12	3421.65	82.640	84.932	83.603
江苏	947.77	1802.01	2280.62	65.411	70.765	71.121
浙江	1127.22	1807.10	2332.96	59.518	67.603	63.903
安徽	586.68	1355.43	1558.15	57.182	63.572	65.484
福建	888.09	1642.67	2109.99	57.843	62.542	63.567
江西	610.66	1439.83	1784.28	61.744	66.278	65.058
山东	672.10	1452.23	1761.62	64.895	67.651	68.926
河南	618.65	1276.79	1442.89	67.767	69.707	68.415
湖北	595.68	1099.07	1544.14	64.490	70.554	69.894
湖南	629.28	1197.84	1406.57	63.945	65.629	69.742
广东	895.46	1534.76	2084.19	68.656	73.975	73.951

续 表

地区	人均教育经费支出(元)			初中以上人口所占比例(%)		
	2009年	2012年	2015年	2009年	2012年	2015年
广西	628.39	1336.09	1765.57	60.081	61.583	63.958
海南	1048.45	1946.88	2566.43	66.196	72.981	73.629
重庆	813.06	1769.73	2121.95	53.713	60.497	62.834
四川	745.92	1337.14	1628.75	51.187	60.132	58.555
贵州	757.78	1520.64	2277.70	45.227	51.648	53.549
云南	814.63	1638.03	1906.36	41.684	43.571	53.267
西藏	1944.10	3172.90	5843.12	18.400	22.727	27.337
陕西	915.10	1871.37	2044.35	64.694	71.469	71.531
甘肃	923.57	1573.56	2122.91	50.018	57.380	58.355
青海	1306.94	3253.51	3239.42	45.078	48.981	48.265
宁夏	1084.01	1961.44	2540.13	59.984	59.544	63.575
新疆	1200.57	2180.14	2758.02	62.430	64.571	65.243

资料来源：根据各省统计年鉴、各省教育经费统计年鉴整理得出。

表5-5　2009年、2012年、2015年义务教育阶段生均教育经费和在校生人口比例

地区	义务教育阶段生均教育经费(元)			义务教育阶段在校生人口比例(%)		
	2009年	2012年	2015年	2009年	2012年	2015年
北京	18408.74	31480.52	40035.99	0.550	0.495	0.522
天津	11465.86	21429.59	22783.69	0.647	0.558	0.558
河北	4358.85	6618.01	8546.65	1.039	1.070	1.121
山西	4264.57	7287.44	11350.12	1.393	1.141	0.927
内蒙古	7167.46	12986.70	17733.15	0.946	0.848	0.778
辽宁	6179.17	11437.44	12548.29	0.833	0.744	0.687

续 表

地区	义务教育阶段生均教育经费(元)			义务教育阶段在校生人口比例(%)		
	2009 年	2012 年	2015 年	2009 年	2012 年	2015 年
吉林	6270.34	10340.34	15194.05	0.850	0.771	0.681
黑龙江	5239.42	9941.98	15016.08	0.848	0.801	0.624
上海	18831.02	24710.49	29460.99	0.497	0.501	0.501
江苏	7385.92	13324.45	16487.45	0.835	0.783	0.860
浙江	8286.30	11833.73	15594.65	0.951	0.906	0.912
安徽	3444.72	7602.18	10818.91	1.279	1.032	0.997
福建	5467.03	9704.53	12228.06	1.040	0.973	1.046
江西	3039.92	6035.63	9129.89	1.381	1.396	1.311
山东	4331.50	8235.53	10953.15	1.023	0.987	1.001
河南	2673.08	5104.89	7056.40	1.609	1.630	1.415
湖北	3978.35	7012.60	11064.56	1.041	0.838	0.807
湖南	4348.14	7269.79	9300.83	1.067	1.032	1.049
广东	4218.55	7603.79	11952.34	1.373	1.181	1.128
广西	3310.10	6088.07	8653.38	1.325	1.331	1.327
海南	4993.17	9892.69	13840.18	1.481	1.260	1.210
重庆	4724.27	10002.12	13004.58	1.193	1.029	1.006
四川	4640.10	7633.24	11163.83	1.188	1.071	0.961
贵州	2665.61	5653.65	9475.55	1.889	1.694	1.542
云南	4008.82	6998.08	10562.62	1.418	1.292	1.196
西藏	7984.93	13816.25	28269.06	1.510	1.373	1.265
陕西	5276.55	11006.01	12968.96	1.212	0.976	0.897
甘肃	3870.78	7044.52	11479.87	1.541	1.258	1.043

续　表

地区	义务教育阶段生均教育经费(元)			义务教育阶段在校生人口比例(%)		
	2009年	2012年	2015年	2009年	2012年	2015年
青海	6014.70	13075.01	16572.08	1.343	1.234	1.134
宁夏	4508.31	8489.02	12390.05	1.551	1.408	1.284
新疆	6376.22	11438.68	15379.58	1.390	1.274	1.253

资料来源：根据各省统计年鉴、各省教育经费统计年鉴整理得出。

(三) 模型计算和误差检验

1. 教育经费支出区域不平衡

对2009年人均教育经费支出和初中以上人口比例数据进行分析。建模要求原始数据等距离分布，表5－6中选择以安徽为起点，人均教育经费支出每隔约300元/人取一点（等距），分别为安徽、福建、海南、青海，从青海穿越上海到北京做均值光滑曲线，在曲线上每隔政府教育支出300元/人取点，以满足等距分布与非负条件，新疆到上海之间穿越青海、天津、上海的均值，上海到北京之间经过西藏，但由于西藏的初中以上人口比例极低，作为离散点处理，故取上海和北京的均值。

表5－6　人均教育经费支出建模要求原始数据等距离分布 (2009年)

地区	政府人均教育经费支出(元)	初中以上人口比例(%)
安徽	586.68	57.182
福建	888.09	57.843
新疆	1200.57	62.430
青海、天津、上海的均值	1502.29	68.824
上海	1730.91	82.640
6	2099.84	83.271
北京	2468.77	83.903

由于原始序列有明显的 S 形分布,可使用累减序列。满足建模等距离与非负条件的原始序列 $x_0(n)$ 及累减数列 $x_{-1}(n)$ 见式（5-16）、式（5-17）。

$$x_0(n) = (57.182, 57.843, 62.43, 68.824, 82.64, 83.271, 83.903)$$

(5-16)

$$x_{-1}(n) = (0.661, 4.587, 6.394, 13.816, 0.631, 0.632) \quad (5-17)$$

根据最小二乘法,形成数据阵,见式（5-18）。

$$B = \begin{bmatrix} -z_1(2) & [z_1(2)]2 \\ -z_1(3) & [z_1(3)]2 \\ \vdots \\ -z_1(7) & [z_1(7)]2 \end{bmatrix}, Y = \begin{bmatrix} x_0(2) \\ x_0(3) \\ \vdots \\ x_0(7) \end{bmatrix} \quad (5-18)$$

得到式（5-19）。

$$(B^T B)^{-1} B^T y_n = (-0.18, -0.0016)^T \quad (5-19)$$

由此可得,中国 2009 年初中以上人口所占比例的 Verhulst 模型为式（5-20）。

$$x_{n2009} = \frac{111.6}{1 + 0.952 e^{-0.18n}} \quad (5-20)$$

将 $n=1, 2, \cdots, 7$ 代入上式进行误差检验,见表 5-7。

表 5-7　2009 年初中以上人口比例原始数据、模拟值及误差　　　　单位:%

地区	原始值	模拟值	误差
安徽	57.182	57.182	0
福建	57.843	62.207	0.0754
新疆	62.430	67.128	0.0753
青海、天津、上海的均值	68.824	71.873	0.0443
上海	82.640	76.377	-0.076
6	83.271	80.590	-0.032
北京	83.903	84.478	0.007

进行误差检验，计算出原始数据标准差为 $S_1 = 11.972$，误差标准差为 $S_2 = 0.0519$，后验差 $C = S_2/S_1 = 0.0046$；小误差概率 $P = P[|e(i) - \bar{e}| < 0.675 S_1] > 0.95$，其中 $e(i)$ 为原始值和模拟值的残差，$\bar{e}$ 为残差的均值，符合建模精度要求。

根据以上计算方法，分别得到 2012 年和 2015 年初中以上人口所占比例的 Verhulst 模型模拟计算结果，误差结果均符合建模要求，见式（5-21）、表 5-8，以及式（5-22）、表 5-9。

$$x_{n2012} = \frac{62.15}{1 - 0.002 e^{0.123n}} \quad (5-21)$$

表 5-8　2012 年初中以上人口比例原始数据、模拟值及误差　　单位：%

地区	原始值	模拟值	误差
湖北	70.554	70.554	0
江西	66.278	71.831	0.084
吉林	73.302	73.333	0.0004
内蒙古	71.14	75.109	0.056
5	75.807	77.226	0.019
6	80.474	79.768	-0.009
天津	80.474	82.854	0.0296
8	84.464	86.645	0.026
北京	88.454	91.375	0.033

$$x_{n2015} = \frac{-52.78}{1 - 0.176 e^{-0.134n}} \quad (5-22)$$

表 5-9　2015 年初中以上人口比例原始数据、模拟值及误差　　单位：%

地区	原始值	模拟值	误差
湖南	69.742	69.742	0
吉林	72.236	71.674	-0.008
江苏	71.121	74.307	0.0448

续　表

地区	原始值	模拟值	误差
内蒙古	69.937	76.770	0.098
天津	81.846	79.365	-0.030
上海	83.603	82.103	-0.018
上海、北京的均值	85.672	84.997	-0.008
北京	87.742	88.059	0.004

2. 义务教育阶段经费区域不平衡

对 2009 年义务教育阶段生均教育经费（元/人）和在校生人口比例（%）数据进行分析。建模要求原始数据等距离分布，表中选择以天津为起点，义务教育阶段生均教育经费每隔约 1100 元/人取一点（等距），为浙江、内蒙古、青海、海南、甘肃、贵州，其中，天津到浙江做均值光滑曲线，在曲线上每隔政府教育支出 1100 元/人取点，以满足等距分布与非负条件，上海和北京由于数值较大，不计入等距分析，见表 5-10。

表 5-10　义务教育阶段生均教育经费建模要求原始数据等距离分布（2009 年）

地区	生均（元）	比例（%）
天津	11466	6.47
2	10406	7.48
3	9346	8.50
浙江	8286	9.51
内蒙古	7167	9.46
青海	6015	13.43
海南	4993	14.81
甘肃	3871	15.41
贵州	2666	18.89

满足建模等距离与非负条件的原始序列 $x_0(n)$ 及累加序列 $x_1(n)$ 分别为式（5-23）、式（5-24）。

$$x_0(n) = (6.47, 7.48, 8.50, 9.51, 9.46, 13.43, 14.81, 15.41, 18.89) \quad (5-23)$$

$$x_1(n) = (6.47, 13.95, 22.45, 31.96, 41.42, 54.85, 69.67, 85.08, 103.9) \quad (5-24)$$

根据最小二乘法，形成数据阵式（5-25）。

$$B = \begin{bmatrix} -z_1(2) & [z_1(2)]2 \\ -z_1(3) & [z_1(3)]2 \\ \vdots & \vdots \\ -z_1(9) & [z_1(9)]2 \end{bmatrix}, \quad Y = \begin{bmatrix} x_0(2) \\ x_0(3) \\ \vdots \\ x_0(9) \end{bmatrix} \quad (5-25)$$

得到式（5-26）。

$$(B^T B)^{-1} B^T y_n = (-0.102, 0.0029)^T \quad (5-26)$$

由此可得，中国2009年义务教育阶段的在校生人口比例的Verhulst模型，见式（5-27）。

$$x_{n2009} = \frac{-35.03}{1 - 6.41 e^{-0.102n}} \quad (5-27)$$

2009年义务教育阶段在校生人口比例原始数据、模拟值及误差（见表5-11）。

表5-11　2009年义务教育阶段在校生人口比例原始数据、模拟值及误差　　　　　　　　　　单位：%

地区	原始值	模拟值	误差
天津	6.47	6.47	0.00
2	7.48	7.29	-0.03
3	8.50	8.24	-0.03
浙江	9.51	9.34	-0.02
内蒙古	9.46	10.63	0.12

续 表

地区	原始值	模拟值	误差
青海	13.43	12.13	-0.10
海南	14.81	13.92	-0.06
甘肃	15.41	16.06	0.04
贵州	18.89	18.66	-0.01

进行误差检验，计算出原始数据标准差为 $S_1 = 0.0398$，残差标准差为 $S_2 = 0.0069$，后验差 $C = S_2/S_1 = 0.173$；小误差概率 $P = P[|e(i) - \bar{e}| < 0.674S_1] > 0.95$，其中 $e(i)$ 为原始值和模拟值的残差，$\bar{e}$ 为残差的均值，符合建模精度要求。

根据以上计算方法，分别得到 2012 年和 2015 年义务教育阶段在校生人口比例的 Verhulst 模型模拟计算结果，误差结果均符合建模要求，分别见式（5-28）、表 5-12 和式（5-29）、表 5-13。

$$x_{n\,2012} = \frac{21.79}{1 + 2.9e^{-0.19n}} \quad (5-28)$$

表 5-12　　2012 年义务教育阶段在校生人口比例原始数据、
模拟值及误差　　　　　　　　　　单位：%

地区	原始值	模拟值	误差
天津	5.58	5.58	0.00
2	6.31	6.42	0.02
3	7.03	7.33	0.04
4	7.76	8.29	0.07
内蒙古	8.48	9.31	0.10
陕西	9.76	10.35	0.06
福建、宁夏	11.90	11.40	-0.04
甘肃	12.58	12.44	-0.01
河南	13.27	13.45	0.01

$$x_{n\,2015} = \frac{11.13}{1 + 0.99e^{-0.48n}} \qquad (5-29)$$

表 5-13　　2015 年义务教育阶段在校生人口比例原始数据、模拟值及误差　　单位:%

地区	原始值	模拟值	误差
天津	5.58	5.58	0.00
2	6.68	6.90	0.03
内蒙古	7.78	8.07	0.04
浙江	9.12	9.02	-0.01
海南、重庆	11.08	9.73	-0.12
山西	9.27	10.22	0.10
湖南	10.49	10.55	0.01

(四) 模型结论

1. 教育经费支出区域不平衡

由于不同年份的政府人均教育经费支出存在变化,因此,按照模型等距离分布,选择的省份和数量有所不同。原始值与模拟值越接近,说明相较于接受过初中以上教育的人口比例,省际人均教育经费支出差距较小;原始值与模拟值偏离,说明相较于接受过初中以上教育的人口比例,省际义务教育阶段生均教育经费差距较大。如图 5-6 所示。

第一,2009 年到 2015 年,原始值与模拟值的偏离程度逐渐缩小,表明相较于初中以上人口比例,中国教育经费支出的省际差异逐渐缩小。

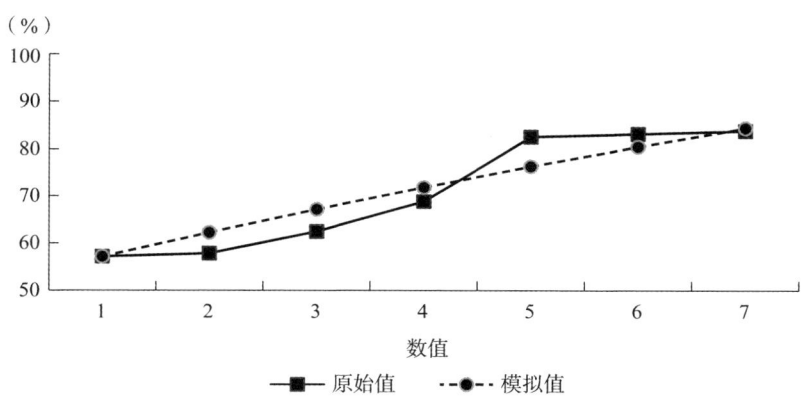

第五章 公共教育资源配置公平与包容性增长的实现

5-6a 2009年初中以上人口比例原始数据、模拟值

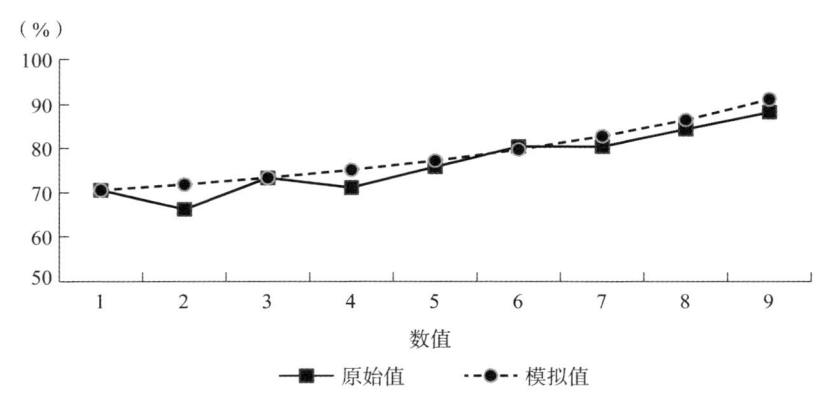

5-6b 2012年初中以上人口比例原始数据、模拟值

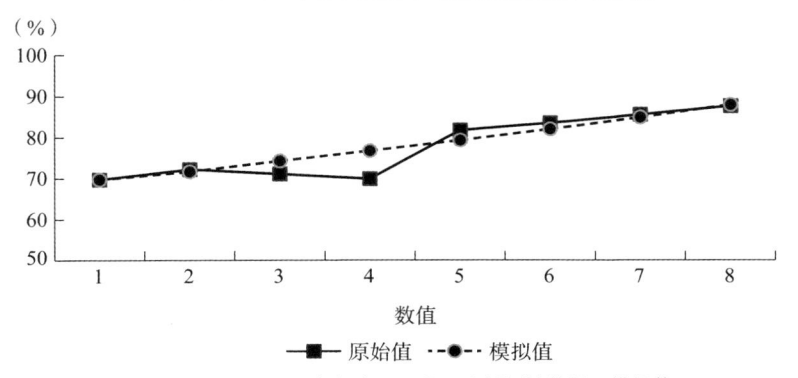

5-6c 2015年初中以上人口比例原始数据、模拟值

图 5-6 人均教育经费支出和初中以上人口比例模型结果

第二，2009年，人均教育经费支出水平较低的省（自治区），如江西、内蒙古等省（自治区），原始值低于模拟值，表明相较于受过初中教育的人口比例而言，人均政府教育经费支出过剩，存在一定的效率损失；而经济较发达地区，相较于受过初中教育的人口比例而言，人均政府教育支出产出水平较高，可以看出中国教育投入对这些地区的倾斜，降低了中国教育发展不平衡程度。

第三，2012年，大部分省份的原始值均略低于模拟值，差距不大，说明政府普遍加大了各省份的教育支出。

第四，2015年，原始值基本高于模拟值，差距进一步缩小，表明政府教育经费支出基本满足这些地区的需求，并逐步平衡。

2. 义务教育阶段经费区域不平衡

由于不同年份的义务教育阶段生均教育经费支出存在变化，与政府人均教育经费支出相比，义务教育阶段的生均教育经费支出地区差异更大，在模型取值方面北京、上海与其他省（直辖市、自治区）差异较大，部分年份没有计入模型。原始值与模拟值越接近，说明在义务教育阶段，省际生均教育经费支出相较于在校生人口比例差距较小；原始值与模拟值偏离，说明省际生均教育经费支出相较于在校生人口比例差距较大。

第一，在2009年、2012年、2015年这三年中，原始值与模拟值的偏离程度2012年最小，特别是在中国国家财政性教育经费支出占国内生产总值的比重达到4%的2012年前后，教育经费支出差距相对最小。2015年又有所扩大。说明在义务教育阶段，相较于在校生比例，教育经费支出的省际差异先缩小，2015年又有所扩大。

第二，2009年，部分生均教育经费支出较低的省份，原始值高于模拟值，表明政府义务教育支出投入产出水平较高，也说明这些地方的义务教育支出不足。

第三，2012年，大部分省份的原始值与模拟值相差不大，表明义务教育的政府投入增加且较为充足。

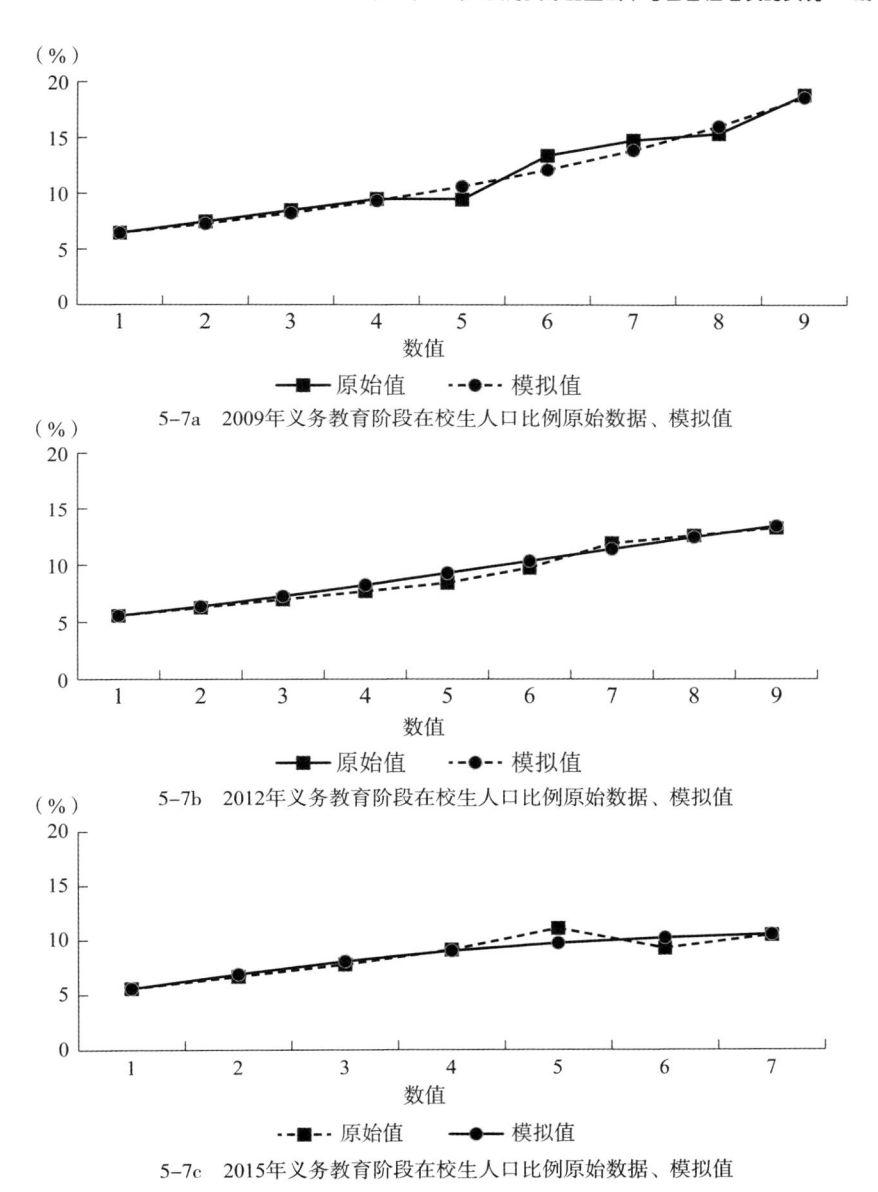

第五章 公共教育资源配置公平与包容性增长的实现

5-7a 2009年义务教育阶段在校生人口比例原始数据、模拟值

5-7b 2012年义务教育阶段在校生人口比例原始数据、模拟值

5-7c 2015年义务教育阶段在校生人口比例原始数据、模拟值

图5-7 义务教育阶段生均教育经费和在校生人口比例

第四，2015年，原始值和模拟值偏离程度有所扩大，可能受到近年来生育率的地区差距和人口流动的影响，说明在部分地区义务教育经费支出存在效率损失。

3. 结论

本节建立了 Verhulst 模型，针对义务教育阶段财政支出区域不平衡的情况，从两个方面进行动态分析。首先，对接受过义务教育的人口和人均教育经费建模，结果显示中国教育经费支出的省际差异逐渐缩小，近几年通过加大对于经济和教育落后地区的经费倾斜，有效地降低了中国教育发展的不平衡程度。其次，对义务教育阶段的在校生人数和生均教育经费建模分析，结果显示义务教育的省际差异先缩小，后又有扩大趋势，近几年加大义务教育经费的投入，部分地区存在效率损失，因此政府需要根据各地区的教育发展情况，制定有针对性的教育政策，既要满足教育需求又要防止效率损失。

三 政府教育支出与财政分权

中国从 1949 年至 20 世纪 80 年代中期，政府一直是基础教育公共产品的唯一供给者，地方政府实际上代替中央政府来完成教育公共服务的供给。1985 年颁布的《中国教育改革和发展纲要》及随后通过的《中华人民共和国义务教育法》规定，实施义务教育的责任，城市由市区一级政府承担，农村则由县级政府承担。乡镇政府也须基础教育承担的责任，但由于乡与县政府间责任的模糊导致了很多地方乡镇政府变成了当地学校教师工资和学校其他费用的资金提供者。2001 年的改革建立了"地方政府负责、分级管理、以县为主"的办学体制，规定农村基础教育的财政支出重心从乡级政府提升到县级政府；2006 年开始在西部农村地区实施；2007 年扩展至中部和东部农村地区，目标是在全国范围内建立"明确各级责任，中央地方共担，经费省级统筹，管理以县为主"的办学体制。[①] 2006 年开始实际义务教育财政体制改革，建立

[①] 乔宝云、范剑勇、冯兴元：《中国的财政分权与小学义务教育》，《中国社会科学》2005 年第 6 期。

了"经费省级统筹，管理以县为主"的义务教育办学体制。在对义务教育财政转移支付的研究中，普遍的观点认为转移支付是促进义务教育财政均衡的重要因素，但转移支付在制度设计和实际作用上具有一定的局限性，需要进一步改进和完善。过于依赖地方政府的财源可能形成地区之间义务教育投入的严重不平衡。[1]

财政分权一般被界定为有关财政决策权下移到次国家级政府的过程。财政决策权包括融资权、提供公共服务权和规制权在政府间的分配，由于收支划分和调整最终是由规制权力所决定的，所以规制权是财政收支关系中的核心权力。[2] 在财政分权对教育这类公共物品供给的影响机制方面，分权影响公共物品的供给及其差异要从配置效率和生产效率的角度来讨论。从配置效率来看，基层政府更加了解本区域的经济发展水平、辖区居民对公共物品的需求和差异化偏好。从生产效率角度来看，财政分权可以提高公共物品的产出质量，降低供给成本，与此同时也可能导致规模经济的消失，提高公共物品供给成本。[3] 陈硕和高琳认为支出指标与公共服务供给之间的关系更多地在于支出水平的高低，较少涉及地方政府使用财政资金的配置效率或生产效率。[4] "支出指标"在一定限内，存在重视基建支出、忽视科教文卫支出的生产性支出偏向，超过这一点后，偏向减弱，将扩大科教文卫的支出。[5]

财政分权对于教育等公共物品投入有以下作用。一方面，财政分权也会带来地区竞争，有利于提高公共产品如教育、卫生、社会公共

---

[1] 宋超：《完善中国义务教育转移支付若干问题的思考》，《经济研究参考》2005 年第 37 期。

[2] Akai N., Sakata M., "Fiscal Decentralization Contributes to Economic Growth: Evidence from State-level Cross-section data for the United States", *Journal of Urban Economics*, 2002, (52): 93–108.

[3] Stein E. H., "Fiscal Decentralization and Government Size in Latin America", Research Department Publications, 1998.

[4] 陈硕、高琳：《央地关系：财政分权度量及作用机制再评估》，《管理世界》2012 年第 6 期。

[5] 安苑、王珺：《财政分权与支出偏向的动态演进——基于非参数逐点估计的分析》，《经济学家》2010 年第 7 期。

服务等的支出水平。财政分权有利于提高地方政府的财政自给度，对教育支出比重具有正效应，但是，转移支出比重过高会扭曲地方政府的支出效率，对教育支出比重具有显著的负影响。分权和教育支出的负效应在中部地区最为明显，中部地区没有禀赋优势和政策优势，竞争模式较为单一，财政分权的扭曲性较为严重。① 罗伟卿研究显示支出分权可以在一定程度上缩小公共教育供给的区域差异，收入分权对区域差异有扩大作用。② 中央的财政转移支付填补了地方财政对教育投入的不足，财政转移支付能够有效增加地方的教育支出，会产生明显的结构效应。③

另一方面，财政分权无助于消除地区间教育资源的不平等。财政分权会导致地方利益分割，导致教育等具有地区外部性的公共物品无法有效提供，产生收入再分配效应，加剧区域不平等。④ 经济欠发达地区禀赋条件处于劣势，在区域竞争中处于落后地位，采取消极的经济增长政策，财政分权对义务教育供给不产生显著效应。⑤ 乔宝云对1978年以来的财政分权改革与中国小学义务教育的案例分析显示财政分权没有增加小学义务教育的有效供给，各地区激烈的财政竞争挤占了外部性较强的义务教育的财政支出，推动了富裕地区的经济增长并且抑制了贫困地区的经济增长⑥。Busemeyer 分析 OECD 21 个国家 1980—2001 年的财政分

---

① 郑磊：《财政分权、政府竞争与公共支出结构——政府教育支出比重的影响因素分析》，《经济科学》2015年第1期。
② 罗伟卿：《财政分权对于中国公共教育供给数量与区域差异的影响》，博士学位论文，清华大学，2011年。
③ 高跃光、范子英：《财政转移支付、教育投入与长期受教育水平》，《财贸经济》2021年第9期。
④ Qian Y. Y., Barry R. Weingast, "China's Transition to Markets: Market-preserving Federalism, Chinese Style", *Journal of Policy Reform*, 1996, 2 (1): 149 – 185.
⑤ Cai H., Treisman D., "Does Competition for Capital Discipline Governments? Decentralization, Globalization, and Public Policy", *The American Economic Review*, 2005, 1 (95): 817 – 830.
⑥ 齐宝云、范剑勇、冯兴元：《中国的财政分权与小学义务教育》，《中国社会科学》2005年第6期。

权与政府教育支出的关系,发现财政分权在国家层面上减少了政府教育支出,在地区层面上增加了政府教育支出。[①] 张德勇和孟扬对2003—2010 年省级数据的实证分析发现财政分权不利于缩小城乡教育差距,转移支付总体影响不明显。[②]

本节使用中国省级面板数据,从教育经费供给结构财政的角度,研究财政分权对政府教育支出的影响。

(一) 实证策略

引入财政分权,根据政府教育支出的影响因素建立模型,见式(5-30)。

$$EDU\_EXP_{it} = {}_0 + a_1 ER_{it} + a_2 L1\_\ln GDPPPC_{it} + a_3 REV_{it} + a_4 YG_{it} \\ + a_5 AGRP_{it} + D_i + D_t + \varepsilon_{it}$$

(5-30)

其中,选取国家财政性教育经费占公共财政支出比例(EDU_EXP)来衡量政府教育支出,反映政府财政对教育的支持力度。ER 表示财政分权。$L1\_\ln GDPPC$ 表示经济发展水平,使用按照1996年价格计算的人均地区生产总值来衡量,并取自然对数;为了防止内生性的问题,取1阶滞后项作为当期项的工具变量。REV 表示政府财力,政府的财政收入为政府教育支出提供来源和保障,使用各省财政收入占GDP的比重来衡量。$AGRP$ 表示公共教育需求,教育支出受教育人口数量和结构的影响,使用少儿抚养比(0—14岁人口与15—64岁人口的比例)来衡量。YG 表示产业结构,用第一产业占地区生产总值比例来衡量,第一产业的相对比重会对地方政府的支出偏向产生影响,第一产业比重

[①] Busemeyer M. R., "The Impact of Fiscal Decentralisation on Education and Other Types of Spending", *Swiss Political Science Review*, 2007, 14 (3): 451-481.

[②] 张德勇、孟扬:《公共财政投入、财政分权和城乡义务教育差距》,《中国社会科学院研究生院学报》2015 年第5期。

越高，公共教育等非农支出越低①，第二、第三产业是竞争性行业，对地方政府支出影响较小。② D_i 和 D_t 分别为个体固定效应和时间固定效应。ε 为误差项。

（二）数据来源与描述性统计

财政分权的测度包括收入分权、支出分权和管理分权，陈硕和高琳对三种衡量财政分权的指标进行了对比分析，并对其内在逻辑进行了研究，指出支出指标在门限之内存在显著的生产性支出偏向（重视基建支出而忽视科教文卫支出）；超过这一点后，生产支出的偏向性减弱。③ 根据以往研究，在公共教育与财政分权的关系方面，使用支出指标可以更好地进行分析，为此选择用支出分权指标作为财政分权的代理指标。

从省级层面研究财政分权对政府教育支出数量的影响，作为解释变量采用省级财政支出占比来衡量财政分权，使用政府教育支出的相对指标作为被解释变量。选用④与地方人均本级预算支出占中央和地方人均本级预算支出的比例计算地方财政支出上比，衡量地方承担的支出和使用财政资金规模的大小。见式（5-31）。

$$ER_i = \left[\frac{\frac{BE_i + OBE_i}{POP_i}}{\frac{BE_i + OBE_i}{POP_i} + \frac{BE_e + OBE_e}{POP_N}} \right] \times \left(1 - \frac{GDP_i}{GDP_N}\right) \quad (5-31)$$

其中，ER_i 代表第 i 省财政支出占比，BE_i 代表第 i 省本级预算内财政支出，BE_e 代表中央本级预算内财政支出，OBE_i 代表第 i 省本级预算

---

① 周亚虹、宗庆庆、陈曦明：《财政分权体制下地市级政府教育支出的标尺竞争》，《经济研究》2013 年第 6 期。

② 李涛、周业安：《中国地方政府间支出竞争研究——基于中国省级面板数据的经验证据》，《管理世界》2009 年第 2 期。

③ 陈硕、高琳：《央地关系：财政分权度量及作用机制再评估》，《管理世界》2012 年第 6 期。

④ 龚锋、雷欣：《中国式财政分权的数量测度》，《统计研究》2010 年第 10 期。

外财政支出，OBE_e 代表中央本级预算外财政支出，POP_i 代表第 i 省人口规模，POP_N 代表全国人口规模，GDP_i 代表第 i 省国内生产总值，GDP_N 代表全国国内生产总值。其中分权指标 ER_i 的取值范围在 0 到 1 之间，指标的值越大，表明分权程度越高，用缩减因子 $\left(1-\dfrac{GDP_i}{GDP_N}\right)$ 对支出占比平减来排除经济规模的影响。

本节使用 1997—2016 年除西藏自治区外的 30 个省（直辖市、自治区）的面板数据，数据来自《中国统计年鉴》和各省统计年鉴。相关变量的描述性统计见表 5–14。

表 5–14　　政府教育支出与财政分权的描述性统计

变量	变量名	样本量	均值	标准差	最小值	最大值
教育经济支出	EDU_EXP	600	0.199	0.036	0.120	0.349
财政分权	ER	600	0.744	0.100	0.493	0.965
经济增长	L1_lnGDPPC	570	9.24	1.628	0.784	11.354
政府财力	REV	600	0.087	0.038	0.034	0.608
教育需求	YG	600	26.914	8.660	0.045	50.080
产业结构	AGRP	600	13.643	7.390	0.39	37.63

（三）实证结果分析

首先对面板模型进行 Hausman 检验，p 值为 0.0001，即该检验认为应拒绝使用随机效应模型，可使用固定效应模型。由于经济发展水平对财政支出和财政支出的分权可能存在关系，所以经济发展水平可能为内生变量，使用 DWH 和 iverg 对其进行内生性检验，结果显示 p 值小于 0.05，认为经济发展水平是内生变量，因此取 1 阶滞后项作为工具变量，分别通过了工具变量的不可识别检验、弱工具变量检验和过度识别检验。为了防止经济周期对结果的影响，引入时间固定效应，模型设为双向固定效应，使用聚类稳健标准误进行估计。

表 5-15 报告了政府教育支出与财政分权的实证结果。财政支出分权与财政性教育支出占财政支出比例之间为负向关系,说明财政支出分权程度越高,财政性教育支出占财政支出的比重越低。政府财力水平越高,用于教育的支出水平越低。地方政府的财政分权程度对于政府教育支出存在挤出效应。可能的原因有以下几点。第一,政府是教育经费的主要提供者,财政分权程度越高,地方政府的财政权力越高,会导致财政支出中用于其他事业的支出增加,相对减小教育支出比例;第二,由于地方政府追求 GDP 排名及教育的正外部性,对于公共教育的投入要少于其他方面的财政投入;第三,当政府财力增加时,政府会削减对公共教育的投入,可能原因在于政府间的竞争和政府财力增加,对于教育的绝对投入数量保持不变,相对比例有所下降。

表 5-15　　　　　政府教育支出与财政分权的实证结果

变量	模型一	模型二
ER	-0.073* (0.038)	-0.077** (0.031)
L1_lnGDPPC	—	0.031 (0.021)
REV	—	-0.188** (0.086)
YG	—	-0.0006 (0.0005)
AGRP	—	0.0001 (0.0008)
个体效应	控制	控制
时间效应	控制	控制
样本量	570	570
R^2	0.362	0.540

注:括号内为稳健标准误;***、**、*分别为1%、5%和10%的显著性水平。

(四) 稳健性检验

原模型是通过财政支出占比计算财政分权,稳健性检验中通过财政收入占比计算财政分权。由 5-16 表可知,主要解释变量的符号与原结果一致,说明财政收入分权程度越高,财政性教育支出占财政支出的比重越低,同时,经济水平的提高能够促进政府教育支出的增加。

表 5-16　政府教育支出与财政分权的实证结果 (稳健性检验)

变量	模型一	模型二
ER	-0.113* (0.057)	-0.162* (0.091)
L1_LnGDPPC	—	0.0421** (0.020)
REV	—	0.125 (0.212)
YG	—	-0.0005 (0.0006)
AGRP	—	-0.0001 (0.001)
个体效应	控制	控制
时间效应	控制	控制
样本量	570	570
R^2	0.57	0.52

注:括号内为稳健标准误;***、**、*分别为 1%、5% 和 10% 的显著性水平。

(五) 模型结论

本节研究政府教育的财政结构对于政府教育支出的影响,使用省级面板数据,使用财政支出分权来衡量财政支出结构,使用国家财政性教育经费占公共财政支出的比例衡量政府教育支出,建立政府教育支出的影响模型。模型结果表明,中国政府教育支出受到财政分权的影响,财政分权程度越高,教育支出水平越低,地方政府会将财政经费优先投入非教育领域,对教育支出产生挤出效应,所以在政府权力下放的同时,要注重保证教育的支出,并通过转移支付弥补地方政府教育投入的不足。

四 本章小结

本章研究了政府教育支出及其区域不平衡性,介绍了中国衡量政府教育支出的指标,并计算了政府教育支出区域不平衡程度,对政府教育支出及其平衡的关键影响因素——受教育人口和财政结构进行了重点研究。

政府教育支出总量占比达到一定目标后,平衡区域之间的结构成为教育公平的重点,也是保证教育过程公平,实现包容性增长的重要环节。计算结果显示,在达成总量目标后,中国教育经费投入存在区域倾斜,向中西部教育薄弱地区倾斜,在平衡教育资源和减小区域间差距中取得一定成效。中国教育经费支出的省际差异逐渐缩小,近几年通过加大对经济和教育落后地区的经费倾斜,有效地降低了中国教育发展的不平衡程度。义务教育的省际差异先缩小,后又有扩大趋势,同时,总体上加大义务教育经费的投入,部分地区可能存在效率损失。财政支出结构和分权程度影响中国教育支出的数量,财政分权程度越高,教育支出占比越低,地方政府的财政分权程度对于公共教育投入存在挤出效应,会导致财政支出流向非教育领域。

政府需要根据各地区的教育发展情况,制定有针对性的教育政策,既要满足教育需求又要防止效率损失。政府需要根据义务教育财政支出的不平衡程度进行区域结构优化,提高义务教育支出收益。在制定教育财政政策方面,政府应当注重财权与事权相匹配,避免财政权力下放后对于教育等民生支出的影响,提高公共教育服务的供给效率。

第六章 教育公平与包容性增长的目标
——教育与绝对贫困

包容性增长的目标是益贫和减少贫困，本章从教育结果公平的角度研究教育的减贫效应及其地区差异，主要包括多维贫困的测度及其分解、教育对多维贫困的影响、教育减贫效应的区域差异分析。

一 教育与贫困

（一）贫困

党的十九大报告指出，实现 2020 年全面建成小康社会的目标，要让贫困人口和贫困地区同全国一同进入全面小康社会。改革开放以来，中国按照收入贫困界定的贫困发生率由 1978 年的 97.5% 下降到 2017 年年末的 3.1%，其中农村贫困发生率在 2018 年年末下降至 1.7%，取得了脱贫、减贫工作的巨大成就。但是，现阶段中国城乡区域发展差距依然较大，表现在就业、教育、医疗、居住等方面。中国近年来提出精准扶贫，精准脱贫，扶贫同扶志、扶智相结合，深入实施东西部扶贫协作，大力发展教育事业，发挥教育减贫的作用，阻断贫困的代际传递。2016 年国务院发布《"十三五"脱贫攻坚规划》，提出"十三五"期末，稳定实现现行标准下农村贫困人口义务教育、基本医疗和住房安全有保障，农村贫困人口实现脱贫。2018 年国务院发布《深度贫困地区教育脱贫攻坚实施方案（2018—2020 年》，提出进一步聚焦深度贫困地区教育扶贫工作，集中攻坚，争取用三年时间完成深度贫困地区"发展教育脱贫一批"的任务。同时，提出要提高脱贫质量，大力发展教育事业，发挥教育在阻断贫困代际传递的方面重要作用。

人们对于贫困的认识逐渐发展，早期的贫困侧重于收入的贫困，贫困线的标准直接决定各国的贫困人口数量和贫困发生率。世界银行按照购买力评价法，将国际贫困线定为每人每天 1.9 美元。2017 年世界银行将贫困线的标准按照国家发展水平细分，将原来的每人每天 1.9 美元（购买力）作为赤贫标准，中低收入国家贫困线定为每人每天 3.2 美元（购买力），高收入国家的贫困线定为每人每天 5.5 美元（购买力）。各个国家和地区根据自身的实际情况制定出各自标准，国际通常将一个国家或地区社会平均或中位收入的 50% 定为该国家或地区的贫困线。中国在 2011 年将贫困标准定为年收入 2300 元。

贫困不仅包括收入贫困，还包括各种权利方面的缺失和不足，例如受教育权、居住权等。Sen 引入能力贫困，认为衡量贫困不能仅靠收入和消费标准，贫困是对人的能力的剥夺。[①] 在此基础上发展出多维贫困的概念和测量研究，Alkire 和 Foster 对多维贫困的指标选取、指数构建和分解方法进行了研究。[②] 联合国从 2010 年起在《人类发展报告》中提供部分国家的全球多维贫困指数，其衡量多维贫困的指标体系由三个维度十个指标组成。UNDP 发布《2021 年全球多维贫困指数》报告显示，许多国家不同族群间一直存在明显的多维贫困差距，9 个族群的多维贫困人口在 90% 以上。

（二）教育扶贫作用

中国近年来强调精准扶贫，靠教育实现"造血"，让贫困地区的孩

---

① Sen A., *Development as Freedom*, Anchor, 1999.
② Alkire S., Foster J., "Counting and Multidimensional Poverty Measurement", *Journal of Public Economics*, 2011, 95 (7): 476-487.

子们接受良好教育，是扶贫开发的重要任务，也是阻断贫困代际传递的重要途径。教育特别是贫困地区的教育具有经济学的正外部性特点，在微观家庭层面可以改变家庭的贫困循环和代际传递，在宏观层面可以提升劳动力水平并为贫困地区提升人力资本水平，为经济的持续增长和缩小收入差距提供动力支持。

"输血"式扶贫具有短期性和依赖性特征，返贫现象容易发生。贫困地区人口素质和劳动能力的提升，能够提升脱贫质量，从根源上消除贫困。教育是提升人力资本水平的最主要工具，是消除贫困的根本。教育质量的提升比单纯的教育支出增加更有利于提升贫困地区的人力资本水平，将脱贫能力内化，提高扶贫的持续性。

教育作为人力资本的重要组成部分，对于经济发展和收入提高都有重要的作用。人力资本理论将贫困者自身的教育和健康等投资作为解决贫困的根本方法。[1] 受教育程度与劳动者的人力资本提高和收入水平存在正向关系，教育是人力资本形成的重要因素。[2] 教育投入形成人力资本投资，提高了贫困家庭的技能和生产力，促进了减贫。[3] 研究普遍认为，受教育程度与劳动者的人力资本和收入水平存在正向关系。家庭成员人均受教育程度的提高将显著增加农村家庭脱离多维贫困的概率，而人力资本水平提高不仅能够提升当代人的脱贫能力，也能够有效地阻止贫困的代际传递[4]，防止返贫。教育在精准脱贫中具有基础性、先导性和持续性的作用。[5] 教育对贫困的缓解作用得到了理论和实践的检验。贫

---

[1] 李玲、朱海雪、陈宣霖：《义务教育人力资本发展评估——基于反贫困理论视角》，《教育研究》2019年第10期。

[2] Lucas R. E., "On the Mechanics of Economic Development", *Journal of Political Economy*, 1988, (22): 3-42.

[3] Njong A. M., "The Effects of Educational Attainment on Poverty Reduction in Cameroon", *International Journal of Educational Administration and Policy Studies*, 2010, 2 (1): 1-8.

[4] 候玉娜：《教育阻隔贫富差距代际传递的效果与机制——基于"反事实"分解技术的实证分析》，《教育研究》2020年第11期。

[5] 王嘉毅、封清云、张金：《教育与精准扶贫精准脱贫》，《教育研究》2016年第7期。

困不仅包含收入水平的低下，也被视为对学习能力等基本能力的剥夺。[1]教育减贫的机理是通过投资和赋能的方式，提高人口的就业能力和素质，促进人力资本、物质资本和社会资本的积累，形成减贫的长效机制。[2]

　　研究教育对于贫困的缓解作用机制，教育减贫作用的发挥是否受到宏观经济发展的影响。如果经济发达地区由于教育本身较为发达，教育改善贫困的边际效应较小；经济欠发达地区，教育对于改善多维贫困的边际效应大，就可以通过平衡教育资源等，增加经济不发达地区的教育投入，缓解贫困。反之，如果经济欠发达地区教育对于改善贫困边际效应较小，家庭的理性选择是减少教育投入，则不利于教育和经济的发展。研究教育缓解贫困的边际效应，有助于根据地区和家庭具体情况制定不同的扶贫政策，实现精准扶贫。

二　多维贫困指标

　　本节使用多维贫困取代单一的收入贫困作为衡量贫困的标准，有利于分析教育在减贫中的作用并进行地区分解。多维贫困的概念始于Sen提出的基于可行能力的能力贫困理论[3]，将贫困的概念从收入贫困扩展到包括饮用水、基础设施、福利感受等在内的主客观指标，采用多维的视角进行识别。2011年联合国发布人类贫困指数（Multidimensional Poverty Index，MPI），从健康、教育和生活标准三个维度，采用受教育年限、适龄儿童在学情况等十个指标来衡量贫困，侧重个人和家庭的微观层面，反映贫困剥夺的发生率、深度，并进行多维度分解，见表6-1。ALkire和Foster提出了"双界线法"[4]，通

---

[1] Sen A. K., *Choice, Welfare, and Measurement*, Basil Blackwell, 1983.
[2] 王建:《教育缓解相对贫困的战略与政策思考》,《教育研究》2020年第11期。
[3] Sen A. K., *Elements of a theory of human rights*, Philosophy and Public Affairs, 2004, 315-356.
[4] Alkire S., Foster J., "Counting and Multidimensional Poverty Measurement", *Journal of Public Economics*, 2011, 95 (7): 476-487.

过分类统计个体或家户的被剥夺程度，根据设定维度进行贫困识别、测度和分解。

表 6-1　　　　　　联合国多维贫困标准（MPI 指数）

维度	指标	临界值	权重
教育	受教育水平	10 岁以上的家庭成员受教育年限均小于 5 年	1/6
	入学情况	有没有入学的适龄儿童(7—15 岁)，包括中小学	1/6
健康	儿童死亡	调查前 5 年内家庭中存在儿童死亡	1/6
	营养状况	70 岁以下成年人的 BMI 指数小于 18.5；或儿童体重的标准分 Z-Score 低于人群均值的 2 个标准差	1/6
生活水平	用电	家庭未通电	1/18
	住宅	住宅地面为泥土、沙土，有畜禽粪便等	1/18
	厕所卫生	家庭使用非卫生厕所，或没有独立厕所	1/18
	饮用水安全	家庭无法获得安全饮用水，或需步行 30 分钟以上才能获得	1/18
	生活做饭燃料	家庭使用粪便、木材、柴草等作为做饭燃料	1/18
	家庭资产	家庭未拥有至少 1 项获得信息的资产(如电视、电话等)，以及辅助行动的资产(如自行车、摩托车、汽车等)、辅助生活的资产(如冰箱、畜禽等)	1/18

三　教育与地区贫困

（一）数据与贫困识别

本节采用北京大学中国社会科学调查中心（Institute of Social Science Survey，ISSS）中国家庭追踪调查（China Family Panel Studies，

CFPS)的微观调查数据。CFPS 调查了中国 25 个[①]省(直辖市、自治区)的家庭和家庭成员,覆盖全国总人口数的 95% 左右,样本规模为 16000 户,调查对象为样本家庭中的所有家庭成员,并根据 2010 年的基线调查确定核心基因成员,进行追访,具有较好的代表性。本节选择 2014 年的调查数据进行多维贫困的测度和差异分析,设计家庭问卷、成人问卷和少儿问卷部分,共有家庭 13946 户,成人样本 37147 人,少儿样本 8617 人,对成人和儿童按照家庭代码进行匹配,对异常值进行剔除处理。

本节借鉴国际通用的 MPI 指数(Multidimensional Poverty Index),结合联合国千年发展目标和中国的具体国情,考虑到收入在衡量贫困中的重要作用,将收入纳入多维贫困体系。借鉴国内外的多维贫困研究,维度和指标权重没有统一设定方法,简化为等权重对指标赋权。着重考察教育、健康、生活水平和收入这四个方面,共 10 个维度,权重分别为 1/10(见表 6 - 2)。

表 6 - 2　　　　　　　　多维贫困的指标和维度

分类	维度	剥夺临界值
教育	受教育年限	任一成年家庭成员受教育年限低于 6 年,赋值为 1
	适龄儿童在学情况	家庭中至少一名 6 岁以上儿童(7—15 岁)失学,赋值为 1
健康	医疗保险	任一成年家庭成员没有任何医疗保险,赋值为 1
	健康状况	目前任一家庭成员不健康,赋值为 1
生活水平	照明	目前家中未通电,赋值为 1
	住房	存在住房困难情况,赋值为 1

---

① 按照统计局标准,东部地区包括 9 个省级行政区,分别为北京、天津、河北、上海、江苏、浙江、福建、山东、广东;中部地区包括 6 个省级行政区,分别为陕西、安徽、江西、河南、湖北、湖南;西部地区包括 7 个省级行政区,分别为四川、重庆、贵州、云南、陕西、甘肃、广西;东北地区包括 3 个省级行政区,分别为辽宁、黑龙江、吉林。

续 表

分类	维度	剥夺临界值
生活水平	卫生条件	没有独立厕所,靠公共厕所或其他解决,赋值为1
	饮用水	没有合格的饮用水(自来水、矿泉水、山泉水),赋值为1
	做饭燃料	使用除煤、电、燃气、电、太阳能、沼气之外的燃料(木材、粪等),赋值为1
收入	人均收入	家庭人均年收入低于2300元,赋值为1

使用 Alkire 和 Foster 的多维测度方法（以下简称 A – F 方法）对多维贫困进行识别和测度，得到中国的多维贫困的发生率 H、平均被剥夺程度 A 和多维贫困指数 M。

（二）贫困的衡量与测度

贫困是包容性增长关注的重要问题，减贫是包容性增长的目的之一。近年来，非收入指标的使用越来越多，多维贫困成为研究的热点，联合国从 2010 年开始发布多维贫困指数（MPI），替代之前的人类贫困指数（HPI）。教育作为衡量多维贫困的重要指标，被引入多维贫困的指标体系。[1] 教育是多维贫困的重要维度，Alkire 和 Foster 首先提出了多维贫困的测量方法，使用美国和印度尼西亚的例子进行研究，首先计算出每个人在一个维度中的被剥夺情况，然后跨越维度，计算一个人被剥夺的维度来识别贫困人口。可以根据实际需要进行维度的调整，划定贫困标准，后期计算多维贫困多使用这一方法。[2] Alkire 等使用 A – F 方法，研究了智利的贫困情况，引入了短期贫困和长期慢性贫困，将教育、就业等纳入多维贫困体系，其中，教育方

---

[1] 高艳云：《中国城乡多维贫困的测度及比较》，《统计研究》2012 年第 11 期。
[2] Alkire S., Foster J., "Counting and Multidimensional Poverty Measurement", *Journal of Public Economics*, 2011, 95 (7): 476 – 487.

面使用了入学率。[1]

借鉴 Sen[2] 的多维贫困思想、Alkire 和 Foster 的多维测度方法对多维贫困进行识别和测度，该方法的核心思想是：计算个人或家庭在所有指标上的加权剥夺值，如果剥夺值超过临界值，界定为多维贫困。[3]

研究对象由 n 个个体组成，每个个体由 m 个指标判断是否贫困，x_{ij} 表示个体 i 在 j 指标上的取值，z_j 表示 j 指标上的剥夺临界值。

设定两个界限。第一，将个体 i 在福利指标 j 上的取值 x_{ij} 与指标 j 上的剥夺临界值 z_j 对比，用 g_{ij} 表示个体 i 在 j 指标上的贫困指示函数。若 $x_{ij}<z_j$，$g_{ij}=1$，表示贫困；若 $x_{ij}>z_j$，则 $g_{ij}=0$，表示非贫困。$c_i(k)=\sum_{j=1}^{m}w_j g_{ij}$ 为各项指标的加权贫困维度数，即个体 i 至少在 k 个维度上贫困，w_j 为指标权重，$\sum_{j}w_j=1$。第二，如果个体 i 至少在 k 个维度上贫困，即 $c_i \geq k$，则 $c_i(k)=c_i$，否则 $c_i(k)=0$。可得多维贫困指数 $M_{(k)}$，见式（6-1）。

$$M_{(k)} = \sum_{i=1}^{n}c_i(k) \Big/ n \times m \qquad (6-1)$$

按照 A-F 方法，对 $M_{(k)}$ 可以做如下分解，见式（6-2）。

$$A_{(k)} = \sum_{i=1}^{n}c_i(k) \Big/ m\sum_{i=1}^{n}q_{ij}(k) \qquad (6-2)$$

其中，$H_{(k)}$ 为多维贫困发生率，$A_{(k)}$ 为被平均被剥夺程度，也称为贫困强度指数。$H_{(k)}$ 和 $A_{(k)}$ 的表达式见式（6-3）、式（6-4）。

$$H_{(k)} = \sum_{i=1}^{n}q_{ij}(k) \Big/ n \qquad (6-3)$$

---

[1] Alkire S., Apablaza M., Chakravarty S., et al., "Measuring Chronic Multidimensional Poverty", *Journal of Policy Modeling*, 2017, 39 (6): 983-1006.

[2] Sen A., *Elements of a Theory of Human Rights*, Philosophy and Public Affairs, 2004, 315-356.

[3] 张全红、周强：《中国多维贫困的测度及分解：1989—2009 年》，《数量经济技术经济研究》2014 年第 6 期。

$$A_{(k)} = \sum_{i=1}^{n} c_i(k) \Big/ m \sum_{i=1}^{n} q_{ij}(k) \tag{6-4}$$

多维贫困发生率等于贫困数 $\sum_{i=1}^{n} q_{ij}(k)$ 占个体总数 n 的比重，其中，$q_{ij}(k)$ 表示家庭或者个体属于多维贫困，成为多维贫困的指示函数，当个体 i 在 k 个维度上贫困时，判定该个体为多维贫困，即 $c_i(k) \neq 0$，$q_{ij}(k) = 1$，否则 $q_{ij}(k) = 0$，表示个体 i 处于 k 维贫困状态。$A_{(k)}$ 等于所有贫困个体 i 平均被剥夺的维度数与总维度数 m 的比值，代表了贫困的强度和深度。多维贫困指数 $M_{(k)}$ 由 $H_{(k)}$ 和 $A_{(k)}$ 共同决定。

j 维度对多维贫困的贡献率见式（6-5）。

$$\beta_j = \frac{\sum_{i=1}^{n} w_j g_{ij} \big/ mn}{M_{(k)}} = \frac{\sum_{i=1}^{n} w_j g_{ij} \big/ mn}{\sum_{i=1}^{n} c_i(k) \big/ mn} = \frac{\sum_{i=1}^{n} w_j g_{ij}}{\sum_{i=1}^{n} c_i(k)} \tag{6-5}$$

其中，$\sum_{i=1}^{n} w_j g_{ij} \big/ mn$ 为 j 维度的贫困指数。

按照地区分解，见式（6-6）。

$$M_{(k)} = \sum_{p=1}^{\lambda} \frac{n(x_p)}{n} M_{(k)}(x_p) \tag{6-6}$$

（三）地区贫困发生率

按照多维贫困的计算方法，根据多维贫困的相关指标和权重，可以计算得到中国各个维度的贫困发生率，见表6-3。

表6-3　　　　　　　　各指标贫困发生率　　　　　　　单位：%

维度	东部	中部	西部	东北	全国
受教育年限	39.77	43.35	60.17	29.05	44.43
适龄儿童在学情况	0.88	0.99	1.80	0.61	1.11
医疗保险	18.08	14.98	15.04	26.56	17.82

表头："地区差异"

续 表

维度	地区差异				
	东部	中部	西部	东北	全国
健康状况	28.02	32.17	39.35	34.68	34.68
照明	0.17	0.21	0.27	0.42	0.24
住房	18.68	16.70	25.10	18.02	19.82
卫生条件	4.92	3.19	10.43	2.40	5.59
饮用水	0.98	1.90	7.31	0.19	2.77
做饭燃料	19.25	28.43	44.96	31.66	30.19
人均收入	7.92	12.21	18.17	7.67	11.64

数据来源：CFPS 2014 年调查数据。

按照多维贫困指标的临界值，对东部、中部、西部和东北地区的10个维度进行测度，得出各个指标贫困人口与非贫困人口的比重，即贫困发生率，如图6-1所示。

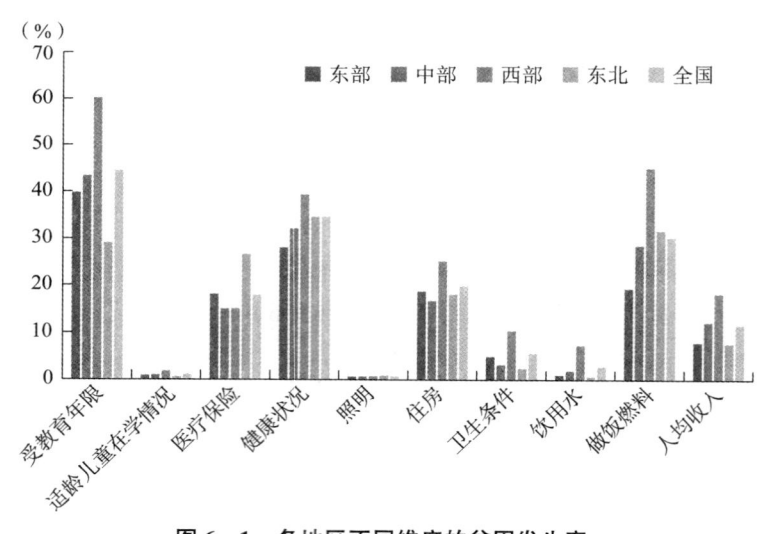

图6-1 各地区不同维度的贫困发生率

总体来看，贫困发生率存在地区差异，东部经济发达地区的贫困发生率整体低于其他地区。在受教育年限这一维度，贫困的发生率最高，全国层面达到 44.43%，地区差异也较为明显。西部地区的受教育年限贫困发生率较高，为 60.17%，在所有维度中发生率最高；东北地区的受教育年限贫困发生率最低，为 29.05%；东部地区（39.77%）低于中部地区（43.35%）。可能的原因是中国东北地区经济发展起步较早，建立了完善的义务教育体系，并且计划生育执行较好，家庭平均子女人数较少，保证了子女的受教育权；中西部地区由于地理气候条件限制，学校分布不均衡，少数民族聚集，家庭多子女情况较普遍，家庭教育资源分配不均，导致部分子女存在辍学现象。

适龄儿童在学情况维度，整体贫困的发生率较低，全国贫困的发生率仅为 1.11%，整体分布与受教育年限的贫困率相同，东北地区最低（0.61%），西部地区最高（1.8%），说明中国普及义务教育取得的成效显著，但同时也要关注这部分未接受义务教育的适龄儿童，保证每一个儿童的受教育权利。

健康方面，全国贫困发生率较为平均，基本在 20% 左右。中西部地区的贫困发生率较低，与医疗保险覆盖率在中西部地区较高，新型农村合作医疗在农村地区的较高覆盖率有一定关系，医疗保险对于缓解健康状况维度的贫困造成的经济压力具有很大的作用，避免了因病返贫的现象发生。

生活水平方面，住房方面的贫困比例较大，特别是西部地区（25.10%），西部地区居住较为分散，农牧区居民的住房和基础设施建设较为落后，所以亟须改善居住条件，东部地区、东北地区城市分布较广，居住困难主要表现为居住面积不足和购买、租赁成本较高，要继续推进贫困人口的保障性住房建设和针对外来就业人口的租赁体系建设，解决住房困难。

卫生燃料等方面，西部地区贫困发生率较高（44.96%），除了特殊的地理环境因素外，还与西部地区是民族聚集区，保持传统的生活方式有关，需要继续加大这些地区的生活和基础设施建设，提高人民生活水平。其他地区城市分布较多，有利于现代燃料的使用。

收入水平方面，东部和东北地区收入总体高于中西部地区，均在8%以下，与东部地区的就业岗位较多和非农业收入占比较大有关。同时，中国经济发展水平差距较大，物价水平不同，经济发达地区工资收入较高，生活成本也较高，单一的收入维度会造成贫困界定的困难，可能造成对经济发达地区城市低收入群体的忽略，这部分群体虽然收入水平不在贫困线以下，但仍面临巨大的生活困难。

(四) 地区贫困的测度和分解

根据多维贫困的测度和分解方法，对中国分地区进行贫困的计算，结果显示中国的多维贫困多集中在六维以下，表6-4列出了6个维度不同地区多维贫困的发生率H、平均被剥夺程度A和多维贫困指数M。随着维度的提高，贫困发生率和多维贫困指数逐渐降低，代表贫困强度的平均被剥夺程度上升。

表6-4　　多维贫困的测度和地区分解

维度 k	多维贫困测度	东部	中部	西部	东北	全国
1	H	66.95	69.86	85.49	69.14	72.92
1	A	17.3	18.62	22.51	17.94	19.33
1	M	11.59	13.01	19.24	12.40	14.09
2	H	32.50	38.45	58.45	36.12	41.40
2	A	25.18	25.77	28.46	25.10	26.54
2	M	8.18	9.91	16.64	9.07	10.99
3	H	12.08	15.79	31.17	14.63	18.45
3	A	33.57	33.79	35.56	32.83	34.42
3	M	4.06	5.34	11.09	4.80	6.35

续 表

维度 k	多维贫困测度	东部	中部	西部	东北	全国
4	H	3.46	4.63	12.85	3.57	6.26
	A	42.48	42.92	43.49	41.58	43.04
	M	1.47	1.99	5.59	1.49	2.69
5	H	0.80	1.20	3.95	0.47	1.69
	A	50.79	51.25	51.36	52.00	51.28
	M	0.40	0.62	2.03	0.24	0.86
6	H	0.06	0.12	0.40	0.05	0.16
	A	60.00	62.50	63.33	70.00	63.04
	M	0.04	0.08	0.26	0.03	0.10

注：k 表示 k 个及以上维度的贫困状况，H 表示贫困发生率，A 表示贫困剥夺程度，M 表示多维贫困指数。

从各地区多维贫困的测度和分解结果来看，三维以下贫困发生率较高，三维及以上贫困发生率下降明显，其中三维贫困的发生率全国为18.45%，四维贫困发生率全国仅为6.26%。

就地区而言，西部地区三个指标不同维度均显著高于其他地区，西部地区的贫困程度最高。贫困发生率方面，西部地区的贫困程度最高，在一个及以上维度的贫困发生率达到85.49%，在三个维度及以上的贫困发生率也超过30%，高于最低的东部地区约20%，中部和东北地区相差较小，贫困发生率地区差异明显。贫困强度方面，维度越高，平均被剥夺程度的地区差异越小，三维贫困的贫困强度基本在30%—35%。西部地区的贫困深度最高，明显高于其他地区。多维贫困指数方面，西部地区与其他地区在不同维度的差异较为明显，在三维贫困上，西部地区是全国水平的约两倍，东部地区最低，中部地区略高于东北地区。

根据以上维度分布情况，结合联合国计算多维贫困的标准，认为有三个及以上维度贫困时，属于多维贫困，否则为非多维贫困。

（五）教育对贫困的影响

为了进一步研究教育对多维贫困的影响程度，须测算教育维度对不同维度临界值贫困的贡献率，见表6-5。

表6-5　　　　　　　教育维度对多维贫困贡献率　　　　　　单位:%

维度 k	教育维度贡献（受教育年限与适龄儿童在学情况之和）				
	东部	中部	西部	东北	全国
1	34.25	34.25	31.84	32.76	32.08
2	31.26	32.44	30.43	26.05	30.52
3	26.74	27.45	27.10	25.66	26.93
4	23.40	23.75	24.19	21.20	23.72
5	20.21	20.98	22.12	21.15	19.62
6	16.77	20.00	20.00	14.29	19.31

教育对不同维度临界值 k 的贫困贡献度在各个因素中占比最高。在三维及以上贫困中贡献率在四分之一以上，说明教育因素对多维贫困的影响较大。可能的原因有教育的收入回报时间长，时间成本较高，教育年限的提高需要长期教育投入。特别是近年来高等教育毕业生面临就业压力和起薪降低，使得家庭通过教育改善贫困的动力不足。

从图6-2来看，各地区的贡献率差距低于其他维度的差距。在三维贫困上，各地区教育对贫困的贡献率接近全国水平。在此维度上，西部地区并不是最高的。在一维、二维和三维贫困上，教育对贫困的贡献程度东部和中部最高。这说明教育导致的贫困在各个地区普遍存在，特别是经济发达地区，基本的生活条件和收入水平导致的贫困容易在短期缓解，教育导致的贫困往往具有长期性，不仅需要外部的扶贫政策支持，也需要家庭内部的教育投入，同时也说明教育资源在全国范围内的相对不足，需要平衡教育资源分配，提高教育质量。

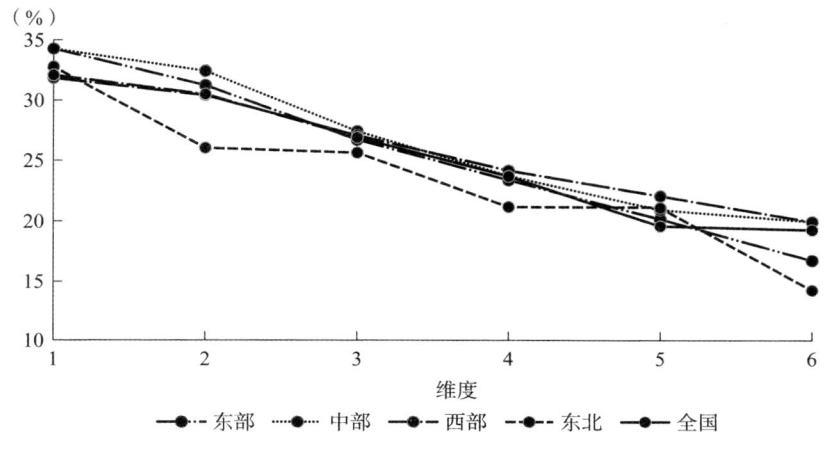

图 6-2 教育对贫困的贡献

通过对多维贫困的地区测度，可以看出教育对多维贫困的贡献程度较高，家庭人均受教育年限对多维贫困的改善效应明显。表 6-6 计算了各地区在多维贫困的划分标准下，贫困家庭和非贫困家庭的平均受教育年限。

表 6-6　　家庭人均受教育年限在贫困和非贫困家庭的平均值　　单位：年

多维贫困	均值			
	东部	中部	西部	东北
贫困家庭	3.69	3.59	3.49	4.12
非贫困家庭	8.07	7.92	7.04	8.41

可以看出，贫困家庭的平均受教育年限明显低于非贫困家庭，在不同地区有差异。因此，分析教育因素对多维贫困的影响及其地区差异很有必要。非贫困家庭的平均受教育年限接近义务教育的年限，考虑到家

庭成员部分年龄较大，存在历史原因导致受教育年限较短的因素。从图6-3中可以看出，贫困家庭的平均受教育年限与非贫困家庭差距显著，仅为非贫困家庭的50%左右，说明贫困家庭和非贫困家庭的受教育情况差距显著。一方面，家庭贫困人口的收入水平较低，对教育的投入水平较低；另一方面，贫困也是受教育年限不足的结果，受教育年限不足，导致家庭成员的知识水平和工作技能较低，在就业市场的竞争力较弱，也是造成贫困和贫困代际传递的重要原因。

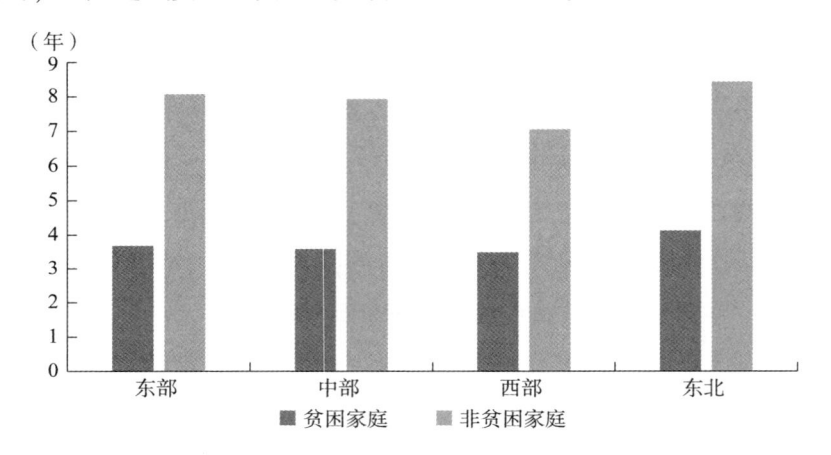

图6-3 家庭人均受教育年限地区均值（贫困和非贫困家庭）

四 教育减贫的实证分析

（一）变量选择和描述性统计

1. 变量选择和数据说明

根据影响家庭多维贫困的因素，将多维贫困的指示函数作为被解释变量，由上文的计算方法得出。主要解释变量为家庭人均受教育年限，及其与地区和地区发展水平的交互项。控制变量包括家庭抚养比、城乡、家庭规模、户主户口、户主年龄、人均地区生产总值。

第一，多维贫困的指示函数。根据上文的分析，贫困维度在三维及以上的家庭视为贫困，否则为非贫困。

第二，家庭抚养比。家庭抚养比是指家庭中非劳动力人口数与劳动力人口数之比，家庭抚养比与一个家庭的家庭结构、收入和储蓄情况密切相关，影响家庭贫困。考虑到中国现行的工作和退休年龄，将劳动人口定义为家庭中 16—60 岁的人口，使用家庭中小于 16 岁人口与大于 60 岁人口之和与劳动人口的比值作为家庭抚养比。

第三，城乡。中国的城乡二元结构存在，城乡差距仍然明显，家庭所处地区是城镇还是农村，影响生活条件等致贫因素。城镇赋值为 1，农村赋值为 0。

第四，家庭规模会对家庭的贫困状况产生影响，常见于贫困家庭的人口规模较大，需要供养的人口较多，则家庭的贫困可能性较高，家庭规模使用家庭人口数量表示。

第五，户籍制度，分为农业户口和非农业户口，CFPS 提供了户主信息，为了简化分析，仅考察户主（将有权分配家庭经济支出的人作为户主）的户籍情况。户籍制度影响人口的居住地和工作地，是影响家庭贫困的重要因素。非农业户口赋值为 0，农业户口赋值为 1。

第六，户主年龄。户主年龄和贫困不是单纯的线性关系，户主达到一定年龄后，年龄越大，劳动力水平越低，但是工作年限积累水平越高，对于收入和改善贫困的影响呈现双重影响，因此，将户主年龄及其平方项引入模型。

第七，地区及地区经济发展水平，使用地区的交互项和人均地区生产总值来表示，将地区发展水平和家庭所在地进行匹配。为了将家庭贫困和宏观政策结合，使用地区人均生产总值来表示地区的发展水平。一般来说，经济发展水平较高的地区，能够提供更好的社会基础设施，提供更多的就业岗位和较高的工资水平。教育的发展离不开宏观经济的投入，经济发展水平较高的地区能够提供质量较高的教育资源，在师资和校舍配备方面水平更高。地区经济发展水平从直接和间接上均是家庭贫困的重要影响因素。

2. 描述性统计

表6-7报告了描述性统计结果，为了体现区域差异，仅列出按照全国和地区分别统计的平均值结果。

表6-7　　　　　　　教育减贫实证分析的描述性统计

变量	均值				
	东部	中部	西部	东北	全国
多维贫困(%)	12.08	15.79	31.17	14.63	18.45
平均受教育年限(年)	7.96	7.72	6.24	8.24	7.48
家庭抚养比(%)	18.98	24.64	27.05	9.78	21.08
城乡(%)	58.02	46.61	34.30	58.94	49.09
家庭规模(人)	3.51	3.93	4.08	2.93	3.67
户主户口(农业户口比例,%)	66.29	73.95	84.52	53.85	71.03
户主年龄(岁)	50.65	51.07	48.74	51.15	50.31
人均地区生产总值(万元)	7.61	3.81	3.47	5.15	5.25
样本量	4775	3324	3712	2126	13946

数据来源：据CFPS 2014年数据库整理。

可以看出，家庭人均受教育年限地区差异明显，西部最低，东部和东北部最高。家庭抚养比和家庭规模基本呈现出和多维贫困的正向关系，东部地区较高，中西部地区较低。值得注意的是，东北地区的人口规模和户主年龄也在一定程度上反映出东北人口外流和老龄化的特征。城乡和户主户口也大致呈现农村贫困率高于城镇的特征。贫困率最低的东部地区人均地区生产总值最高。

(二) 模型与实证分析

使用Logit模型来进行分析，Logit模型是针对因变量为离散的，而非连续的情况的模型分析。

1. 构建 Logit 模型

Logit 模型见式（6-7）、式（6-8）。

$$Y_{(k)} = \frac{1}{1-e^{-z_i}}, \quad k \geq 3 \tag{6-7}$$

$$z_i = \beta_0 + \beta_1 Edu_i + \beta_2 Depend_i + \beta_3 Urban_i + \beta_4 Fam_i$$
$$+ \beta_5 Hukou_i + \beta_6 Age_i + \beta_7 Age_i^2 + \varepsilon_i \tag{6-8}$$

其中，$Y_{(k)}$ 为家庭多维贫困指示函数。Edu 表示家庭人均受教育年限，是考察的重点。$Depend$ 表示家庭抚养比，$Urban$ 表示城乡，城镇赋值为 1，乡村赋值为 0。Fam 表示家庭规模。$Hukou$ 表示户籍制度，农村户口赋值为 1，城镇户口赋值为 0。Age 表示户主年龄。

2. 引入地区交互项

引入地区交互项，得出式（6-9）。

$$z_i = \beta_0 + \beta_1 Edu_i + \beta_2 Depend_i + \beta_3 Urban_i + \beta_4 Fam_i$$
$$+ \beta_5 Hukou_i + \beta_6 Age_i + \beta_7 Age_i^2 + \beta_8 Edu_i \times Area1_i$$
$$+ \beta_9 Edu_i \times Area1_i + \beta_{10} Edu_i \times Area3_i + \varepsilon_i \tag{6-9}$$

$Area$ 表示地区，根据虚拟变量的设定规则，以西部地区为参照，引入 3 个虚拟变量，分别为 $Area1$、$Area2$、$Area3$，见式（6-10）。

$$Area\ 1 = \begin{cases} 1, & \text{东部} \\ 0, & \text{其他} \end{cases}; Area\ 2 = \begin{cases} 1, & \text{中部} \\ 0, & \text{其他} \end{cases}; Area\ 3 = \begin{cases} 1, & \text{东北部} \\ 0, & \text{其他} \end{cases}$$

$$(6-10)$$

东部地区 $Area\ 1 = 1$，$Area\ 2 = 0$，$Area\ 3 = 0$；中部地区 $Area\ 1 = 0$，$Area\ 2 = 1$，$Area\ 3 = 0$；西部地区 $Area\ 1 = 0$，$Area\ 2 = 0$，$Area\ 3 = 0$；东北地区 $Area\ 1 = 0$，$Area\ 2 = 0$，$Area\ 3 = 1$。本章研究省级层面的地区差异，参照标准的处理方法，将稳健标准误聚类到省一级。由于 Logit 模型表示概率，所以一般不对回归系数进行计算，而是计算边际效应，对 Logit 模型进行边际效应分析。

表 6-8 给出了 Logit 模型的估计结果，其中，模型二为引入地区项的实证结果。模型均通过了显著性检验，得出以下结论。

表 6-8　家庭层面平均受教育年限与多维贫困的 Logit 回归结果（边际效应）

变量	模型一	模型二
平均受教育年限	-0.051*** (0.003)	-0.044*** (0.028)
家庭抚养比	-0.025*** (0.062)	-0.024*** (0.006)
城乡	-0.071*** (0.175)	-0.067*** (0.146)
家庭规模	0.017*** (0.03)	0.017*** (0.002)
户主户口	-0.039*** (0.013)	-0.038*** (0.011)
户主年龄	-0.008** (0.003)	-0.008** (0.003)
户主年龄的平方	0.0007** (0.0003)	0.0008** (0.0003)
地区交互项(西部为参照组)		
东部×平均受教育年限	—	-0.009*** (0.002)
中部×平均受教育年限	—	-0.009*** (0.029)
东北部×平均受教育年限	—	-0.006** (0.003)
R^2	0.245	0.252
样本量	13153	13153

注：系数表示平均边际效应，括号中表示稳健标准误，且聚类到省级层面；*、**、***分别代表在10%、5%、1%的水平上显著。

第一，家庭人均受教育年限对于缓解贫困具有显著影响，家庭人均受教育年限增加1年，多维贫困发生的可能性减少0.044。受教育水平越高，陷入多维贫困的概率越小。受教育程度不仅是构成多维贫困的重要指标，也会间接地影响其他致贫因素，例如提高受教育程度，能够显著提高人力资本水平，有利于增加收入，减少贫困。

第二，模型中引入教育与地区虚拟变量的交互项后，结果均显著，说明教育对于多维贫困的改善效应在地区之间有显著差异。

第三，从其他控制变量来看，基本符合预期结果。家庭规模与多维贫困具有正向关系，家庭规模越大，越容易陷入多维贫困，家庭中每增加一个人，贫困发生的可能性增加0.017。因此国家在制定生育政策时需要考虑地区的实际情况，与减贫政策相结合。家庭抚养比与多维贫困具有负向关系，家庭抚养比越高，多维贫困程度越低。可能的原因是家庭老人人数多，家庭经济积累较多，贫困程度较低，较有意愿生育，也说明中国新阶段的人口政策要根据家庭贫困程度有针对性地制定。家庭所处城镇地区比较农村地区，多维贫困发生率低0.067，城镇的生活条件和基础设施及医疗条件较好，有利于降低贫困发生率。户主户口方面，农业户口的贫困发生率较非农业户口低0.038。农业户口与多维贫困发生率负相关可能的原因是，家庭所在地为城镇的人口中，有相当比例的农村户口，这部分人进城工作后安家在城镇，特别是中小城镇，这反映了近年来的人口流动趋势。这部分人的生活条件较之前有显著提升，多维贫困率低，在一定程度上说明城镇化有利于减少贫困。同时也要注意城市贫困人口，相较于农村贫困人口，城镇贫困人口没有土地，对于就业和收入的需求更为迫切。

3. 建立分层模型，考察地区发展水平对教育改善贫困效应的影响

为了考虑城乡差距和地区经济发展对教育改善贫困效应的影响，建立分层模型。层一为控制其他因素后，考察教育对多维贫困的改善效应；层二主要考虑城乡经济差距和地区经济发展对教育改善多维贫困效应的影响，可以很好地反映层二的因素对层一重点考察效应的影响。见

式（6-11）、式（6-12）。

$$Y_i = \beta_0 + \beta_1 edu + \beta_2 X + \varepsilon_i \qquad (6-11)$$

$$\beta_0 = \lambda_{00} + \lambda_{01} M + \mu_0$$

$$\beta_1 = \lambda_{10} + \lambda_{11} M + \mu_1$$

$$\vdots$$

$$\beta_n = \lambda_{n0} + \lambda_{n1} M + \mu_n \qquad (6-12)$$

其中，式（6-11）表示层一模型，式（6-12）表示层二模型，M 表示影响层一的宏观因素，edu 表示教育因素，Y 为解释变量，X 表示教育之外的其他影响因素，设 β 随机变动，受层二结构性影响。

多维贫困层一模型见式（613）、式（6-14）。

$$Y_{(k)} = \frac{1}{1 - e^{-z_{ij}}} \qquad (6-13)$$

$$z_{ij} = \beta_0 + \beta_1 Edu_{ij} + \beta_2 Depend_{ij} + \beta_3 Urban_{ij} + \beta_4 Fam_{ij}$$
$$+ \beta_5 Hukou_{ij} + \beta_6 Age_{ij} + \beta_7 Age_{ij}^2 + \varepsilon_i \qquad (6-14)$$

多维贫困层二模型，见式（6-15）。

$$\beta_{0j} = \gamma_{00} + \gamma_{01} Pergdp_j + \mu_{0j}$$

$$\beta_{1j} = \gamma_{10} + \gamma_{11} Pergdp_j + \mu_{1j}$$

$$\beta_{2j} = \gamma_{20} \qquad (6-15)$$

$$\vdots$$

$$\beta_{7j} = \gamma_{70}$$

引入地区人均国内生产总值（$Pergdp$）来表示各地区的经济发展水平[1]，其中，下标 j 表示省份，β 表示自变量的影响，μ 表示残差。为了考察地区生产总值对教育改善贫困的影响，引入地区发展水平并保留教育水平，设置层二模型。将式（6-15）代入式（6-14），得出式（6-16）、式（6-17）。

---

[1] 高艳云、王曦璟：《教育改善贫困效应的地区异质性研究》，《统计研究》2016 年第 9 期。

第六章 教育公平与包容性增长的目标

$$Y_{ij} = \frac{1}{1 - e^{-z_{ij}}} \quad (6-16)$$

$$\begin{aligned}z_{ij} =\ & \gamma_{00} + \gamma_{01} Pergdp_j + \gamma_{10} Edu_{ij} + \gamma_{11} Edu_{ij} \times Pergdp_j \\ & + \gamma_{20} Depend_{ij} + \gamma_{30} Urban_{ij} + \gamma_{40} Fam_{ij} + \gamma_{50} Hukou_{ij} \\ & + \gamma_{60} Age_{ij} + \gamma_{70} Age_{ij}^2 + \mu_{1j} Edu_{ij} + \mu_{0j} + \varepsilon_i \end{aligned} \quad (6-17)$$

Y_{ij} 使用指示函数 $I_{(k)}$ 作为因变量计算。γ_{11} 是重点关心的系数,表示各地区的异质性效应,回归结果见表 6-9 所示。

表 6-9　　　　　　　分层 Logit 模型估计结果

变量	多维贫困
平均受教育年限	-0.424*** (0.026)
人均地区生产总值×平均受教育年限	0.012*** (0.004)
控制变量	控制
常数项	6.309*** (0.389)
LR	176.47

注：括号中表示标准误；*、**、***分别代表在10%、5%、1%的水平上显著。

由表 6-9 可知,在控制了其他变量后,平均受教育年限与多维贫困的关系显著为负,说明教育对于改善贫困和提升生活水平具有重要作用,增加家庭的平均受教育年限对于减少贫困的发生具有积极作用。人均地区生产总值与家庭人均受教育年限的交互项显著为正,说明教育改善多维贫困的效应受到经济发展水平的影响。宏观教育政策的制定和家庭教育资源的提升对于改善家庭生活水平和降低贫困发生率的作用,会受到客观经济环境的影响。

具体来看,经济发达地区,教育水平较高,多维贫困程度较低,教育改善多维贫困的边际效应不大；教育相对落后地区,教育水平较低,多维贫困程度较高,教育改善多维贫困的边际效应较大。因此,通过教育来扶贫效果显著，教育对于改善家庭贫困的效果在经济欠发达地区相较于经济发达地区效果更加明显。中国之前推行的普及九年义务教育和延长受教育年限的扶贫措施效果显著，对于加大落后地区的教育投入和对经济欠发达地区的教育资源倾斜具有乘数增加的效果。因此，需要继续加大教育扶贫的力度，在义务教育的基础上提高贫困人口的受教育年限，创造公平的入学机会，加大对贫困地区高中教育和高等教育阶段的投入，继续落实贫困地区在入学比例和录取政策方面的倾斜。与此同时也要注重教育的质量，注重师资水平和教学水平的提升，并在经济欠发达地区继续加强教育支持力度，阻断贫困的代际传递；同时，要结合当地的经济发展情况，将增加教育投入与提高经济发展水平相结合，在家庭层面，要注重对受教育个人的直接补贴，减少其家庭和个人受教育成本，降低贫困家庭接受教育的实际经济成本和推迟进入劳动力市场的机会成本，努力发展贫困地区的经济，提供更多的就业岗位和人才引进政策，提高贫困家庭受教育人口的教育回报率，为贫困家庭创造接受教育的机会和动力。

（三）结论

通过教育改善多维贫困以及受地区经济发展水平影响的实证分析，得出以下结论。第一，家庭人均受教育年限对于缓解贫困具有显著影响，受教育水平越高，陷入多维贫困的概率越低，提高教育水平对于缓解贫困具有积极作用。教育在减贫中起到基础性和长期性的作用，会影响个人的知识技能和整个社会的人力资本水平，减少多维贫困，并促进经济的发展和社会公平的实现。第二，教育对于多维贫困的缓解作用受到宏观经济水平的影响。在经济欠发达地区教育对于贫困的改善作用相比于经济发达地区更大，教育是缓解家庭贫困和地区贫困的有效手段，对经济欠发达地区的教育资源倾斜是有效且合理的。

五　本章小结

本节使用微观数据库与宏观因素相结合，研究教育对于改善多维贫困的作用和机制，主要研究以下问题。首先，构建多维层次的指标体系，对地区的多维贫困进行测度，探讨多维贫困的地区差异。其次，使用 Logit 模型，研究教育因素在致贫因素中的贡献，并引入地区变量，研究教育减贫作用的地区差异。最后，研究经济水平与教育对贫困改善边际效应的关系，要求在制定教育和减贫政策时结合当地的经济发展水平，加大教育的补贴支持力度，避免由于辍学导致贫困的加深。

结论显示，中国地区多维贫困发生率存在显著差异，教育对于多维贫困的贡献率较高，教育对于多维贫困的缓解作用存在地区差异并受到宏观经济因素的影响。经济欠发达地区，教育对于贫困的缓解作用大于经济发达地区。经济欠发达地区要大力提高教育扶贫的力度和质量，实现教育的精准扶贫，减少地区差距。根据研究结果，提出以下建议。

第一，中国的地区差距仍然存在，多维贫困在不同地区的差距明显，要继续推进扶贫工作，缩小地区差距。除了改善贫困地区的经济条件，也要在生活条件、健康、教育等方面增加投入，提高民生水平，减少贫困，实现全面建设小康社会的目标。

第二，教育因素在多维贫困中的贡献率最大，要继续保证教育投入，保证义务教育，增加职业教育和高等教育受教育人数，对教育进行补贴、减免等政策，增加个人受教育年限。教育对于贫困的改善作用受到地区的影响。在制定教育政策的时候要针对不同贫困地区的环境，不同家庭的实际状况，使用科学有效的程序对扶贫对象实施精确识别、精确帮扶。特别是少数民族地区的教育要结合当地的实际情况，有针对性地开展各地区的教育帮扶工作，输送先进地区的教育理念，培养当地的教师队伍，吸引优秀教师到西部地区和少数民族地区任教，提高教育质量。

第三，教育改善多维贫困的作用与地区经济发展水平呈现负向关系，经济欠发达地区，教育对于贫困的改善效应更明显，说明教育对扶贫的作用在贫困地区更为显著。因此，国家要在经济欠发达地区大力发展教育，降低个人和家庭的教育成本，优化基础设施建设，提高民生改善力度；经济发达地区要继续维持原有的教育支持力度，降低因教育致贫的发生。同时要大力提升经济欠发达地区的经济水平，从根本上增加人力资本，提高国民素质，降低贫困发生率，缩小地区差距。

第七章　教育公平与包容性增长的目标

——教育与农村相对贫困

近年来，中国的脱贫工作取得了决定性的胜利。习近平总书记在党的十九大报告中指出"确保到 2020 年中国现行标准下农村贫困人口实现脱贫"[①] 的目标已如期达成，中国绝对贫困全面消除，实现了脱贫攻坚战的阶段性胜利。扶贫脱贫是场持久战，打赢脱贫攻坚战，只是消除了绝对贫困，缓解相对贫困是未来的长期任务。党的十九届四中全会明确提出了"坚决打赢脱贫攻坚战，巩固脱贫攻坚成果，建立解决相对贫困的长效机制"，为 2020 年后中国的扶贫事业指明了方向，也标志着中国的扶贫重点从解决绝对贫困转变为解决相对贫困。

教育是提升人力资本水平的重要途径，是防止返贫和消除贫困代际传递的重要途径，教育水平的提高也是巩固脱贫成果，从短期到长效、从治标到治本、从摘帽到振兴的重要保障。现阶段中国城乡区域发展差距依然较大，表现在就业、教育、医疗、居住等方面。中国提出精准扶贫、精准脱贫，扶贫同扶志、扶智相结合的治贫途径和目标，深入实施东西部扶贫协作，大力发展教育事业，发挥教育减贫的作用，阻断贫困的代际传递。农村扶贫是脱贫攻坚工作的重点，2020 年中国现行标准

[①] 决胜全面建成小康社会 夺取新时代中国特色社会主义伟大胜利》，《人民日报》2017年 10 月 28 日第 5 版。

下农村贫困人口实现脱贫，并不意味着农村贫困的消失，也不意味着扶贫工作的结束。农村贫困在 2020 年后仍将以相对贫困和多维贫困的形式存在，未来扶贫工作还会继续进行下去。研究教育缓解农村相对贫困的作用和机制，能够为"后扶贫时代"制定教育扶贫政策和发挥教育在乡村振兴中的作用提供重要参考。

一 相对贫困

随着中国脱贫攻坚战取得全面胜利，扶贫工作的重点由精准扶贫"两不愁、三保障"向缓解发展不平衡、不充分的多维相对贫困转变；由消除绝对贫困向缓解相对贫困转变；由主要解决收入贫困向解决多维贫困转变；由注重脱贫速度向注重脱贫质量和人民获得感转变。全面脱贫后，贫困将会进入一个以转型性的次生贫困和相对贫困为特点的新阶段，转型贫困群体和潜在贫困群体将成为新的脱贫目标，并呈现出多维度贫困等新特征。[1]

贫困标准的界定和贫困测度的方法受到贫困内涵的影响。测度贫困的主要方法包括单一的收入维度绝对贫困、传统的多维贫困、单一收入维度的相对贫困。随着中国贫困治理的重点由绝对贫困转为相对贫困，有学者对多维相对贫困进行了探索，但仍未形成统一的测度方法，且在"衔接过渡期"，收入仍是衡量贫困的重要维度。因此，本节尝试建立强调收入维度重要性的多维相对贫困体系。

第一，传统的多维贫困。人们对贫困的认知总体上经历了从单一维度到多维度的过程[2]，对贫困的界定从单一的收入贫困（或消费贫困）扩展到与个人福祉相关的健康、教育等方面的多维贫困。Sen 将贫困定义为对基本可行能力的剥夺，并建立了包含营养、教育、生活

---

[1] 李小云、许汉泽：《2020 年后扶贫工作的若干思考》，《国家行政学院学报》2018 年第 1 期。

[2] 黄承伟：《中国脱贫攻坚若干前沿问题研究》，《中国农村研究》2016 年第 1 期。

水平三个维度十个指标的多维贫困指数（Multidimensional Poverty Index，MPI）。① 世界银行接受 Sen 的观点，将贫困定义为福利被剥夺的现象。②

第二，单一收入维度的相对贫困。相对贫困是高收入发达国家面临的主要问题，这些国家及国际组织建立了丰富的相对贫困的测度和界定标准。收入维度的相对贫困测度可采用反映社会财富分配的基尼系数，通常将收入分布的某个分位点或人均收入的一定比例作为贫困线。世界银行将相对贫困线定为平均收入的三分之一，欧盟将相对贫困线定为收入水平中位数的 60%，并建议将中位数的 40% 和 50% 作为参考指标使用。③ 陈宗胜等以农村居民平均收入水平为基数，按照 0.4—0.5 的均值系数计算相对贫困标准。④ 孙久文和夏添使用农村居民中位数收入的一定比例作为农村相对贫困标准，以一定年限为调整周期⑤。汪晨等分别采用收入中位数的 40%、50% 和 60% 测度了中国改革开放以来的相对贫困发生率。⑥ 针对中国城乡发展不平衡的现状，无法制定统一的相对贫困线。有学者采用"方法城乡统一、基数分城乡与水平分城乡"的方式来界定相对贫困标准。⑦

第三，多维相对贫困。多维相对贫困的指标构建和测度尚处于尝试阶段。王小林和冯贺霞从"贫"和"困"的视角构建多维相对贫困标

---

① Sen A. K., "Poverty: An Ordinal Approach to Measurement", *Econometrica*, 1976, 44 (2): 219–231.

② 世界银行：《2000/2001 年世界发展报告：与贫困作斗争》，中国财政经济出版社 2001 年版。

③ Van Vliet, O. C. Wang., "Social Investment and Poverty Reduction: A Comparative Analysis across Fifteen European Countries", *Journal of Social Policy*, 2015, 44 (3): 611–638.

④ 陈宗胜、沈扬扬、周云波：《中国农村贫困状况的绝对与相对变动——兼论相对贫困线的设定》，《管理世界》2013 年第 1 期。

⑤ 孙久文、夏添：《中国扶贫战略与 2020 年后相对贫困线划定——基于理论、政策和数据的分析》，《中国农村经济》2019 年第 10 期。

⑥ 汪晨、万广华、吴万宗：《中国减贫战略转型及其面临的挑战》，《中国工业经济》2020 年第 1 期。

⑦ 李莹、于学霆、李帆：《中国相对贫困标准界定与规模测算》，《中国农村经济》2021 年第 1 期。

准概念框架，并提出要根据经济社会的发展情况，将反映"困"的维度和指标纳入多维相对贫困框架。① 汪三贵和孙俊娜制定了一个包括收入维度与非收入维度的多维相对贫困标准，对 2018 年中国住户调查数据进行相关测算，进而提出相对贫困的瞄准机制。② 有鉴于此，本节尝试建立体现经济社会发展、指标相对性和收入重要性的多维贫困指标体系。

如上所述，新阶段对于贫困的研究多集中于收入的单一维度相对性或未强调收入重要性的相对多维贫困，并且多集中于教育提升居民收入、缓解绝对贫困的机制分析上，针对教育对农村地区相对贫困的影响研究较少。

本节的边际贡献主要体现在以下三个方面。第一，对农村家庭进行相对贫困识别时，没有使用单一的收入维度进行相对贫困测度，综合考虑经济、社会发展、生活环境三大维度，并且在教育等指标的选择上考虑到经济社会发展具有相对性的特点。第二，鉴于中国处于脱贫的"衔接过渡期"，部分农村脱贫地区仍存在返贫风险，低收入人口仍然是扶贫工作关注的重点，本节建立了充分考虑收入的、带有收入门槛的收入导向型多维相对贫困测度和识别方法，识别出从轻度贫困到极端贫困等不同深度的贫困，探究了教育在不同贫困程度的农村家庭中影响的差异性。第三，研究教育与农村家庭多维相对贫困之间的线性与非线性关系，使用工具变量法解决基准模型可能存在的内生性问题，使估计结果更有效。利用多重中介模型探究了教育影响农村家庭多维相对贫困的作用机制，检验了不同生计资本在教育减贫中所起到的作用，同时对农村家庭划分不同的年龄层次和区域，多角度挖掘教育对贫困影响的异质性。

---

① 王小林、冯贺霞：《2020 年后中国多维相对贫困标准：国际经验与政策取向》，《中国农村经济》2020 年第 3 期。
② 汪三贵、孙俊娜：《全面建成小康社会后中国的相对贫困标准、测量与瞄准——基于 2018 年中国住户调查数据的分析》，《中国农村经济》2021 年第 3 期。

二 农村家庭多维相对贫困的测度与分析

(一) 数据来源

本节使用的数据来源于 2018 年北京大学中国社会科学调查中心开展的中国家庭追踪调查 (CFPS),该调查以 2010 年为基期,每两年进行一轮更新,目前已有 5 轮调查数据。本节的研究主题是教育对农村家庭多维相对贫困的影响,涉及多维相对贫困的测量、户主基本信息、农村家庭信息,这些数据分散在家庭成员问卷、家庭问卷、少儿问卷和成人问卷中,将上述数据在家庭层面进行整合,保留农村样本,删除缺失值和异常值,最终获得来自全国的有效农村家庭样本量为 8921 户。[①]

(二) 多维相对贫困的测度

1. 多维相对贫困的测度方法

在"改进的多维贫困 A–F 法"[②] 基础上使用收入导向型多维相对贫困测算方法,与传统的 A–F 法的主要区别,一是设置收入维度进入标准[③];二是收入使用相对值。A–F 法是测度多维贫困的经典方法,其核心思想是利用"双阈值"对贫困个体进行识别,一是给定每个维度的剥夺阈值(第一阈值),以判断个体是否在各维度遭受剥夺;二是给定多维贫困的阈值(第二阈值),以判定个体是否处于多维贫

[①] 8921 户是相对多维贫困测量时的样本数据量,后续的回归和机制检验由于新加入的变量存在部分缺失值,最终进入回归的样本量可能略少于 8921。

[②] 张昭、杨澄宇、袁强:《"收入导向型"多维贫困的识别与流动性研究——基于 CFPS 调查数据农村子样本的考察》,《经济理论与经济管理》2017 年第 2 期。

[③] 在原有的 A–F 法中,一个家庭的成员健康状况不佳、处于未就业状态、平均受教育水平为小学,那么会被识别为多维贫困家庭,但其依靠房租月收入在 8000 元以上,那么本节的贫困识别体系会将其筛除,使得测度结果与实际更为相符。

困。改进的 A-F 法使用收入维度的"一票否决制",只要收入维度存在剥夺,则认定个体至少存在一维贫困状态;否则,即使其他维度全部存在剥夺,也不认定为贫困个体。相对贫困主要通过以下步骤来进行测度。

第一,判定剥夺。g_{ij}^{α} 用来反映剥夺判定结果,X 为被考察个体和衡量贫困维度组成的矩阵,x_{ij} 为第 i 个个体在维度 j 下的状态,z_j 代表个体在第 j 个维度的剥夺阈值。见式(7-1)。

$$g_{ij}^{\alpha} = \begin{cases} \left(\dfrac{z_j - x_{ij}}{z_j}\right)^a, & x_{ij} < z_j \\ 0, & x_{ij} \geq z_j \end{cases} \quad (7-1)$$

第二,确定基于收入标准的贫困剥夺计数函数 c_i。w_j 为维度 j 下的权重,假定矩阵 X 的第一列为收入列,I 为收入维度剥夺的阈值。个体收入维度不存在剥夺时,贫困维度的计数函数为 0,即使其他维度存在剥夺,也视为非贫困个体,即收入维度是判断个体是否贫困的前提标准。在相对贫困中,收入维度的剥夺标准以相对收入计算。见式(7-2)。

$$c_i = \begin{cases} w_1 g_{i1}^0 + \sum_{j=2}^{m} w_j g_{ij}^0, & x_{i1} < I, \ x_{ij} < z_j \\ 0, & x_{i1} \geq I \end{cases} \quad (7-2)$$

第三,通过贫困维度阈值判断个体是否贫困,设贫困维度的阈值为 k,使用相对贫困维度阈值。贫困个体的识别函数 $\rho_k(X_i, Z)$ 的取值如下:$c_i \geq k$,$\rho_k = 1$,个体 i 处于贫困状态;$c_i < k$,$\rho_k = 0$,个体 i 处于非贫困状态。进而推导出收入导向的相对贫困指数 M_a。当 $a = 0$ 时,$P = M_0$,反映个体剥夺维度;$a = 1$ 时,$P = M_1$,反映多重剥夺的深度;当 $a = 2$ 时,$P = M_2$,反映剥夺分布的不平等性。见式(7-3)。

$$M_a = P(a, X, Z) = \frac{1}{n} \sum_{i=1}^{n} \sum_{j=1}^{m} w_j \left(\frac{z_j - x_{ij}}{z_j}\right)^a \rho_k(X_i, Z) \quad (7-3)$$

第四,指标分解。根据以上步骤构建的多维相对贫困指数具有可分解的性质,以维度分解为例,用 $P(a, X, Z_j)$ 表示维度 j 下的贫困指数，根据式（7-3）可以得到该维度下的贫困指数，见式（7-4）。

$$M_{aj} = P(a, X, Z_j) = \frac{1}{n}\sum_{i=1}^{n} w_j \left(\frac{z_j - x_{ij}}{z_j}\right)^a \rho_k(X_i, Z) \quad (7-4)$$

式（7-4）表明，各维度相对贫困指数加总即为总的多维相对贫困指数，结合式（7-3）、式（7-4），易得到维度 j 的相对贫困指数对总的多维相对贫困指数的贡献度，见式（7-5）。

$$P_{aj} = M_{aj}/M_a = P(a, X, z_j)/P(a, X, Z) \quad (7-5)$$

2. 收入导向型多维相对贫困的指标体系

建立多维相对贫困标准主要考虑三个因素，即经济社会发展因素、指标相对性和收入重要性。以促进低收入人口增收、缩小地区和群体发展差距、促进基本公共设施和公共服务均等化为目标，建立符合中国发展实际的、可操作的、可量化的并兼顾稳定性与发展性的相对贫困指标体系。

第一，经济社会发展因素。根据全面建成小康社会后，经济发展面临的新情况和新变化，将贫困指标体系分为经济维度、社会发展维度和生活环境维度。例如，近年来房产已经成为居民家庭资产的重要组成部分，并成为相对贫困产生的重要原因，故将房产作为资产指标纳入经济维度；随着手机和计算机的普及，互联网已经成为居民信息获得的主要途径，"互联网＋农业"可以减少农产品流通环节，已成为农民增收的主要途径，因此将家庭成员是否使用互联网作为信息获得指标纳入社会发展维度。

第二，指标相对性。在指标选取和临界值的设置上，充分考虑和顺应中国由绝对贫困向相对贫困转型的形势需要，将相对的概念引入指标体系。例如，作为关键指标的教育，考虑到中国基本完成义务教育普及，将教育指标由"未上学"转向"家庭成员全部完成九年义务教育"；就业是缓解相对贫困的重要措施，特别是农村外出务工和乡镇企业就业已成为农民增收的重要途径，因此把就业纳入经济维度；居住面积影响居民的生活舒适感和幸福感，成为衡量相对贫困的重要指标，在基本实现了人有所居后,将人均居住面积引入生活环境维度,结合农村的实际情况,将临界值设为 12 平方米。

第三,收入重要性。收入仍然是贫困最重要的衡量标准,根据国际惯例和中国农村发展现状,现阶段按照中位数的 40% 取值,并作为进入多维相对贫困的"门槛"性指标。避免了收入较高,但由于特殊历史情况引起的其他指标贫困,仍被计入相对贫困人口的现象发生。考虑到数据的可得性与可计算性,具体的指标设计如下。经济维度包含收入、就业和资产三个指标,社会发展维度包括教育、健康、医疗保险和信息获得四个指标,生活环境维度包括饮用水、做饭燃料和居住面积三个指标。借鉴国内外的多维贫困研究,维度和指标权重没有统一设定方法,简化为等权重对指标赋权。具体维度和指标说明见表 7-1。

表 7-1　　　　　　　　多维相对贫困指标体系

维度(权重)	指标(权重)	说明
经济(1/3)	收入(1/9)	家庭人均年纯收入低于中位数的 40%
	就业(1/9)	家庭劳动人口(16—60 岁)均处于"未就业状态"
	资产(1/9)	没有从政府、单位获得住房,且未购买住房
社会发展(1/3)	教育(1/12)	任一成年家庭成员(16 岁以上)受教育年限小于 9 年
	健康状况(1/12)	任一家庭成员健康状况为"不健康"
	医疗保险(1/12)	任一家庭成员未参加医疗保险
	信息获得(1/12)	家中成员都没有使用互联网(电脑上网或手机上网)
生活环境(1/3)	饮用水(1/9)	无法获得清洁水源
	做饭燃料(1/9)	无法获得清洁燃料
	居住面积(1/9)	家庭人均居住面积小于 12 平方米

(三) 农村家庭多维相对贫困结果分析

不同阈值会影响贫困相对剥夺的发生率,为了分析各指标在不同贫困维度阈值下的相对剥夺发生情况,计算了 k 在不同取值下各指标的相对剥夺发生率。计算方法为该指标发生剥夺的样本占全体样本的比例[1],具体结果见表 7 – 2 所示。

表 7 – 2　　　　　各指标相对剥夺发生率　　　　　单位:%

k 值	收入	就业	住房	教育	健康状况	医疗保险	信息获得	饮用水	做饭燃料	居住面积
$k=0$	18.89	3.07	16.10	71.68	32.65	19.57	31.86	29.77	33.61	6.94
$k=0.1$	18.89	0.49	2.20	16.96	9.12	3.83	10.68	7.24	10.44	1.68
$k=0.2$	17.69	0.49	2.20	16.21	9.06	3.77	10.53	7.24	10.44	1.68
$k=0.3$	15.67	0.46	2.17	14.49	8.56	3.54	9.39	7.16	10.35	1.67
$k=0.4$	9.19	0.36	1.72	8.79	5.87	2.58	6.22	5.74	7.34	1.38
$k=0.5$	3.39	0.20	0.92	3.30	2.66	1.32	2.66	2.69	3.05	0.81

k 为 0 时,表示单个指标的剥夺发生率,教育的剥夺发生率在所有指标中最高,为 71.68%,表明农村有一半以上的家庭有成年家庭成员(16 岁以上)受教育年限小于 9 年,未完成义务教育;其次是做饭燃料、健康状况等涉及公共服务和基础设施的指标,说明农村基本公共服务及设施仍然需要加大投入;与城镇居民不同,农村居民由于拥有宅基地,大多从事农业生产劳动,就业和居住面积的贫困相对剥夺发生率较低。当贫困维度阈值从 0.1 逐渐提高到 0.5 时,识别到的农村贫困家庭逐渐减少,在收入维度,相对剥夺发生率分别为 18.89%、17.69%、

---

[1] 剥夺发生率计算公式为 $\sum_{i=1}^{n} g_{ij}^{0} \rho_k (X_i, Z) / n$。

15.67%、9.19%、3.39%，相应的教育的相对剥夺发生率分别为16.96%、16.21%、14.49%、8.79%、3.30%，在所有指标中最高。教育维度的相对剥夺发生率除以收入维度的相对剥夺发生率表示在发生多维相对贫困的家庭中，教育维度发生剥夺的概率。通过计算，在不同贫困维度阈值下该概率分别为89.79%、91.63%、92.49%、95.61%、97.35%，表明农村越是贫困的家庭，教育指标受到剥夺的概率也越大，极端贫困家庭中，97.35%的农村家庭教育指标受到剥夺，教育对相对多维贫困影响较大。

表7-3报告了农村地区多维相对贫困指数测算结果。可以看出，贫困维度阈值 k 取值越大，多维相对贫困发生率 H 就越低，多维相对贫困指数 M 就越低，而平均缺失份额 A 就越大。但是平均缺失份额 A 增加的速度小于多维相对贫困发生率 H 降低的速度，最终导致农村地区多维相对贫困指数 M 的降低。总体来看，在 $k \leq 0.3$ 时，贫困发生率和多维相对贫困指数降低速度有限，此时测算的结果覆盖的大部分是轻度贫困和中度贫困人口；而当 $k \geq 0.4$ 时，贫困发生率和多维相对贫困指数出现了明显降低，此时测算的结果覆盖的是重度贫困和极端贫困人口，但是占总样本量较低，为9.19%和3.39%。为了更加细致地了解多维相对贫困指数在各维度之间分布的特征，在测算了多维相对贫困指数的基础上对其进行分解。

表7-3　　　　　农村地区多维相对贫困指数测算结果

k 值	H	标准误	A	标准误	M	标准误
k = 0.1	0.1889	0.0041	0.0420	0.0003	0.0079	0.0002
k = 0.2	0.1769	0.0040	0.0436	0.0003	0.0077	0.0002
k = 0.3	0.1567	0.0038	0.0457	0.0003	0.0072	0.0002
k = 0.4	0.0919	0.0031	0.0524	0.0003	0.0048	0.0002
k = 0.5	0.0339	0.0019	0.0607	0.0003	0.0021	0.0001

表7-4显示，在k取值较低时，收入维度的贡献度最高，教育维度次之，两个维度的总贡献率占40%以上。当k取值逐渐变大时，各维度的贡献率渐趋均衡，公共服务和基础设施仍然是农村致贫的主要因素。

表7-4　　　　多维相对贫困指数维度分解　　　　单位：%

k值	收入	就业	住房	教育	健康状况	医疗保险	信息获得	饮用水	做饭燃料	居住面积
k=0.1	26.46	0.69	3.08	17.82	9.59	4.03	11.22	10.14	14.62	2.36
k=0.2	25.49	0.71	3.17	17.52	9.79	4.07	11.37	10.43	15.04	2.42
k=0.3	24.30	0.71	3.37	16.86	9.96	4.12	10.93	11.11	16.05	2.59
k=0.4	21.22	0.83	3.96	15.21	10.17	4.46	10.77	13.25	16.95	3.18
k=0.5	18.30	1.09	4.97	13.36	10.77	5.36	10.77	14.54	16.48	4.36

三　教育对农村家庭多维相对贫困的影响效应分析

（一）变量选择

1. 核心变量

本节的被解释变量为农村家庭是否处于多维相对贫困状态，该变量由上文提到的贫困识别函数 $\rho_k(X_i, Z)$ 得出，设定0代表家庭处于非贫困状态，1代表家庭处于贫困状态。核心解释变量为家庭人均受教育年限[①]，以考察受教育水平对农户贫困的影响。相关研究表明，教育是人力资本积累的重要影响因素，贫困家庭的人力资本存量低，受到高等

---

① 不包含小于16岁的未成年家庭成员。

教育的机会少，从而导致收入差距扩大。① 教育程度更高的劳动力人口能获得更高的收益率。② 教育层次对回报率和收入存在非线性影响，同样会影响农户贫困，故在进一步讨论中把家庭人均受教育年限转化为家庭人均受教育程度③，考察受教育层次对农村家庭贫困的影响。

2. 控制变量

本节的控制变量包括两大类——户主个人特征和家庭特征。户主个人特征包括户主婚姻状态、户主健康状况、户主年龄、户主性别。家庭特征，参考苏静等的做法，引入家庭中是否有人外出打工、家庭规模、是否领取政府补助作为家庭层面的控制变量。④ 在此基础上，引入东、中、西部地区虚拟变量以控制地区差异性，以东部为基准组。

3. 中介变量

假设除人力资本外，教育也会通过其他类型的资本影响农村家庭的贫困状况。参考赵国庆等的做法，选取四类生计资本来探讨教育影响贫困的机制。⑤ 一是金融资本，以"亲友借款待偿额"表示家庭金融资本；二是物质资本，以"全部经营总资产"表示家庭物质资本；三是社会资本，以"重大事件总收入与总支出"表示家庭社会资本；四是自然资本，以"出租土地所得"表示家庭自然资本。对上述四类资本均取对数以减小测量尺度对结果的影响。表7-5为主要变量的定义及描述性统计。

---

① 杨娟、赖德胜、邱牧远：《如何通过教育缓解收入不平等?》，《经济研究》2015年第9期。

② 何亦名：《教育扩张下教育收益率变化的实证分析》，《中国人口科学》2009年第2期。

③ 家庭人均受教育年限换算成教育层次：0为文盲，6年及以下为小学，9年及以下为初中，12年及以下为高中，12年以上为大学，以文盲为基准组。

④ 苏静、肖攀、胡宗义：《教育、社会资本与农户家庭多维贫困转化——来自CFPS微观面板数据的证据》，《教育与经济》2019年第2期。

⑤ 赵国庆、周学琴、陈磊、翟坤：《非学历教育能够缓解农村家庭贫困吗？——基于中国居民家庭微观调查数据的分析》，《教育与经济》2020年第4期。

表7-5　　　　　　　　　　变量说明及描述性统计

变量	名称	定义	Mean	Std. Dev	最小值	最大值
人均受教育年限	eduy	家庭成员人均受教育年限	6.93	3.88	0	23
小学	primary	家庭成员人均受教育层次—小学	0.33	0.47	0	1
初中	junior	家庭成员人均受教育层次—初中	0.34	0.47	0	1
高中	senior	家庭成员人均受教育层次—高中	0.16	0.36	0	1
大学及以上	university	家庭成员人均受教育层次—大学及以上	0.07	0.25	0	1
户主婚姻状态	marry	无配偶=0，有配偶=1	0.83	0.37	0	1
户主健康状况	health	从1—5分别表示非常健康到不健康	3.12	1.25	1	5
户主年龄	age	户主年龄	49.50	14.91	16	93
户主性别	gender	女=0，男=1	0.54	0.50	0	1
外出打工	work	家中有无人外出打工，无=0，有=1	0.48	0.50	0	1
家庭规模	fam_size	家庭人数	3.75	1.98	1	16
政府补助	gov_sub	是否领取政府补助，无=0，有=1	0.51	0.50	0	1
中部地区	central	中部地区	0.28	0.45	0	1
西部地区	west	西部地区	0.29	0.45	0	1
金融资本	fin_cap	亲友借款待偿额	1.45	3.59	0	13.30
物质资本	phy_cap	全部经营总资产	1.05	3.26	0	17.73
社会资本	soc_cap	重大事件总收入与总支出	1.05	3.08	0	13.55
自然资本	nat_cap	出租土地所得	0.88	2.39	0	11.02

(二) 模型构建

本节的因变量是由贫困识别函数 $\rho_k(X_i, Z)$ 得出的农户是否处于贫困状态，该变量是一个二元离散型变量，故采用二元 Logistic 模型进行分析，见式 (7-6)。

$$p = F(\rho_k = 1 \mid X_i) = \frac{1}{1 + e^{-y}} \quad (7-6)$$

其中，ρ_k 代表农村家庭是否处于贫困状态，p 代表农村家庭陷入贫困的概率，X_i ($i = 1, 2, \cdots, n$) 表示可能影响农村家庭陷入贫困的因素，包括本节的核心自变量家庭人均受教育年限 eduy 以及其他控制变量。

式 (7-6) 中 ρ_k 是变量 x_i ($i = 1, 2, \cdots, n$) 的线性组合，计算方法见式 (7-7)。

$$\rho_k = \beta_0 + \beta_1 eduy + \beta_2 x_2 + \cdots + \beta_n x_n \quad (7-7)$$

其中，β_i ($i = 2, 3, \cdots, n$) 为第 i 个自变量的回归系数。若 β_i 为正，则表示该自变量会导致农村家庭陷入贫困；若 β_i 为负，表示该自变量有助于农村家庭摆脱贫困。

对式 (7-6) 和式 (7-7) 进行 Logit 变化，得到概率的函数与自变量之间的线性回归模型，见式 (7-8)。

$$\ln\left(\frac{p}{1-p}\right) = \beta_0 + \beta_1 eduy + \beta_2 x_2 + \cdots + \beta_n x_n + \varepsilon \quad (7-8)$$

(三) 基准分析

表 7-6 列出了在不同 k 值情况下，家庭人均受教育年限对家庭贫困影响的回归结果。根据回归结果，可以看出，家庭人均受教育年限的回归系数在 1% 的水平上显著，且不同的 k 取值下均显著，说明家庭人均受教育年限越高，越不容易陷入贫困，教育的这种减贫效应在不同的贫困深度下均呈现有效性。由于本节采用的 Logistic 模型系数不具有可解释性，故把上述的系数换算成 OR 值。k 为 0.1 至 0.5 的情况下，OR

值分别为 0.851、0.841、0.834、0.802、0.798。以 k 为 0.1 为例，OR 值可以按以下方式进行解释。当贫困维度阈值设为 0.1，在其他条件不变时，家庭人均受教育年限每增加 1 年，农村家庭陷入贫困的概率（odds）是原来的 0.851 倍，或者说比原来减少了 14.9%。随着贫困维度阈值逐渐提高，农村家庭陷入贫困的概率比原来分别减少了 15.9%、16.6%、19.8%、20.2%。通过对 OR 值的分析，可以得出结论：教育的减贫效应在不同贫困深度下是存在差异的，越是贫困的群体，教育的减贫效应越大，农村家庭陷入贫困的概率也越小，对深度贫困家庭来说教育减贫效果更显著。

表 7-6　人均受教育年限与农村家庭贫困：Logistic 回归结果

变量	(1) $\rho_k(k=0.1)$	(2) $\rho_k(k=0.2)$	(3) $\rho_k(k=0.3)$	(4) $\rho_k(k=0.4)$	(5) $\rho_k(k=0.5)$
人均受教育年限	-0.161*** (0.010)	-0.173*** (0.010)	-0.181*** (0.010)	-0.221*** (0.013)	-0.226*** (0.021)
OR 值	0.851	0.841	0.834	0.802	0.798
户主婚姻状态	-0.460*** (0.088)	-0.480*** (0.090)	-0.483*** (0.093)	-0.323*** (0.112)	-0.030 (0.172)
户主健康状况	0.116*** (0.025)	0.132*** (0.025)	0.191*** (0.027)	0.283*** (0.034)	0.436*** (0.055)
户主年龄	0.034*** (0.003)	0.035*** (0.003)	0.032*** (0.003)	0.029*** (0.003)	0.026*** (0.006)
户主性别	-0.126** (0.063)	-0.094 (0.064)	-0.044 (0.067)	-0.102 (0.084)	0.012 (0.128)
外出打工	-1.231*** (0.069)	-1.213*** (0.071)	-1.211*** (0.075)	-1.303*** (0.098)	-1.313*** (0.160)
家庭规模	0.195*** (0.017)	0.185*** (0.017)	0.191*** (0.018)	0.178*** (0.022)	0.176*** (0.033)

续 表

变量	(1) $\rho_k(k=0.1)$	(2) $\rho_k(k=0.2)$	(3) $\rho_k(k=0.3)$	(4) $\rho_k(k=0.4)$	(5) $\rho_k(k=0.5)$
政府补助	0.267*** (0.065)	0.248*** (0.067)	0.285*** (0.070)	0.367*** (0.087)	0.349*** (0.134)
中部地区	0.135* (0.078)	0.111 (0.080)	-0.007 (0.084)	-0.015 (0.104)	-0.176 (0.156)
西部地区	0.405*** (0.077)	0.414*** (0.079)	0.376*** (0.082)	0.216** (0.102)	-0.093 (0.156)
样本量	8577	8577	8577	8577	8577
似然函数值	-3405.273	-3246.499	-3015.242	-2096.063	-1036.147
Prob > chi 2	0.000	0.000	0.000	0.000	0.000
伪 R^2	0.183	0.192	0.194	0.212	0.193

注：*、**、***分别表示在10%、5%和1%水平上的显著性，括号内为标准误。

（四）内生性分析

在探究教育对农村家庭多维相对贫困的影响时，可能存在内生性导致估计结果的有偏性和不一致性。内生性的来源主要有两个方面：一个是互为因果，受教育程度低使得家庭陷入贫困，反过来家庭可能因为贫困而缺少接受更高一级教育的机会；另外一个是遗漏变量问题，比如一些不可观测变量（如环境因素等）会对农村家庭贫困产生影响。故本节尝试使用工具变量法来消除内生性问题，以期获得更为精确的估计。工具变量第一阶段的回归方程见式（7-9）。

$$eduy = \gamma_0 + \gamma_1 IV_i + \gamma_2 X_i + \varepsilon \quad (7-9)$$

其中，IV_i为工具变量。有效的工具变量需要满足以下两点：第一，工具变量与家庭人均受教育年限有关（相关性）；第二，工具变量只能通过影响人均受教育年限这一途径来影响家庭是否贫困（外生性）。个体层面的变量可能满足这两个条件，因此选择父亲与母亲的最高学历作为工具变量。① 对于上述两个工具变量是否与家庭人均受教育年限有很强的相关性，可以通过以下两个方法来进行验证。第一，从数据角度来看，第一阶段的回归可以考察工具变量是否显著影响家庭人均受教育年限，并对其进行联合检验来确定是否存在弱工具变量问题，根据 Stock 和 Yogo 的经验法则②，F 值超过 10 即可认为不需要担心弱工具变量问题。第二，从理论角度来看，相关研究发现，父亲的受教育年限每增加一年，子女受教育年限就会增加半年③，且由于母亲更多地直接参与子女的受教育过程，母亲的受教育水平会比父亲产生更大的影响。所以父亲和母亲的受教育水平和子女家庭人均受教育程度之间联系紧密。关于外生性，可以通过相关检验程序辅助验证，比如过度识别检验，比较原方程与使用了工具变量后方程的 Hausman 检验等。

为了克服家庭人均受教育年限可能存在的内生性问题，本节进一步采用父亲和母亲的最高学历作为工具变量，使用 2SLS 方法对基准回归方程重新估计，结果见表 7-7。

表 7-7　　　　人均受教育年限与农村家庭贫困：工具变量回归

变量	(1) $\rho_k(k=0.1)$	(2) $\rho_k(k=0.2)$	(3) $\rho_k(k=0.3)$	(4) $\rho_k(k=0.4)$	(5) $\rho_k(k=0.5)$
模块 A：使用工具变量结果（2SLS）	-0.034*** (0.003)	-0.035*** (0.002)	-0.034*** (0.002)	-0.026*** (0.002)	-0.011*** (0.001)
控制变量	已控制	已控制	已控制	已控制	已控制

---

① 父亲指的是自己的父亲或岳父（公公），父亲的最高学历即父亲或岳父（公公）的最高学历，母亲的最高学历也同样处理。

② Stock J. H., Yogo M., "Testing for Weak Instruments in Linear IV Regression", *Nber Technical Working Papers*, 2005, 14 (1): 80-108.

③ Deng Z., Treiman D. J., "The Impact of the Cultural Revolution on Trends in Educational Attainment in the People's Republic of China", *American Journal of Sociology*, 1997, 103 (2): 391-428.

续　表

变量	（1） $\rho_k(k=0.1)$	（2） $\rho_k(k=0.2)$	（3） $\rho_k(k=0.3)$	（4） $\rho_k(k=0.4)$	（5） $\rho_k(k=0.5)$
模块 B：第一阶段回归结果	eduy	eduy	eduy	eduy	eduy
父亲最高学历	0.747*** （0.030）	0.747*** （0.030）	0.747*** （0.030）	0.747*** （0.030）	0.747*** （0.030）
母亲最高学历	0.691*** （0.031）	0.691*** （0.031）	0.691*** （0.031）	0.691*** （0.031）	0.691*** （0.031）
控制变量	已控制	已控制	已控制	已控制	已控制
N	8545	8545	8545	8545	8545
工具变量有效性检验					
D-W-H 统计量	35.073***	35.282***	39.813***	32.202***	17.457***
Hausman 检验	44.75***	43.20***	47.22***	37.13***	19.45**
Shea's partial R^2	0.222	0.222	0.222	0.222	0.222
F 值	1217.64***	1217.64***	1217.64***	1217.64***	1217.64***
Sargan 值	0.020 （p=0.887）	0.114 （p=0.735）	0.005 （p=0.939）	2.077 （p=0.150）	0.283 （p=0.595）

注：*、**、***分别表示在 10%、5% 和 1% 水平上的显著性，括号内为标准误。

Hausman 检验显示，采用工具变量法所得出的结果显著异于多元线性回归的结果，说明工具变量法可以在一定程度上克服内生性问题。D-W-H 统计量在 1% 的水平上显著，说明家庭人均受教育年限是内生变量，满足使用工具变量法的前提。过度识别检验 Sargan 值显示接受"所有工具变量均外生"的原假设。① 作为相关性条件的辅助验证，

---

① 即使模型四的 p 值也大于 10%，说明本节选取的工具变量具有很好的外生性。

2SLS 第一阶段的回归显示，父亲和母亲最高学历在 1% 的水平上显著影响家庭人均受教育年限，同时 Shea's partial R^2 值大于 0.04，F 值远大于 10 的临界值，且在 1% 的水平上显著，表明工具变量满足相关性特征，说明本节所选取的工具变量是有效的。家庭教育水平越高，越不易陷入多维相对贫困。考虑了内生性问题后，这一结论依然成立。综上，基准回归结果稳健，没有受到内生性问题的过多干扰。

四　进一步讨论与机制研究

以上研究发现，教育降低了农村相对贫困发生率，接下来分别就受教育层次对农村相对贫困的影响、教育对农村相对贫困影响的异质性予以进一步研究，并对影响的机制进行中介效应分析。

（一）受教育层次对农村相对贫困的影响

教育与贫困不仅存在线性关系，也会因为教育层次的不同而存在非线性关系，例如从小学到初中，虽然只增加了一年受教育年限，但是带来的收益会远大于一年的教育成本。基于此，本节探究了家庭人均受教育层次对农村多维相对贫困的非线性影响，同样采用 Logistic 回归，结果见表 7-8。

表 7-8　　　　　受教育层次与农村家庭贫困：回归结果

受教育层次	(1) $\rho_k(k=0.1)$	(2) $\rho_k(k=0.2)$	(3) $\rho_k(k=0.3)$	(4) $\rho_k(k=0.4)$	(5) $\rho_k(k=0.5)$
小学	-0.424*** (0.087)	-0.441*** (0.088)	-0.486*** (0.090)	-0.681*** (0.102)	-0.707*** (0.148)
OR	0.655	0.643	0.615	0.506	0.493
初中	-1.121*** (0.100)	-1.204*** (0.102)	-1.261*** (0.106)	-1.646*** (0.132)	-1.843*** (0.216)

续 表

受教育层次	(1) $\rho_k(k=0.1)$	(2) $\rho_k(k=0.2)$	(3) $\rho_k(k=0.3)$	(4) $\rho_k(k=0.4)$	(5) $\rho_k(k=0.5)$
OR	0.326	0.300	0.283	0.193	0.158
高中	-1.738*** (0.140)	-2.010*** (0.153)	-2.129*** (0.166)	-2.836*** (0.264)	-2.982*** (0.471)
OR	0.176	0.134	0.119	0.059	0.051
大学	-2.634*** (0.336)	-2.573*** (0.337)	-2.686*** (0.373)	-3.166*** (0.593)	—
OR	0.072	0.076	0.068	0.042	—
控制变量	已控制	已控制	已控制	已控制	已控制
N	8577	8577	8577	8577	8027

注：*、**、***分别表示在10%、5%和1%水平上的显著性，括号内为标准误。

参照上文的解释策略，换算成OR值，以$k=0.3$为例，相比于文盲群体家庭，小学学历的农村家庭陷入贫困的概率降低了38.5%，初中学历的农村家庭陷入贫困的概率降低了71.7%，高中学历的农村家庭陷入贫困的概率降低了88.1%，大学学历的农村家庭陷入贫困的概率降低了93.2%，受教育层次的提升能有效降低农村家庭的贫困发生率。进行横向比较可以发现，教育层次的提升对贫困的影响在不同贫困深度下也是不同的，越是贫困的家庭，教育层次提升带来的减贫效应越大，教育减贫效应发挥随着贫困程度的提高，边际递增。

（二）教育对农村相对贫困影响的异质性

研究教育对农村家庭贫困的影响，还应关注不同年龄和地区的群体中，减贫效应是否依然显著，且具体的影响强度是否存在差异①，并对地区影响差异进行分析。这些异质性分析不仅具有理论意义，也具有实践意义，有利于制定更为精准的教育政策，以缓解农村相对贫困。分样本回归结果见表7-9。

表7-9　　　　　　　　　　分样本回归结果

	年龄			地区		
	青壮年	中年	老年	东部	中部	西部
人均受教育年限	-0.256*** (0.032)	-0.164*** (0.016)	-0.139*** (0.016)	-0.150*** (0.017)	-0.166*** (0.021)	-0.203*** (0.017)
控制变量	已控制	已控制	已控制	已控制	已控制	已控制
N	2443	3896	2238	3695	2380	2502

注：*、**、***分别表示在10%、5%和1%水平上的显著性，括号内为标准误。

本节按照通用做法，将户主的年龄划分为三个阶段：16—40岁的青壮年群体，41—60岁的中年群体，61岁及以上的老年群体。通过对不同年龄群体的分样本回归结果分析发现，教育对农村家庭的减贫效应在不同年龄的群体中均显著，且随着户主年龄的提升，这种影响的边际效应在降低，原因在于工作经验对于工作收入具有一定的正面效应，随着户主年龄的增长，受教育程度低的负面效应会被工作经验的增长抵消一部分，但这种负面影响持续到老年依然产生显著作用。

按照东、中、西划分地区进行分样本回归发现，家庭人均受教育年限的系数均显著，相比于东部地区和中部地区，教育对西部地区居民贫困的影响更大，说明对西部地区，教育发挥的作用更为明显，加强对西部地区的教育投入，产生的边际效应更加明显，教育回报更高。

---

① 样本回归的 k 值取0.3。需要说明的是，在不同取值下，分样本回归的结论均成立。

(三) 教育对农村相对贫困影响的机制分析

人力资本是一种包含知识、技能和健康等的"资本形态",对未来的预期收入有着重要影响,而教育是人力资本形成和积累的重要途径,成为反贫研究中的热点。除了人力资本,社会资本也受到了很多关注。社会资本是个体所拥有的资源禀赋,是社会信任、社会网络和社会参与的集合,相关研究多以"亲友间经济往来""社会借贷"等来衡量,但是不同的定义下社会资本有着不同的测量方法,为了避免歧义,本节对各种类型的"资本"进行精确定义并统称为"生计资本"。建立图7-1的模型,检验各类"生计资本"在教育影响农村家庭贫困中起到的中介作用。

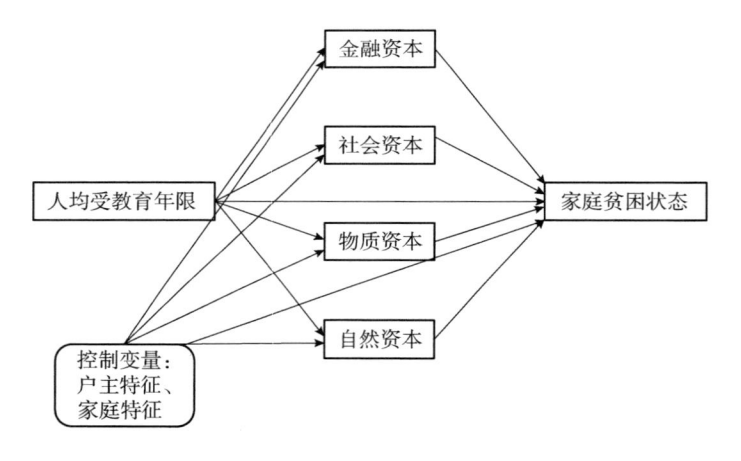

图7-1 教育影响农村家庭贫困的路径

由于家庭贫困状态是一个二分变量,不能简单地处理为连续变量,方杰等建议采用结构方程模型进行分类变量的中介效应分析。[1] 拟合广义结构方程模型(GSEM),相关路径系数及显著性见表7-10所示。结果显示,eduy -> ρ_k 的路径系数显著为负,表明家庭人均受教育年限

---

[1] 方杰、温忠麟、张敏强:《类别变量的中介效应分析》,《心理科学》2017年第2期。

对家庭贫困状态的负向直接效应显著,再次印证了上文的基本结论。当 $k \leq 0.4$ 时,金融资本、物质资本、自然资本的中介效应显著。具体来看,eduy – >phy_cap 和 eduy – >nat_cap 的路径系数显著为正,表明家庭人均受教育水平越高,其收入水平也会越高,显然物质资本、自然资本积累得更多,导致家庭陷入贫困的概率就越低;eduy – >fin_cap 的路径系数显著为负,表明家庭人均受教育水平越低,金融资本就越高,即发生借贷的可能性也就越高,通过借贷帮助农村家庭摆脱暂时的困难,从而防止其陷入多维相对贫困。当 $k = 0.5$ 时,自然资本的路径系数不再显著,即在教育影响贫困的路径中,自然资本不再产生中介作用,在极端贫困下,自然资本即本节定义的出租土地所得,已经无法再帮助农村居民摆脱贫困;而社会资本的路径系数变得显著,社会资本取代自然资本产生中介作用,即当农村家庭处于极端贫困状况时,社会资本能够显著降低农村居民陷入贫困的概率,极端贫困一般都是由于不可抗力造成的持续性贫困,其通过自身摆脱贫困的概率较小,在这种情况下,社会资本会产生作用,农村家庭前期积累的资源能够帮助其缓解贫困。

表 7 – 10   广义结构模型估计结果

	($k=0.1$)	($k=0.2$)	($k=0.3$)	($k=0.4$)	($k=0.5$)
eduy – >fin_cap	-0.072*** (0.012)	-0.072*** (0.012)	-0.072*** (0.012)	-0.072*** (0.012)	-0.072*** (0.012)
fin_cap – >ρ_k	0.026*** (-0.009)	0.031*** (-0.009)	0.027*** (-0.009)	0.024** (-0.012)	0.036** (-0.017)
eduy – >phy_cap	0.068*** (0.011)	0.068*** (0.011)	0.068*** (0.011)	0.068*** (0.011)	0.068*** (0.011)
phy_cap – >ρ_k	-0.132*** (-0.016)	-0.143*** (-0.017)	-0.155*** (-0.020)	-0.137*** (-0.026)	-0.091** (-0.036)

续 表

	$(k=0.1)$	$(k=0.2)$	$(k=0.3)$	$(k=0.4)$	$(k=0.5)$
eduy -> soc_cap	0.035*** (0.010)	0.035*** (0.010)	0.035*** (0.010)	0.035*** (0.010)	0.035*** (0.010)
soc_cap -> ρ_k	-0.013 (-0.011)	-0.015 (-0.011)	-0.018 (-0.012)	-0.009 (-0.015)	-0.087*** (-0.033)
eduy -> nat_cap	0.027*** (0.008)	0.027*** (0.008)	0.027*** (0.008)	0.027*** (0.008)	0.027*** (0.008)
nat_cap -> ρ_k	-0.043*** (-0.013)	-0.036*** (-0.014)	-0.044*** (-0.014)	-0.046** (-0.018)	-0.015 (-0.026)
eduy -> ρ_k	-0.150*** (-0.01)	-0.163*** (-0.01)	-0.170*** (-0.010)	-0.210*** (-0.013)	-0.216*** (-0.021)

注：*、**、*** 分别表示在 10%、5% 和 1% 水平上的显著性，括号内为标准误。

五　本章小结

教育作为"开发式扶贫"的重要手段，能够从根源上对贫困家庭"赋能"，提升其脱贫的内源性动力。本节基于 2018 年中国家庭追踪调查（CFPS）数据，使用收入导向型多维相对贫困来识别农村家庭的贫困状况，先后构建了二元 Logistic 模型和多重中介效应模型，实证检验了教育对农村家庭多维相对贫困的影响，探究了其中的影响机制。

根据多维相对贫困测度和实证结果，主要得出以下结论。第一，农村越是贫困的家庭，教育维度受到剥夺的概率也越大，在极端贫困下，97.35%的农村家庭教育维度受到剥夺。第二，受教育年限对农村家庭贫困产生负向影响，教育的这种减贫效应在不同的贫困深度下均呈现有效性，但教育的减贫效应在不同贫困深度下存在差异，越是贫困的群体，教育的减贫效应越大，农村家庭陷入贫困的概率越小；受教育层次对农村家庭贫困也产生负向影响，不管是基础教育，还是高等教育均能显著降低农村家庭的贫困发生概率，但是不同层次的受教育水平产生的减贫效应不同，教育层次越高，其带来的减贫效应越大。第三，在非极端贫困状况下，金融资本、物质资本、自然资本这三类生计资本在教育对贫困的影响中起到中介作用，而在极端贫困状况下，社会资本取代自然资本产生中介作用，社会资本能够显著降低农村家庭陷入贫困的概率。第四，分样本回归结果显示，教育对农村家庭的减贫效应在不同年龄的群体中均显著，且随着户主年龄的提升，这种影响的边际效应逐渐降低。第五，相比于东部和中部，教育对西部地区居民贫困的影响更大。

第八章　研究结论与政策建议

本书对包容性增长背景下中国的教育公平问题进行了系统研究，研究了教育公平与包容性增长的关系，并对教育公平与经济增长、教育公平与收入差距的关系进行了研究。将教育公平的三个重要组成部分——教育起点公平、教育过程公平和教育结果公平与包容性增长的基本要求、实现方法与最终要达到的目的进行了结合分析，重点研究了教育机会均等的影响因素，重点研究了城乡教育机会不平等及其年代变化趋势；政府教育支出及其区域不平衡，并就影响因素进行了分析；教育对缓解多维贫困的作用及其区域差异性。本章对上述研究问题的结果进行了总结，针对研究结果给出政策建议，并结合本书存在的局限性进行研究展望。

一　研究结论

第一，中国教育基尼系数在空间分布上呈现明显的区域聚集性，与经济发展水平密切相关，东、中、西部地区的教育基尼系数逐渐增大，在时间分布上呈现逐年下降的趋势，教育基尼系数较大的地区下降速度较快，教育基尼系数较小的地区下降速度较慢。东部地区平均受教育年限较高，中西部地区平均受教育年限较低，发达地区和不发达地区受教育年限的差距有所扩大。平均受教育年限与教育基尼系数存在负向关系，教育发达地区，教育基尼系数较小，教育公平程度较高；教育不发达地区，教育基尼系数较高，教育不公平程度较高。平均受教育年限与经济增长存在正相关性，提高教育水平能够促进地区的经济发展。教育对于经济的作用显著，教育投入是提高人力资本和发展生产力的有效手段和长期动力。

第二，教育公平程度对经济增长产生显著影响，教育公平程度越高，经济增长水平越高。经济增长可以促进教育公平的实现，长期来看，经济增长为教育公平的实现提供了物质保障。分地区来看，东部地区教育公平程度的提高在短期内可能对经济增长产生一定的负面影响，但从长期来看，教育公平有利于经济增长，教育差距与经济增长存在倒U形曲线特征。东部地区经济增长可以显著缩小教育差距，促进教育公平的实现，经济增长对教育扩展和教育公平的作用显著；中部地区教育公平可以显著促进经济增长，但在更长期，偏向于教育公平的政策可能导致效率的损失，中部地区经济增长对于教育公平的影响效果不显著；西部地区教育公平对经济增长的影响不显著，但经济增长在短期内会对教育公平产生积极影响。

第三，中国部分地区收入差距近年来有扩大的趋势，在区域分布上有明显的聚集性和由东、中、西部依次扩大的阶梯性。教育公平在短期和长期都会对收入差距的缩小产生积极的促进作用，收入差距的提高能够缩小教育差距，促进教育公平。即教育公平有利于包容性增长。

第四，中国长期的教育投入和教育扩展显著增加了教育供给，提高了升学机会供给。各教育阶段升学机会随时间的变化显著增加，特别是"90后"人口在初中升高中阶段有明显提高，高校扩招政策显著提升了"80后"人口的高等教育比例。城乡差距显著影响教育机会，城乡因素对教育机会公平的要素贡献率较高。城乡升学机会不平等在初等教育阶段表现明显，教育层次越高差距越小。初中升入高中阶段的城乡差距的年代变化显著，"90后"城乡差距有缩小趋势。高中升入大学的入学机会在"80后"人口中城乡差距有一定的扩大趋势，高等教育的扩招政策提高了高等教育的入学机会，城乡差距在"90后"人口中有所改善。家庭阶层对于初级教育阶段的升学机会有显著影响，但对于高等教育阶段影响并不显著，国家向初级教育倾斜可以有效地降低家庭阶层对于升学机会的影响。文化资本对于不同升学阶段均有显著影响，教育的代际传递显著。在初级教育阶段的性别因素对入学机会存在显著影响，降低女童辍学率、提高女性受教育程度的关键环节在基础教育阶段。

第五，国家财政性教育经费支出占 GDP 比例的区域差距呈现逐渐上升的趋势，在 2012 年完成目标 4% 后，逐渐上升，2016 年又有小幅度的下降。经济较为落后的中西部地区这项指标高于全国水平。国家财政性教育经费占公共财政支出的比例的区域差距维持稳定并缓慢下降，反映了财政对教育的支持力度在区域间逐渐趋于平衡。完成总量目标后，中国教育经费向中西部教育薄弱地区倾斜。中国教育经费支出的省际差异逐渐缩小，义务教育的省际差异先缩小，后又有扩大趋势，近年来总体上加大义务教育经费的投入，部分地区存在效率损失。财政支出结构和分权程度影响中国教育支出的数量，财政分权程度越高，教育支出占比越低，对于公共教育投入存在挤出效应。地方财政权力的增加，会导致资金投向其他领域，减少教育领域的投入。

第六，中国的地区差距仍然存在，绝对贫困在不同地区的差距明显。教育因素在多维贫困中的贡献率最大，提高平均受教育年限能够显著改善多维贫困，增加家庭的平均受教育年限对于减少贫困的发生具有积极作用。教育对于绝对贫困的缓解作用存在地区差异并受到宏观经济因素的影响。经济欠发达地区，教育对于贫困的缓解作用大于经济发达地区，加大对教育落后地区的教育投入和对经济欠发达地区的教育资源倾斜具有乘数增加的效果。

第七，农村越是贫困的家庭，教育维度受到剥夺的概率也越大，在极端贫困下，97.35% 的农村家庭教育维度受到剥夺。教育的减贫效应在不同贫困深度下存在差异，越是贫困的群体，教育的减贫效应越大；教育层次越高，其带来的减贫效应越大。在非极端贫困状况下，金融资本、物质资本、自然资本这三类生计资本在教育对贫困的影响中起到中介作用；而在极端贫困状况下，社会资本取代自然资本产生中介作用，社会资本能够显著降低农村家庭陷入贫困的概率。相比于东部和中部地区，教育对西部地区居民贫困的影响更大。

二 政策建议

中国的教育发展取得了巨大的进步，但教育不平等不均衡现象仍然存在，需要在继续加大教育投入的前提下，注重教育公平，平衡地区之间的教育资源，提升弱势地区的教育水平和教育质量，提升相对落后地区的人力资本，发挥教育公平促进包容性增长的积极作用，为经济和社会的全面发展和包容性增长提供不竭的动力。

针对上述研究结果提出以下政策建议。第一，教育公平可以促进包容性增长，中国需要继续提高教育投入，促进人民受教育水平的提升，为平衡教育资源和提升教育公平程度提供物质和人员方面的保障，特别是在教育投入方面对西部地区和弱势群体予以倾斜。继续加大西部相对落后地区的教育投入，在优先发展教育的基础上，注重教育薄弱地区和家庭的教育，完善义务教育，提高高等教育的受教育人口比例，为贫困和落后家庭提供教育费用减免和支持。政府进行教育投入的过程中要重视教育差距的存在，在提升教育质量和促进缩小收入差距方面发挥积极的作用。在制定教育政策时要注重对弱势群体的倾斜，保证该群体受教育数量和受教育质量的提升，才能够缩小收入差距，实现社会公平。同时，包容性增长也能够促进教育公平，要保证经济的持续发展，为教育公平提供物质保障。

第二，继续保证义务教育的普及，保证每个居民完成九年义务教育，在部分地区特别是中西部地区和农村地区推进高中义务教育，提高相对落后地区的初中升入高中的入学机会。大力发展职业教育，完善职业教育体系，培养职业教育的专业化师资人才队伍，注重人才发展差异化和提升劳动者的知识技能，继续落实和完善高等教育招生政策，保证弱势群体的入学机会，提高人均受教育年限和教育质量，在保证教育数量公平的基础上实现教育质量的公平。降低家庭阶层和文化资本等环境因素对教育机会和教育成果的影响，注重对低学历家庭的教育支持力度，提高其对子女教育的重视程度，降低多子女家庭的教育成本。减少户籍对教育资源的分配的影响，特别是大城市的户籍壁垒，保证居民获取相同质量教育的机会。规范劳动力市场，减少性别歧视，避免女性接受教育后得不到平等的工作机会而降低教育回报预期，减少受教育年限。

第三，在优化资源配置的基础上，进一步提高落后地区教育资源的使用效率和产出，利用互联网等信息化手段，充分发挥教育资源的潜力和利用效率，提升教育质量，促进教育结构的优化，促进教育公平。政府需要根据各地区的教育发展情况，制定适合地方实际的教育政策，既要满足教育需求又要防止效率损失。政府要根据义务教育财政支出的不平衡程度进行区域结构优化，提高义务教育支出收益。在制定教育财政政策方面，政府应当注重财权与事权相匹配，避免财政权力下放后政府支出对教育等民生支出减少的影响，提高公共教育服务的供给效率。

第四，需要继续加大教育扶贫的力度，在义务教育的基础上继续提高贫困人口的受教育年限，创造公平的入学机会，加大对贫困地区高中教育和高等教育阶段的投入，继续落实贫困地区在入学比例和录取政策方面的倾斜。要结合当地的经济发展水平，将增加教育投入与提高经济发展水平相结合，促进社会的合理流动，避免阶层固化，用教育阻断贫困的代际传递。提高教育质量，通过多种手段降低学费和接受教育的机会成本，提高教育回报率，保证每个人都可以通过教育实现自我价值，特别是落后地区和贫困家庭，提高教育和知识改变命运的可能性。完善劳动力的自由流动机制，并积极引导和鼓励具有较高知识水平的人才向西部地区和农村地区流动。

第五，中国现行标准下农村人口全面脱贫后，未来更应关注农村相对贫困群体，除了收入维度的贫困外，更应关注相对贫困家庭的多维度致贫因素，继续加强农村生活基础设施建设和医疗、保险等公共服务建设，更加关注农村居民的多维度需求；教育在脱贫中发挥着极其重要的作用，要加大教育资源向农村地区和中西部地区的倾斜力度，在保证教育数量均衡的前提下，更加关注教育质量的提升；农村实现义务教育全覆盖后，要大力推进高中教育的普及和对更高阶段教育的支持力度，充分发挥教育在缓解农村相对贫困和促进乡村振兴中的积极作用。